COLLECCAO
DE
TRATADOS E CONCERTOS DE PAZES

COLLECCAO
de
TRATADOS E CONCERTOS DE PAZES
que o

Estado da India Portugueza
fez
com os Reis e Senhores com quem teve relacoes
nas partes

da Asia e Africa Oriental
desde
O principio da conquista ate ao fim do seculo XVIII
por

Julio Firmino Judice Biker
Primeiro Official e Chefe de Reparticao aposentado
da Secretaria d'Estado dos Negocios Estrangeiros, Socio
correspondente do Instituto de Coimbra,
e da Real Academia de Historia de Madrid,
e Official da Academia em Franca

Tomo I

GYAN

Published by

GYAN

Gyan Publishing House
5, Ansari Road
Daryaganj, New Delhi-110002
Phone: 011-47034999, 9811692060
E-mail: books@gyanbooks.com

Distribution Network
gyanbooks.com
India, USA, Canada, UK, Australia, France

ISBN : 978-81-212-3260-9 (Set)
ISBN : 978-81-212-4773-3 (HB)
First Published, 1881

2nd Impression 2020

Printed at: Gyan Press, Delhi.

Colleccao de Tratados e Concertos de Pazes Tomo I
Author: Julio Firmino Judice Biker

Collecção
de
Tratados e concertos de pazes
que o
Estado da India Portugueza
fez
com os Reis e Senhores com quem teve relações
nas partes
da Asia e Africa Oriental
desde
o principio da conquista até ao fim do seculo XVIII
por

Julio Firmino Judice Biker
Primeiro Official e Chefe de Repartição aposentado
da Secretaria d'Estado dos Negocios Estrangeiros, Socio correspondente
do Instituto de Coimbra,
e da Real Academia de Historia de Madrid,
e Official da Academia em França

Tomo I

Lisboa—Imprensa Nacional—1881

PREAMBULO

Apresento ao publico o primeiro tomo de uma collecção de tratados e concertos de pazes que o Estado da India Portugueza fez com os Reys e Senhores, com quem teve relações nas partes da Asia e Africa oriental, desde o principio da conquista pelo grande Affonso de Albuquerque até ao fim do seculo XVIII.

Para conseguir que este trabalho fosse o mais completo possivel, recorri ao importante Archivo Nacional da Torre do Tombo, assim denominado em razão do lugar em que esteve até ao fatal terremoto do 1.º de novembro de 1755; sendo-me tambem de grande auxilio o *Tombo do Estado da India*, feito pelo vedor da fazenda Simão Botelho, que existe no dito Archivo, e foi publicado pelo intelligente e infatigavel sr. Rodrigo José de Lima Felner, no tomo V da *Collecção de monumentos ineditos para a historia das conquistas dos Portuguezes em Africa, Asia e America*. N'elle se encontram dezoito contratos na sua integra, celebrados com differentes

Soberanos, sendo para lamentar a perda dos seguintes: o de Affonso de Albuquerque com o Rey de Ormuz, do qual dou um extracto, tirado da *Historia do descobrimento e conquista da India pelos Portuguezes,* por Fernão Lopes de Castanheda; os que fizeram D. Vasco da Gama, e Lopo Soares de Alvarenga com o Rey de Cananor; o de Antonio de Brito com o Rey de Maluco; e os feitos com os Reys de Ceilão, dos quaes tambem dou os extractos que se encontram nas *Decadas,* de Diogo do Couto.

O laborioso sr. Rivara diz no *Archivo Portuguez Oriental* que a historia dos Portuguezes na India e mais regiões orientaes está longe de ser conhecida, apesar do que escreveram João de Barros, Fernão Lopes de Castanheda, Diogo do Couto, e Manuel de Faria e Sousa, não só por se achar interrompido o corpo da mesma historia, no ponto em que aquelles auctores a deixaram, mas porque ha muito que descobrir, sendo innegavel que a fonte mais abundante e pura são os documentos pela maior parte ineditos, e completamente ignorados hoje; e lastima outrosim que os archivos da India não possuam grande copia de documentos relativos aos tempos primitivos da conquista, não os havendo do seculo XVI senão posteriores ao anno de 1584, pois só depois dos primeiros annos do dominio castelhano em Portugal é que começam a encontrar-se nos archivos da India mais documentos.

A meu pedido ordenou-se em 1872 que se publicassem no *Boletim do governo do estado da India* os tratados que estão registados nos livros das Pazes, os quaes foram effectivamente publicados nos Boletins dos annos de 1873, 1874 e 1875, cuja collecção possuo.

Ha tambem outros tratados publicados no *Archivo Portuguez Oriental*, e no *Chronista de Tissuary*, donde os transcrevi.

Julguei conveniente dar um fac-simile da carta de Affonso de Albuquerque para El-Rey D. Manuel, datada de Goa, 8 de novembro de 1512; assim como da assignatura do Rey de Cochim.

Não me move a proseguir n'estes trabalhos o galardão recebido pelo zêlo e diligencia que empreguei nas publicações que desinteressadamente tenho feito; pois que, depois de quarenta e oito annos de serviço publico, durante os quaes não preteri ninguem, nem fiquei devedor ao Thesouro Publico, tendo a fortuna de grangear a confiança dos mais distinctos Secretarios d'Estado no ministerio em que servia, quando ultimamente requeri a minha aposentação, apenas obtive o Decreto que adeante publico, seguido da carta que entendi dever dirigir ao illustrado Ministro que o referendou.

Ha, porém, compensações para tudo. Tendo terminado com o tomo XXII o meu *Supplemento á collecção dos tratados, convenções, contratos e actos publicos celebrados entre a corôa de Portugal e as mais potencias, desde o anno de 1640*, e declarado na prefação do mesmo tomo a razão que tive para assim proceder, pareceu-me conveniente dirigir uma circular ás corporações e estabelecimentos estrangeiros a quem offereci a minha obra, e aproveito a occasião que agora se me offerece para transcrever aqui algumas das cartas com que me honraram e distinguiram, mostrando-lhes por este modo o apreço que d'ellas faço, e o meu sincero reconhecimento e devidos agradecimentos.

Julgo dever fazer especial menção da Portaria de 25 de janeiro ultimo, com que o Exmo Ministro o Sr. Anselmo José Braamcamp espontaneamente me distinguiu.

Lisboa, 1 de novembro de 1881.

Julio Firmino Judice Biker.

Ministerio dos negocios estrangeiros. — Direcção dos consulados e dos negocios commerciaes.

Attendendo ao bom e effectivo serviço, por mais de trinta annos, de Julio Firmino Judice Biker, primeiro official, chefe de repartição, servindo de archivista e bibliothecario no ministerio dos negocios estrangeiros, e á sua impossibilidade de continuar a servir, vistos os artigos 11.º do decreto de 22 de abril de 1869, e os artigos 80.º e 128.º do decreto de 18 de dezembro do mesmo anno: hei por bem aposental-o com o ordenado por inteiro correspondente ao cargo de chefe de repartição, que exercia ao tempo da promulgação do ultimo dos citados decretos.

O ministro e secretario d'estado dos negocios estrangeiros assim o tenha entendido e faça executar. Palacio da Ajuda, em 30 de junho de 1881.

Rei.

Ernesto Rodolpho Hintze Ribeiro.

Lisboa, 7 de julho de 1881.

Illmo e ex.^mo^ sr. Ernesto Rodolpho Hintze Ribeiro.

Eu devia ir pessoalmente agradecer a v. ex.ª o decreto da minha aposentação, e a portaria que o acompanha, mas prefiro este meio, porque respeito a v. ex.ª, e não desejo tomar-lhe o tempo.

Exmo sr. Sinto não poder, n'esta occasião, deixar de lhe declarar que os termos em que está concebido o meu decreto são mais um motivo para eu me retirar do serviço publico sem pena. Vejo-me tratado como um operario rotineiro, occultando-se até o numero de annos que servi. Isto ha de ser visto por todos os funccionarios como uma desconsideração não merecida, pois tenho a fortuna de ser conhecido, sabe-se que sou o empregado mais antigo do ministerio dos negocios estrangeiros, com perto de quarenta e oito annos de serviço, tendo entrado por nomeação de Sua Magestade Imperial o Sr. D. Pedro, Duque de Bragança, de saudosa memoria, Regente em nome da Rainha; não havendo durante este longo periodo recebido mais do que o que me foi votado nos orçamentos, e sendo credor ao thesouro publico pela importancia de ordenados dos annos de 1837 a 1851, que se me ficaram devendo.

No requerimento que dirigi a Sua Magestade, em 4 de fevereiro do presente anno, pedindo a minha aposentação, disse: «que me não considerava superior nem inferior a outros funccionarios civis nem militares, a quem têm sido concedidos favores excepcionaes», e desejava por consequencia não ser tratado com menos favor.

Desejo que v. ex.ª queira fazer-me o favor de ler os decretos de 22 de fevereiro, 23 de outubro e 5 de dezembro de 1877, publicados no *Diario do Governo*, e pelos quaes foram aposentados os conselheiros Antonio José Duarte Nazareth, Eduardo Lessa e Antonio Augusto de Mello Archer, e dignando-se v. ex.ª comparal-os com o que acaba de referendar, ha de notar a differença, não tendo nenhum dos ditos conselheiros servido mais tempo do que eu, nem prestado mais serviços. No primeiro decreto diz-se «que durante longos annos (menos de trinta) tem prestado em differentes cargos e commissões de serviço publico relevantes serviços ao estado, dando sempre exemplo proficuo da mais austera probidade e de amor inexcedivel do trabalho e do seu paiz». No segundo, «aposentado com o seu vencimento por inteiro, visto ter desempenhado sempre com zêlo, intelligencia e probidade, durante o longo periodo de quarenta e cinco annos o serviço publico de que tem sido incumbido». E no terceiro, «e tendo em consideração os bons e importantes serviços, que por mais de quarenta annos prestou este empregado, sempre com muito zêlo, intelligencia e probidade».

Repito a v. ex.ª os meus agradecimentos, e aproveito esta occasião para confessar que sou sinceramente, e com o maior respeito e estima

De v. ex.ª
muito attento venerador

Julio Firmino Judice Biker.

Monsieur.— Reconnaissant l'avantage de collectionner et de faire connaître au public des documents importants pour l'histoire du Portugal, dont quelques uns, encore inédits, restaient ensevelis dans la poussière des archives, je me suis chargé de cette entreprise, aussi pénible que laborieuse, et sous le titre *Supplemento á collecção dos Tratados entre Portugal e outras Potencias* j'ai publié vingt quatre volumes (tomes 1 - 22). Maintenant je suis fatigué, et, à mon âge, le repos m'étant indispensable, j'ai jugé devoir mettre un terme à mon travail après avoir servi l'État pendant l'espace de quarante sept ans. Je laisse par conséquent à d'autres le soin de poursuivre une tâche que j'ai entreprise seulement dans le bût d'être utile à mon pays.

Très sensible à l'accueil bienveillant que vous avez toujours accordé à mon ouvrage, ainsi qu'aux lettres obligeantes que vous m'avez adressées, je vous prie d'agréer l'expression de ma sincère reconnaissance.

Malgré toute la sollicitude que j'ai mise à vous envoyer les volumes de mon ouvrage au fur et à mesure qu'ils ont été publiés, il se peut que quelque volume se soit égaré, et, dans ce cas, si vous avez la bonté de me faire savoir celui qui vous manque, je m'empresserai de vous faire parvenir un autre exemplaire.

Je saisis cette occasion, Monsieur, pour vous offrir l'assurance de la considération très distinguée avec laquelle j'ai l'honneur d'être

Votre très humble
et très obéissant serviteur

Julio Firmino Judice Biker.

Lisbonne, ce 14 Janvier 1881.

Ministerio dos negocios estrangeiros.—Direcção politica.

Havendo o primeiro official, chefe de repartição, servindo de archivista e bibliothecario da secretaria d'estado dos negocios estrangeiros, Julio Firmino Judice Biker, dado por concluida a publicação de que fôra incumbido por portaria de 25 de abril de 1872, do *Supplemento á Collecção dos Tratados, Convenções e Contratos celebrados entre Portugal e outras Potencias*, manda Sua Magestade El-Rei, pela mesma secretaria d'estado, louvar o referido funccionario pelo zêlo, desinteresse e intelligencia com que soube desempenhar similhante encargo, coordenando e dando á luz importantes documentos, que muito podem concorrer para conhecimento e elucidação da historia patria.

Paço, em 25 de janeiro de 1881.

Anselmo José Braamcamp.

Bibliothèque Sainte Geneviève.—Paris, le 28 Janvier 1880.

Monsieur et très honoré collègue.—J'ai l'honneur de vous accuser réception du tome xx du *Supplemento á Collecção dos Tratados,* etc. Cette portion de votre livre, relative au règne de D. João VI, est d'une importance exceptionnelle.

Veuillez agréer, Monsieur et honoré collégue, l'expression de mes sentiments les plus distingués.

Ferdinand Denis.

Bibliothèque Sainte Geneviève.—Paris, le 23 Octobre 1880.

Monsieur.—J'ai l'honneur de vous remercier, au nom de l'administration, de l'envoi du *Supplemento á Collecção dos Tratados, Convenções, Contratos e actos publicos celebrados entre a Corôa de Portugal e as mais Potencias,* etc., tome xxiv. Ce volume, consacré à l'époque quasi-contemporaine, est du plus haut intérêt.

Je saisis cette occasion pour vous remercier également de la précieuse notice biographique, consacrée à la mémoire du Conseiller Ildefonso Leopoldo Bayard. Cette pièce importante, publiée em 1856, manquait à notre collection.

Veuillez agréer, Monsieur, l'assurance de ma haute considération.

Votre dévoué serviteur

Ferdinand Denis.

A Monsieur Firmino Judice Biker, à Lisbonne.

Bibliothèque Sainte Geneviève.—Paris, le 3 Décembre 1880.

Monsieur.— J'ai l'honneur de vous remercier, au nom de l'administration, du tome XXII, faisant partie du vaste ouvrage intitulé: *Supplemento á Collecção dos Tratados, Convenções, Contratos e actos publicos*, etc., dont vous poursuivez la publication avec tant de succès. Il est incontestable que ce volume offre une valeur historique égale, si ce n'est supérieure à celle des tomes que l'ont précédé.

Veuillez agréer, Monsieur, l'expression de mes sentiments de haute considération.

Votre reconnaissant et dévoué serviteur

Ferdinand Denis.

Monsieur Julio Firmino Judice Biker, Primeiro Official, Chefe de Repartição, Archivista, etc., etc., etc.

Bibliothèque Sainte Geneviève.—Paris, le 22 Décembre 1880.

Monsieur et très honoré confrère.—Grace au zèle infatigable que vous déployez dans la publication de la *Collection des Traités de la Cour du Portugal avec les Puissances étrangères*, l'établissement confié à mes soins a de nouveaux remerciments à vous adresser. La Bibliothèque Sainte Geneviève a reçu successivement les tomes XXIII, XXIV et XXVIII; et il suffit d'en avoir examiné le contenu pour être bien convaincu de leur importance, dans l'histoire générale de l'Europe et du nouveau monde: l'abolition de l'esclavage, la fondation d'un nouvel Empire, les événements politiques advenus à la suite des prétentions de D. Miguel, etc., etc., etc., donnent une valeur inusité à ces volumes.

Veuillez agréer, Monsieur, l'expression de mes sentiments reconnaissants et dévouées

Ferdinand Denis.

Dresden, 2 Nov. 1880.

Hochgeehrter Herr.—Indem ich eben wieder einen neuen Band Ihrer höchst verdienstvollen Ausgabe erhalte, bin ich tief beschämt, dass ich durch die Masse meiner Arbeiten mehrere Male verhindert gewesen bin, Ihnen für Ihre beispiellose Freundlichkeit gegen die hiesige Bibliothek zu danken. Aber das Gefühl meines Dankes ist deshalb nicht weniger gross, und ich muss bekennen, dass unsere Bibliothek Ihnen zu grossem Danke verpflichtet ist Schon in meinem letzten Jahresbericht, welchen ich am Anfang dieses Jahres an den Minister, meinen Chef, schickte, habe ich den hohen Werth Ihrer Gaben hervorgehoben und gebeten, Sie Seiner Majestät unserem Könige zur Verleihung einer Auszeichnung zu empfehlen. Leider ist es mir nicht möglich gewesen die Erfüllung meines Wunsches zu erlangen; ich gedenke diesen deshalb in meinem nächsten Berichte zu wiederholen. Also nochmals den herzlichsten Dank.

Mit ausgezeichneter Hochachtung
ganz ergebenst

Dr. E. Förstemann,

Hofrath und Oberbibliothekar.

Ich bitte sehr um Entschuldigung dass ich mich der deutschen Sprache bediene, die französische kann ich in Briefen nur sehr unzureichend gebrauchen. Aber wenn Sie hieher in portugiesischer Sprache schreiben sollten so würde auch diese hier verstanden werden.

Dresden, 24 Jan. 1881.

Hochverehrter Herr. — Nachdem ich Ihre freundliche Zuschrift erhalten habe, halte ich es für meine Pflicht, Ihnen für alle die reichen Zusendungen, die Sie in so uneigennütziger Weise unserer Bibliothek gemacht haben, noch einmal von Herzen zu danken. Die von Ihnen herausgegebenen Bände werden in unserer Bibliothek für eine ferne Zukunst ein schönes Denkmal Ihrer umfassenden Studien so wie Ihrer grossartigen Freigebigkeit bilden. Ich habe schon lange bei meinem vorgesetzten Minister den Antrag gestellt, dass Ihnen ein hier erschienenes grösseres Werk als Gegengabe übersandt werde, und ich hoffe dass mein Wunsch bald erfüllt werden wird.

Mir aber bleibt nichts übrig, als Ihnen in wahrhaft collegialer Gesinnung einen ruhigen und heiteren Lebensabend zu wünschen. Mit wahrhafter Hochschätzung

Ihr
ganz ergebenster

E. Förstemann.

Det Kongelige Danske Videnskabernes Selskab. —Kjobenhavn. 29 November 1880.

Monsieur.—Au nom de l'Académie Royale de Copenhague, j'ai l'honneur de vous envoyer par la poste un exemplaire des *Old-Northern Runic Monuments of Scandinavia and England,* ouvrage remarquable de Mr. George Stephens, dont la publication a été rendue possible par la subvention de l'Académie.

Souhaitant de vous donner un signe de sa reconnaissance pour la libéralité extrême avec laquelle vous avez mis vos nombreuses et excellentes publications à sa disposition, l'Académie vous envoie cet ouvrage dans l'espoir que le sujet, dont traite l'auteur dans une langue plus connue que la notre, vous intéressera. En tout cas je vous prie de l'accueillir avec bienveillance.

Je vous prie, Monsieur, d'agréer l'assurance de ma haute considération

H. G. Zeuthen,

Sécrétaire de l'Académie Royale Danoise
des Sciences et des Lettres.

Dresde, ce 10me Décembre 1880.

Monsieur.—Son Excellence le Ministre des cultes et de l'instruction publique Mr. de Gerber étant informé que tant la Bibliothèque Royale publique de Dresde que celle de l'Université de Leipsic doit à votre libéralité un exemplaire des œuvres précieuses que vous avez publiées sur l'histoire de votre patrie, et désirant de vous donner une preuve de l'appréciation de vos sentiments généreux envers les collections Royales, m'a chargé de vous prier de bien vouloir accepter la reproduction ci-jointe du fameux codex de Dresde écrit dans la langue de Maya, qui vient de paraître et dont on n'a fait faire que soixante exemplaires.

En m'acquittant de cet ordre flatteur je vous prie, Monsieur, d'agréer l'expression de la plus haute considération avec laquelle je suis

Votre très dévoué
W. Rossmann D.
Conseiller intime de Cour.

A Monsieur, Monsieur Julio Firmino Judice Biker, Archiviste et Bibliothécaire du Ministère des affaires étrangères à Lissabonne (Lisboa). Portugal.

Académie Impériale des Sciences.—St. Pétersbourg, le $^{19}/_{31}$ Janvier 1881.—N.º 44.

A Monsieur J. F. Judice Biker, à Lisbonne.

Monsieur.—L'Académie Impériale des Sciences de St. Pétersbourg, ayant reçu la précieuse et volumineuse collection de documents historiques sur le Portugal, dont la publication sera considerée dans tout le monde savant comme un signalé service rendu par vous à la science, m'a chargé de vous exprimer ses plus sincères remerciments pour l'envoi de cet important recueil.

Veuillez agréer, Monsieur, l'assurance de ma considération très distinguée.

C. Vosselofsky,

Secrétaire perpétuel.

Bodleian Library.—Oxford, 21 Janvier 1881.

Monsieur.—Je suis chargé par le curateur de notre bibliothèque de vous exprimer leur sincères remerciments de l'envoi des volumes I-XXI incl. (le XXII nous manque encore) du *Supplemento á Collecção*, etc. Nous espérons que votre successeur nous accordera les mêmes faveurs pour la continuation de cette importante collection. Puissiez-vous jouir longtemps du repos que vous méritez si bien après tant d'années de travail.

Veuillez agréer l'assurance de notre considération très distinguée avec laquelle j'ai l'honneur d'être.

Pour le curateur
Votre très humble et dévoué serviteur

A Neubauer,

Sub-Librarian.

Senhor Julio F. J. Biker, etc.

Koninglÿke Akademie van Wétenschappen.—Amsterdam, ce 21 Janvier 1881.

Monsieur.—Le Sécrétaire général de l'Académie royale des sciences aux Pays-bas a remis entre mes mains votre obligeante lettre du 14 Janvier. Je m'empresse de vous remercier bien sincèrement de vous être livré pendant tant d'années à un travail assidu, qui rendra un grand service non seulement à votre patrie, mais aussi aux historiographes d'autres pays pour compléter des lacunes dans l'histoire diplomatique de leurs pays.

J'ai l'honneur de vous annoncer que notre Académie possède votre recueil entier, et je vous offre en son nom, au terme de votre travail, les remerciments les plus empressés pour tant de zèle et tant de libéralité.

Désirant vous présenter un temoignage de notre gratitude, j'ai résolu de vous faire parvenir un exemplaire complet des poésies latines, qui entre les années 1856 et 1880 sont couronnées et publiées par l'Académie.

J'ai chargé notre commis d'ajouter ce paquet à celui, qui doit être expédié prochainement à l'Académie Royale des Sciences à Lisbonne[1]. J'espère que ce don puisse vous être agréable et charmer votre loisir.

Je saisis cette occasion, Monsieur, pour vous offrir l'assurance de ma considération très distinguée.

Votre serviteur,

J. C. G. Boot

Sécrétaire de la section de lettres
de l'Académie Royale susdite.

A Monsieur J. F. J. Biker, à Lisbonne.

Bibliothéque Royale de Belgique.—Indicateur n.° 2722. Litt. F.—Bruxelles, le 22 Janvier 1881.

Monsieur.—En lisant votre lettre vraiment trop flatteuse et la circulaire où, nous annonçant votre retraite, vous évoquez un souvenir classique—*Hic victor cæstus artemque repono*—je ne puis résister au plaisir de vous rendre encore une fois témoignage des grandes obligations que vous doit la Bibliotheque Royale pour vos précieuses libéralités. Je n'ai pas manqué de les signaler au Gouvernement dans mes rapports annuels et vous m'avez trop généreusement fourni

[1] Não me foram entregues.

l'occasion d'y revenir encore cette année, pour que je néglige cette dette de reconnaissance.

En ce qui concerne la collection de vos *Traités* ce m'est une satisfaction de pouvoir vous dire que nous la possédons entière, sans lacune.

Je ne vous quitterai point sans renouveler l'expression officielle de mes remerciments, et sans vous prier de vouloir bien trouver ici, Monsieur, l'assurance particulière de ma haute considération.

Le Conservateur en Chef,

S. Alvin.

Monsieur Biker, au Ministère des Affaires Étrangères, Lisbonne.

Koninklijke Bibliotheek.—La Haye, le 24 Janvier 1881.

Mon très honoré Monsieur.—Les communications imprimées et écrites que vous avez bien voulu me faire tenir m'ont appris que vous avez l'intention de vous retirer des affaires publiques et de la science historique.

Tout en regretant une décision qui ne peut être qu'au détriment des unes et de l'autre je tiens à honneur de pouvoir vous renouveler, Monsieur, l'expression de ma vive gratitude et admiration pour la belle œuvre parachevée par vous dans le *Supplemento á Collecção de tratados*, etc., dont les tomes I à XXII (24 volumes) ont été reçus par moi pour la Bibliothéque Royale des Pays-Bas, confiée à mes soins.

J'espère, Monsieur, que la vieillesse vous sera légère et vous permettra pendant de longues années à vous enorgueillir de vos travaux.

Agréez, mon très honoré Monsieur, l'expression de ma parfaite considération.

Dr. M. F. A. S. Campbell,

Directeur de la Bibliothèque Royale.

Monsieur J. F. J. Biker, Lisbonne.

Real Academia Española.

En vista de la atenta comunicacion de V. S. fechada á 14 de este mes, la Real Academia Española ha resuelto felicitarle cordialmente por la perseverancia con que ha llevado á cabo la ímproba tarea de sacar á luz 24 volúmenes del *Supplemento á Collecção dos Tratados, Convenções, contratos e actos publicos celebrados entre a Corôa de Portugal e as mais Potencias,* y darle al par gracias muy expresivas por el favor que ha dispensado á esta Corporacion regalándole un ejemplar de cada uno de dichos volúmenes.

Lo que tengo á honra y dicha comunicar a V. S., cuya vida guarde Dios muchos años.

Madrid, 29 de Enero de 1881.

El Secretario,

Manuel Tamayo y Bans.

Sr. Julio Firmino Judice Biker.

Real Academia de la Historia.—Madrid, 23 de Febrero de 1881.

Esta Real Academia ha recibido con mucho aprecio la carta-circular impresa que se sirvió V. dirigirle con fecha 14 de Enero último participando que, impulsado del deseo de ser útil á su pais y dar á conocer documentos importantes para su historia, ha publicado 22 tomos de la magna obra titulada *Supplemento á Collecção de Tratados entre Portugal e outras Potencias,* pero que, fatigado ya, y necesitando descanso, ha resuelto poner fin á su trabajo, dando gracias á todos aquellos á quienes ha remitido dicha obra por la benevolencia con que la han recibido, y rogando que se le manifieste si ha sufrido extravio alguno ó algunos de los tomos remitidos, para subsanarlo con nuevas remesas.

Contestando á tan galante invitacion, tengo la honra de participar á V. que esta Real Academia ha recibido agradecida y conserva en su biblioteca los 22 tomos que V. ha publicado del citado *Supplemento,* etc., y tambien la obra, no menos interesante, que ha dado á luz con el titulo de *Collecção dos negocios de Roma no reinado de El-Rey D. José I, ministerio do Marquez de Pombal, e pontificados de Benedicto XIV e Clemente XIII,* parte I, II, e III e additamento á parte III.

Al ponerlo en conocimiento de V. y darle en nombre de la Academia las gracias mas expresivas por sus importantes donativos, cumplo con mucho gusto el acuerdo de remitirle el adjunto nombramiento de correspondiente de este cuerpo literario; y al propio tiempo repetirme de V. con toda consideracion atento y seguro servidor.

Q. B. S. M.

Pedro de Madrazo,

Secretario.

Señor Julio Firmino Judice Biker.

Real Academia de la Historia.

Atendiendo la Real Academia de la Historia á los conocimientos de V. S. en los ramos que forman su instituto, en junta que celebró el dia de ayer, le nombró individuo de la misma en la clase de correspondientes.

Por acuerdo de la Academia tengo la honra de participarlo á V. S. para su inteligencia y satisfaccion, rogandole se sirva designar persona que recoja su diploma y el ejemplar que le está destinado de los Estatutos y Reglamento por que este Cuerpo literario se gobierna:

Dios guarde á V. S. muchos años. Madrid, 17 de Febrero de 1881.

El Secretario,

Pedro de Madrazo.

Señor Julio Firmino Judice Biker.

Kaiserlich Deutsche Gesandtschaft in Portugal.—Lisbonne, le 16 Mars 1881.

Monsieur.—Depuis plusieurs années vous avez l'obligeance d'envoyer par la poste au Département des Affaires Étrangères de l'Empire Allemand les livraisons successives de votre ouvrage sur les traités conclus par le Gouvernement Portugais. Dernièrement encore 18 nouveaux volumes en sont arrivés à Berlin.

Son Altesse Sérénissime le Chancelier Prince de Bismarck, touché de cette aimable attention, vient de me charger de vous exprimer toute sa reconnaissance de la transmission de votre intéressant ouvrage.

En ayant l'honneur de m'acquitter avec un vrai plaisir de cet ordre, je vous prie, Monsieur, de recevoir l'assurance de ma considération très distinguée.

Le Ministre d'Allemagne,

Baron de Pirch.

Monsieur, Monsieur le Juge Julio Firmino Biker, Chef de Département, etc., etc., etc., à Lisbonne.

I. $\frac{5538}{2}$ Vienne, le 4 Avril 1881.

Monsieur.—Le baron Dumreicher, Envoyé extraordinaire et Ministre plénipotentiaire de Sa Majesté Impériale et Royale Apostolique à Lisbonne, m'a transmis, il y a quelques jours, l'ouvrage que vous avez publié sur les actes diplomatiques du Portugal, et dont vous avez bien voulu destiner un exemplaire au Ministère Impérial et Royal des Affaires Étrangères.

Cette œuvre précieuse s'élève, par la richesse et par l'arrangement des matières qui y sont traitées, à la hauteur des publications les plus importantes du même genre comme celles des deux Martens, de Clercq et d'Amyot.

Elle est un beau monument de vos riches connaissances et de votre assiduité infatigable.

Permettez moi donc, Monsieur, de vous remercier de votre attention et de vous féliciter du service que vous venez rendre aux historiens de votre Pays.

Recevez, Monsieur, l'assurance de ma considération très distinguée.

Baron de Haymerle.

633.

A Monsieur Julio Firmino Judice Biker, Chef de Département au Ministère Royal des Affaires Étrangères.

Ministère de l'Instruction Publique et des Beaux-Arts.—Cabinet et Secrétariat.—Bureau des Travaux Historiques et Sociétés Savantes.—Paris, le 23 Avril 1881.

Monsieur.—Je m'empresse de vous informer que, par arrêté de ce jour, je vous ai nommé Officier d'Académie.

En vous conférant cette distinction universitaire, j'ai voulu reconnaître les services que vous avez rendus à l'instruction publique.

Agréez, Monsieur, avec tous mes sentiments, l'assurance de ma considération très distinguée.

Le Président du Conseil
Ministre de l'Instruction publique et des Beaux Arts.
P. le Ministre et par autorisation,

Le Chef de la Division du Sécretariat.

F.

Monsieur Biker, Archiviste et Bibliothécaire du Ministère Portugais des Affaires Étrangéres.

Légation de France en Portugal.—Lisbonne, le 9 Juin 1881.

Monsieur.—Ainsi que vous en avez été informé directement, le Gouvernement Français, désirant reconnaître les services que vous avez rendus à l'histoire et les dons si généreusement faits à nos bibliothéques, vous a conféré le grade d'Officier d'Académie. Je suis chargé de vous transmettre le diplôme et les insignes de cette distinction, et je n'ai pas besoin de vous dire avec quel plaisir je m'acquitte de la mission qui m'est confiée. Il me semble aussi que vous serez sensible à un honneur qui est reservé aux savants.

Veuillez agréer, Monsieur, l'assurance de ma considération la plus distinguée.

P. Laboulaye.

Monsieur Biker, Archiviste et Bibliothécaire du Ministère des Affaires Étrangères à Lisbonne.

Académie des Inscriptions et Belles-Lettres.—Séance du vendredi 27 Mai 1881.

Mr. Laboulaye présente ensuite, de la part de Mr. Biker, Archiviste du Ministère des Affaires Étrangères du Portugal, une collection de publications. Mr. Biker avait été chargé par son Gouvernement de publier les traités et conventions conclus entre le Portugal et les autres puissances depuis l'année 1640. C'est la date célèbre à laquelle le Portugal s'est affranchi de la domination espagnole et a recouvré sa souveraineté. Mr. Biker s'est mis à l'œuvre avec un zèle infatigable, et il a déjà publié 24 volumes, dont Mr. Laboulaye fait rapidement connaître le contenu.

(Journal des Débats.)

Collège de France.—Paris, le 29 Mai 1881.

Monsieur F. J. Biker, Archiviste et Bibliothécaire du Ministère des Affaires Étrangères.

Monsieur.—Vendredi dernier, 27 Mai, j'ai eu l'honneur de présenter à l'Académie des Inscriptions et belles lettres, la Collection des Traités, Conventions et Contrats conclus entre le Portugal et les autres Puissances depuis 1640.

J'ai fait cette présentation en votre nom, suivant le désir que m'en a exprimé Monsieur le Marquis de Penafiel, et je n'ai pas manqué d'insister sur l'intérêt historique de cette collection, par exemple pour ce qui concerne la fondation de l'Empire du Brésil, et la présence des Français en Portugal sous l'Empire.

J'ai également présenté en votre nom les 4 volumes concernant les négociations du Marquis de Pombal avec la cour de Rome au sujet des Jésuites; et j'ai insisté sur l'intérêt qui présente cette correspondance qui fait suivre jour par jour la politique de Pombal et celle de Clément XIV.

L'Académie a écouté cette communication avec beaucoup d'interêt. Elle a ordonné le dépôt de ces deux publications dans la Bibliothèque de l'Institut, et m'a expréssement chargé de vous transmettre ses remerciments. Elle vous félicite des soins que vous avez donnés à cette importante collection, et admire la générosité du Gouvernement Portugais. C'est un bel exemple de libéralisme qu'il offre aux autres pays.

Pour moi, Monsieur, je me félicite de la circonstance qui nous met en rapport; j'ai parcouru plusieurs de ces volumes avec un grand intérêt, et j'y ai déjà trouvé des pièces fort importantes et fort curieuses.

Permettez moi donc de me dire avec reconnaissance et considération

Votre très obéissant serviteur,

Ed. Laboulaye.

Académie des Sciences Morales et Politiques.—Séance du samedi 28 Mai 1881.

Mr. Franck avait présenté dans la précédente séance la Collection des Traités et Conventions publiées sur l'ordre du Gouvernement Portugais par M. Biker, Archiviste et Bibliothécaire du Ministère des Affaires Étrangères de Lisbonne. M. Biker s'est mis avec zèle à ce travail, et en moins de huit ans il a publié 22 volumes. Ce recueil n'est cependant pas une œuvre de simple compilation; le savant Archiviste a dû mettre en œuvre une grande érudition et des connaissances spéciales et profondes; il a ainsi rendu un service signalé, non seulement à son pays, mais à tous ceux qui auront à s'occuper de l'histoire politique du Portugal.

Outre ces 22 volumes qui s'occupent des relations du Portugal avec les autres États en général, M. Biker a encore publié 4 forts volumes qui renferment les documents relatifs aux négociations de la cour de Lisbonne avec le Saint-Siège pendant le règne de Joseph 1er, ou plutôt de son grand Ministre, le célèbre Marquis de Pombal.

Au nombre de ces négociations se trouvent celles qui ont abouti à l'expulsion des Jésuites du Portugal au siècle dernier, et qui sont très remarquables tant au point de vue de la forme que pour le fond.

(Journal des Débats.)

Z. 466.—An Se Hochwolgeboren Herrn Julio Firmino Judice Biker, Archivar und Bibliothekar in Lissabon.

Im Anhange zu meiner Zuschrift vom 23 Jänner 1881 Z. 170 beehre ich mich Euere Hochwolgeboren in Kenntnis zu setzen, dass der unterfertigten Bibliothek vor einigen Tagen die Bände 19 und 22–29 Ihrer *Collecção dos Tratados*, etc., von Seite der hiesigen Universität zugestellt worden sind.

Die hiesige Universitätsbibliothek besitzt sonach jetzt sämmtliche bisher erschienenen 30 Bände dieses verdienstvollen Werkes und ich erlaube mir Euerer Hochwolgeboren hiefür den verbindlichsten Dank des unterzeichneten Institutes auszudrücken und dieses Euerer Hochwolgeboren auch für die Zukunft ergebenst zu empfehlen.

K. k. Universitätsbibliothek in Wien, um 26 September 1881.

Dr. Szeithe.

E. sr. J. F. Judice Biker.

Estou em divida para com V. de resposta a duas cartas, e de agradecimento pelos dois valiosos presentes, do *Supplemento á Collecção dos Tratados*, tomo XII, e das tres partes da *Collecção dos negocios de Roma*, sob o ministerio Pombal, de 1755 a 1775. D'este dever me não desempenhei logo, já porque a saude me tem escasseado, já porque tive de fazer uma digressão pela provincia de Minas.

É v. incansavel na execução do seu patriotico plano; e á brilhante trindade, Santarem, ... e Biker, ficará a patria devedora de um impagavel serviço, tanto mais para agradecer, quanto são raros os homens investigadores e laboriosos, que em Portugal se applicam a um ramo tão digno de attenção, e tão descurado. Onde faltarem subsidios d'estes a historia nunca será mais que um romance, sem alcance nem utilidade pratica.

Uma simples collecção de tratados e convenções internacionaes daria apenas uma idéa vaga, synthetica, das relações entre os povos; mas a grande vantagem de taes estudos provém sobretudo do seu systema, de juntar a esses ajustes os actos publicos, ou diplomaticos, que os precederam, habilitando assim a ligar os effeitos ás causas, e a comprehender claramente as situações.

Juiz tão competente, como é o sr. marquez d'Avila e Bolama, louvou a v. pelo merito do seu trabalho, zêlo e intelligencia com que o vae adiantando, e acaba por animal-o, em nome de El-Rei para n'elle proseguir até á sua conclusão. Dou-lhe parabens por este acto de justiça.

Agradeço a delicadeza com que prestou á carta que tive a honra de dirigir a v. mais attenção do que ella merecia. Essas linhas, traçadas á pressa, só podiam ter um merito: o de mostrar-lhe que mais uma voz desauctorisada se confundia na turba dos seus respeitadores. Não estava essa carta digna da imprensa, do modo superficial como foi escripta, e muito menos digna de encorporar-se em tão valioso monumento.

Dispõe v. dos Archivos da Secretaria dos Estrangeiros; mas vejo que o seu particular archivo é não menos precioso; e assim tem podido completar estudos para os quaes faltariam elementos a outros.

É esse um novo exemplo de uma antiga idéa minha. Em muitos ramos, como n'aquelle de que v. tão superiormente se occupa, os nossos repositorios litterarios, particularmente de manuscriptos, são pauperrimos; e seria um acto louvavel do nosso Governo commissionar pessoas competentes e zelosas para compulsarem archivos estrangeiros, e trasladarem quanto n'elles encontrassem merecedor de conservação sobre quaesquer conhecimentos interessantes a Portugal, podendo para esse fim darem-se instrucções adequadas. Esses operarios parciaes acarretariam, pouco a pouco, o rico material com que podesse erguer formosas construcções o politico, o historiador, o diplomata, o homem da sciencia, o poeta, o navegador, etc., etc.; e afigura-se me que, com esses dados, representariamos, sob mais esse aspecto, distincto papel no mundo.

Depositos ha de manuscriptos e raridades, que ainda regorgitam de preciosidades para Portugal: ha-os em Madrid, París, Hamburgo, mais de um ponto da Hollanda, etc. Quando, desorientado com a nossa politica, vim para o Brazil em 1847, ainda eu era bibliothecario mór, e recebi d'esse Governo instrucções para visitar os archivos d'esta Côrte. Este Governo franqueou-m'os todos, ordenando a cada director d'elles que me concedesse todas as facilidades. Então examinei, embora rapidamente, o Archivo Publico do Imperio (agora reorganisado por decreto de 24 de março de 1876), e vi que n'essa repartição existiam numerosos papeis que interessam a Portugal (até o foral de Macáo, ricamente encardenado). Nas Secretarias d'Estado tambem os ha. A Bibliotheca Nacional e publica da côrte, com os seus 120:000 volumes e 5:000 estampas, possue uns 6:000 manuscriptos. Nos Conventos, principalmente de S. Bento, algo ha. Existem varios archivos como os do Instituto Historico e Geographico, e do Gabinete Portuguez de Leitura, etc., dignos de menção. Ha-os tambem particulares, como um que foi do Conselheiro Drummond, e depois do Dr. Mello Moraes, etc. Não faltaria, pois, aqui campo para exploração de quem tivesse tempo para se absorver em trabalhos d'esta natureza. Eu, a principio, ainda tomei ao serio a minha commissão, e officiei para o Ministerio do Reino dando repetida e extensa conta do resultado das minhas visitas áquelles repositorios; mas confesso que me pareceu dar-se ahi tão pouco apreço a estes esforços, que acabei por esfriar; e até apostaria que já hoje nem no Archivo do Reino se acharão taes officios.

Este tomo XII da *Collecção*, comquanto não apresente convenio algum internacional, e só abranja o ultimo biennio do seculo passado, enfeixa uma serie de documentos mui curiosos, relativos a um periodo altamente critico para Portugal, e de alta effervescencia européa.

A annullação do tratado de 10 de agosto de 1797, as complicadas negociações para sua renovação; os estranhos procedimentos do directorio; as insolitas violencias contra o, depois, Conde da Barca; os diversos negociadores; a intervenção hespanhola; tudo isso fica esclarecido pelas minuciosas peças que v. nos ministra, e entre as quaes ha algumas de summo interesse por mais de um titulo, como é, por exemplo, a com que fecha o volume (memoria de José Manuel Pinto de Sousa), a qual vejo pertencer á sua rica collecção de manuscriptos; e que, pela narração, pelo vigor, pelo estylo, pelo estudo, pela argumentação, occupa logar distinctissimo entre os escriptos d'esta ordem.

Mais de uma vez tenho eu aventurado esta these: «Não ha quem mais nos tenha prejudicado, e se disponha a nos prejudicar... que a nossa mais antiga e fiel alliada!»

Desenvolvi esta these em diversas occasiões; especialmente n'uma serie de cincoenta artigos que aqui publiquei sobre as relações do Brazil com a Inglaterra; n'uma longa carta, que o Conselheiro Tito Franco de Almeida antepoz ao seu livro *O Brazil e a Gran-Bretanha;* n'uma extensa analyse da resposta dada por D. José Lacerda á ingrata obra de Livingstone, etc., etc.

Tenho para mim que não é por amizade, mas por puro egoismo que a Inglaterra tem, uma ou outra vez, simulado proteger-nos. Se ella faz questão da nossa existencia independente, é por julgar facil o exercicio de uma pressão invencivel; por lhe convir esse meio protectorado, que lhe afiança vantagens sem inconvenientes nem riscos; por preferir a uma grande potencia fronteira uma peninsula dividida: por ter á sua disposição esse hospicio *(pied à terre)* no continente; por considerar o Tejo a primeira das suas estações militares e maritimas, seguindo-se-lhes pelo Mediterraneo Gibraltar, Malta, ilhas Jonias, Suez.

Sim, querem que haja um reino de Portugal, embora phantastico e impotente; e quando receiam o incremento dos seus elementos de força, tiram-lh'a; se as suas azas crescem, cortam-lh'as. A despeito dos sessenta annos de dominio hespanhol, ainda no principio d'este seculo o sol não dormia em territorio portuguez; resultava d'ahi um natural desenvolvimento, que podia fazer sombra; surgiu a maxima: *divide, impera!* Acredito que o maior golpe dado na nossa grandeza, a separação do Brazil, foi preparado e desfechado pela fiel alliada. Nas duas Africas, ou já ella está nossa herdeira em vida de vastos territorios, ou se dispõe a contestar-nol-os, de modo que dentro em pouco será nominal o nosso dominio africano; e assim no resto do mundo.

Nos actos, por v. aqui transcriptos, figuram os officios de 3 e 4 de fevereiro de 1798, em que Lord Grenville habilmente vae já mostrando o dedo do gigante, e preparando os animos para os successos que se seguiram tão deploravelmente para nós, como proveitosamente para os inglezes, que tão caro nos fizeram comprar a paz que Portugal havia sacrificado, em proveito alheio.

Estes actos, por v. publicados, confirmam o ditado: De Hespanha nem vento nem casamento. Esta ligação de Portugal com Castella para as negociações de paz só serviu para mais uma vez reconhecer a duplicidade dos homens do reino vizinho para com os nossos.

De grande importancia me parecem os quatro volumes sobre os negocios de Roma; e dando alto apreço á prova de confiança com que me honra, prometto que não sairão da minha mão, em quanto v. a isso me não auctorisar.

Comquanto muitos assumptos ahi se agitem, proprios para meditação, taes como o do beneplacito regio e outros, é especialmente pelas negociações relativas á companhia de Jesus, que esta notavel secção se distingue; e ainda ahi prestou v. um bom serviço, comquanto eu não attinja ao verdadeiro impulso que lhe dictou a resalva, com que concluiu esta publicação, declarando que mais se não occupará d'esses trabalhos, a que nos paizes cultos tamanha importancia se liga. Estas palavras e a formula, apparentemente ironica, que se lhes segue, quando accrescenta que deixa a continuação para individuos mais habeis e competentes, tudo me induz a crer que, ao cabo d'essa impressão, v. teve com ella algum desgosto pessoal, o que nada tem de desnatural.

Deixei-me imprudentemente arrastar pelo prazer de conversar com v. , o que fiz com franqueza, por ser esta pratica particular entre nós ambos, e contar eu com a sua benevola desculpa, por me intrometter junto a v. , profissional, em assumptos sobre os quaes reconheço toda a extensão da minha incompetencia. Creio, porém, ser interprete dos entendidos, supplicando-lhe que persevere na carreira que tão illustrada e patrioticamente está percorrendo.

Aproveito a opportunidade para reiterar as expressões da elevada consideração, com que tenho a honra de assignar-me

Rio de Janeiro, 13 de janeiro de 1878.

De V.
Admirador e creado obrigado,

J. F. de Castilho.

Prezadissimo amigo e collega.—Devolvo com muito agradecimento os documentos, que v. teve a delicadesa de querer mostrar-me. Nada tenho que alterar na redacção da carta, que tive a honra de dirigir a v. em data de 7 de agosto de 1873: sómente acrescentarei, que a leitura attenta do importantissimo trabalho, a que então me referi, e em cujo proseguimento v. com tamanho zêlo, intelligencia, discrição e desinteresse tem continuado, deixa-me cada vez mais firme na convicção que conscienciosamente manifestei na minha citada carta de 1873.

Permitta Deus que v. , apesar de tudo quanto possa causar desgosto a quem do coração trabalha em proveito das letras patrias, não affrouxe na empreza litteraria, a que metteu hombros, e cuja grandissima utilidade nenhum homem imparcial e verdadeiro amigo do seu paiz poderá desconhecer.

Repito os meus agradecimentos, e me protesto com a mais sincera expressão

De v.

Amigo antigo e certo e creado obrigadissimo

Bartholomeu dos Martyres Dias e Sousa.

S/c em 17 de novembro de 1880.

E. amigo e sr.—Agradeço muito penhorado o volume XXII, ultimo do *Supplemento á Collecção dos Tratados, Convenções e actos publicos*, que vou juntar aos outros, de que v. me tem feito mercê.

Dou-lhe os parabens por ter levado a cabo tão longo e penoso trabalho; e creia v. que o alto valor das peças officiaes e das curiosas noticias colligidas n'estes seus livros só poderá ser devidamente apreciado quando, para o futuro, algum homem competente se lembrar de escrever a historia imparcial do nosso paiz no periodo que ellas abraçam.

Renovo os meus agradecimentos, esperando que acceite como sinceros os protestos da muita consideração e estima com que sou

De v.

Admirador e creado obrigadissimo,

João Pedro da Costa Basto.

Casa de v. , 3 de janeiro de 1881.

Lisboa, 5 de fevereiro de 1880.

E. Sr. e amigo.—Recebi os dois ultimos volumes do *Supplemento,* com que v. poz termo á sua longa e não ingloria tarefa. Os subsidios importantissimos, e indispensaveis para a historia patria com que v. enriqueceu estes e os anteriores tomos da collecção, colhidos nos archivos publicos e particulares com indefessa paciencia e luminoso criterio, serão materia sufficiente para o devido elogio que lhe hão tributar quantos se occuparem dos successos a que elles se reportam.

Descontando no futuro, deixe-me v. felicital-o cordealmente, e agradecer-lhe ao mesmo tempo a sua extrema benevolencia.

De v.
Amigo e admirador

Thomaz de Carvalho.

Lisboa, 12 de fevereiro de 1881.

Meu .... amigo.—Acabo de receber os tomos XXVIII e XXIX do *Supplemento,* que, segundo me disse, completam a sua collecção.

O meu suffragio nada vale em competencia com o das sociedades litterarias, e dos homens eminentissimos, que com tanta justiça têem admirado e louvado o seu longo e magnifico trabalho.

Esteja o meu amigo certo de que a historia, a que se referem os documentos, lembrará com reconhecimento o incansavel operario, que tantos e tão valiosos subsidios soube recolher para a sua fiel exposição.

Eu possuo a serie completa desde o volume IX até ao XXX.

Permitta-me agradecer-lhe novamente as suas bondades e consentir que me assigne

De v.
Amigo e admirador,

Thomaz de Carvalho.

Illmo e ... sr. Julio F. Judice Biker.

Meu prezadissimo amigo.—Recebi e agradeço com o maior reconhecimento os tomos XXI e XXII do *Supplemento á Collecção dos*

Tratados, etc., com que v. dá por terminada a sua laboriosa tarefa.

Já n'outra carta lhe disse mais extensamente o que penso d'esta sua interessantissima publicação. E acrescento agora, que nenhum estudioso deixará de louvar o relevante serviço que v. prestou ao paiz, salvando de quasi certo descaminho tantos e tão preciosos documentos, que são o melhor subsidio e a mais solida base para se estudar e escrever a historia patria. Muitos d'elles honram o caracter e a probidade da nação portugueza; alguns attestam que nem sempre o nosso infortunio foi devido aos nossos erros; e todos, mais ou menos, podem servir de lição e exemplo para advertir os governos de que não é sacrificando a propria dignidade que os pequenos estados fazem calar a cobiça, ou desarmam a insolencia dos poderosos.

Emfim, meu bom amigo, o maior e mais sincero elogio que eu posso fazer á sua obra é que me estou servindo d'ella constantemente para os meus modestos estudos; que mais de uma vez a tenho já citado, em trabalhos de que me estou occupando; e que se o meu humilde voto lhe merecesse consideração, v. a não daria ainda por concluida. Confio, comtudo, que, vencido pelo impulso do seu generoso patriotismo, v. continuará um dia, n'esta ou n'outra publicação similhante, a empregar a sua grande illustração e actividade em proveito da historia nacional.

Creia que me honro assignando-me com toda a consideração e estima

De v.
Amigo obrigadissimo
e muito attento venerador

Francisco Gomes de Amorim.

S. C. Lisboa, Largo do Carmo, em 1 de maio de 1881.

Ministerio dos Negocios Estrangeiros.—Direcção politica.— Manda Sua Magestade El-Rei, pela Secretaria d'Estado dos Negocios Estrangeiros, communicar a Julio Firmino Judice Biker, primeiro Official, Archivista e Bibliothecario do mesmo Ministerio, que lhe foram presentes os quatro volumes contendo a collecção dos negocios com a Curia Romana no reinado de El-Rei o Senhor D. José I, desde 1755 a 1775, que aquelle funccionario fez copiar e imprimir, e que se torna digno de louvor pelo modo como usou da auctorisação que lhe fôra concedida pela portaria de 5 de junho do anno findo.

Paço, em 26 de junho de 1875.

João de Andrade Corvo.

Condições com que Affonso de Albuquerque fez a paz com o Rey de Ormuz[1]

(Castanheda, liv. II, cap. LXIII.)

Que elrey Dormuz recebia da mão do capitão mor ho reyno & senhorio Dormuz de que ele capitão moor ho tinha desempossado por força darmas. 1507 Setembro

E que se fazia vassalo del rey de Portugal com lhe pagar dali por diante cadanno de pareas vinte mil xarafins, que valesse cada xarafim hum cruzado.

E que pera as despesas que se fizerão naquela guerra, & assi pera se fazer pagamento á gente que ho capitão mor

1 Item. O primeiro contrato e asento, que afonso d'albuquerque fez na cidade d'urmuz com elRey turuxaa e com seu guazil Reiz noradim, não achei no liuro dos Registos da dita ffeytorya; somente ffui enfformado e certefficado que o dito afonso d'albuquerque que asentara com o dito Reey e seu guazil, e dos *(com os)* nobres da terra, de lhe entreguar o Reyno D'urmuz da mão d'elRey D. manuel noso senhor, que a santa gloria aja, pera que, cada vez que por ele, ou pelos seus gouernadores lhe fose pedido o dito Reyno, lho entregar *(entregasse)* liuremente; e lhe pós de pareas e trebuto quinze mil xarafins em cada hum ano, pera despeza da fortaleza que na dita cidade fez.

Item. E asy achey per certa enfformaçaõ de pesoas que bem o sabyão, que do tenpo que affonso D'albuquerque fez o dito contrato, de que acima ffaaz mençaõ, ha quoatro ou çinquo anos pouquo mais ou menos, ffora ter á dita cidade e ffortaleza d'urmuz antonio de saldanha por capitaõ moor de hũa armada, e asentou com ho dito Reey turuxá que, pelas amizades que elRey noso senhor tinha con ele, e pelas muytas despesas das grandes armadas que o dito senhor ffazya e trazia n'estas partes, devia ele dito Rey turuxaa daar mais a elRey noso senhor dez mil xarafins em cada hum ano, alem dos quinze mil que d'antes daua, de maneira que fosem por todos vinte e cinquo mil xarafins; o que o dito Reey ouue por bem, E concedeo n'iso de os paguar de trebuto a elRey noso senhor Dom manuel que no dito tempo reeynava, os quoaes se arrecadáraõ senpre. (Tombo do Estado da India, por Simão Botelho, fl. 70.)

1507 Setembro traza, el-rey Dormuz lhe daria logo cinco mil xarafins que fosse cada hum da valia dos outros.

E que el rey Dormuz daria hum lugar fora da cidade que fosse a contentamento do capitão moor pera fazer hi hũa fortaleza, & auer nela feytoria em que estevessem mercadorias pera se gastarem na terra. E entretanto que se a fortaleza fizesse el rey Dormuz lhe daria á sua custa hũas casas as milhores que se achassem mais perto do lugar da fortaleza, pera estar nelas a feytoria.

E de tudo isto forão feytas duas escripturas hũa em lingoa persiana pera ficar ao capitão moor, outra em lingoa arabia pera que mandasse a el rey de Portugal, & esta foy feyta em hũa folha douro batido do tamanho de hũa folha de papel. E as letras erão abertas ao boril, & metida em hũa caixa de prata feyta da feyção de hum livro, a qual se fechaua com tres brochas, & ambas erão assinadas por el rey, por Cojeatar, & por Raix noradim, & em cada hũa auia hum selo pendente: ho do meio era douro, & este era del rey, os dos cabos erão de prata: ho da mão dereita de Cojeatar, ho da ezquerda de Raix noradim. A escritura em lingoa persiana era escripta em papel com letras douro, e os pontos dazul metida tambem em outra caixa de prata com os mesmos selos como a outra.[1]

[1] E deste concerto se fizeraõ duas cartas, hũa em hũa folha de ouro do tamanho de hũa de papel, feita a modo de libro, escrita em Arabigo com letras abertas ao boril, & suas brochás de ouro com tres sellos de ouro dependurados por cadeas, a saber, hum do rey, outro de Cogeatar seu gouernador, & outro da cidade. A outra carta quis o rey que fosse em Parse, que é a lingoa commua da terra, & esta se fez em papel com letras de ouro, & pontos de azul, & ambas estas cartas mandou Affonso Dalboquerque metidas em caixas de prata a elRey D. Manuel, as quaes deuem de estar na torre do tombo (se não ouue descuido em deixar perder hũa antiguidade como esta, digna de muita memoria) & deste teor deu Affonso Dalboquerque outra ao rey de Ormuz, feita per João Estão escrivaõ da armada, conforme ao poder, que lhe elRey D. Manuel tinha dado em seu regimento, assinada por elle, & asselada com o sinete das armas delRey.

(Comment. de Aff. Dalboquerque, parte 1.ª, cap. XXXVI.)

Carta de Affonso de Albuquerque a El-Rey D. Manuel sobre a utilidade que recebia o estado no contrato que fez com o Embaixador de Ormuz. Goa, 8 de novembro de 1512

(Torre do Tombo.—C. Chron., parte 1.ª, maço 12, doc. 26.)

Senhor.—Ese embaxador durmuz ha dias que amda comigo; trouxeme cartas pera mim del Rey e de cojatar; traz hum cofre fechado e cartas cerradas pera vosalteza, nam me pareceo bem bolir com nehũa cousa do que asy leva, nem abrir ho cofre nem as cartas; e leva duas omças de caça; foy cristão; he homem em que vosalteza achará rezam em muitas cousas. 1512 Novembro 8

Vosalteza nam deve dalargar a mão do comtrato e asemto que com eles tenho feito, porque mouros acustumados sam a se fazerem mizquinhos: nam he nada pera urmuz xxx serafins *(trinta mil xerafins)* que pagase de pareas, nem he muyto escamdolo pera eles; todo seu feyto he nam estar hy forteleza de vosalteza, nem asemto nem feyturya em que estèm portugueses que emtemdam que cousa he vrmuz, porque tem cojatar tamta oservamcia nisto e tam gramde vejia que nam pode ser mais, porque sabe que he vrmuz tam gramde cousa, que nam ha nimguem que ha veja, que nam deseje de ha levar nas mãaos, e sabe que quen a guanhar, que ha asenhoreará pera sempre, porque vrmuz nam tem de que se temer senam da bamda da persia, domde ele está muyto seguro, por nam ter embarcaçam pera poder pasar a ela jemte.

Vosalteza deve de fazer omra a ese embaxador e lhe amostrar algũas cousas de voso estado, porque el Rey durmuz ten o em todalas cousas, asy em sua caça, de muytas temdas, falcõees, galgos, omças, jemte de cavallo que ho acompanham, como em ser aguardado á porta de seu paço de muytos cavallos e muytas mulas, como de capitãees e homeens omra-

1512 Novembro 8 dos demtro no paço comsigo: esprita em goa a biij dias de novembro de 1512.

Por letra do proprio: feytura e servydor de vosa alteza

Afonso dalboquerque.

Sobrescripto: A El Rei noso senhor.

Carta de Affonso de Albuquerque a El-Rey D. Manuel, sobre estar feita a paz com os Reys de Ormuz até Choromandel, e o que se devia fazer no mar Roxo. Cananor, 30 de novembro de 1513.

(Torre do Tombo.—C. Chron., parte 1.ª, maço 13, doc. 103.)

1513 Novembro 30 Senhor.—A maneira de que agora estam as cousas da imdia, meudamente ho direy aquy a vosalteza; e manday, senhor, meter esta carta minha na vosa bueta, porque haté fim do juizo acharês isto que digo, se a noso senhor aprouuer de comservar ho negocio como agora está: vosalteza tem paz e amizade com todolos Rex e senhores desde urmuz até choromandell; com elRey de cambaya, davos forteleza omde a vós desejaves sempre, que he dyo, sem lhe mostrarmos desejos de ha querer aly, somemte ele por sua propia vomtade; e se a noso senhor apraz qe este feito aja ho fim asy como parece, nam temdes acabado piqeno negocio na Imdia; porém quatro cousas lho fez fazer de necesydade: a necesydade das mercadarias de portugal que se tiveram atrás, pelo açoute que demos ho mar roxo e por lhe cortarmos ho caminho de sua navegaçam, por omde lhe nam vem ja nehũas mercadarias; a outra, porque temos guerra comtinua com adem, e a fua nam vem a cambaya como soya, ou ruiva com que timjem os panos de cambaya; e tiramdolhe esta mercadaria, era lamçala a perder de todo, porque, se se a roupa ouuese de timjir com alacar, hum pano que vall quatro fanões, valeria vimte, e nam averia alacar no mumdo que abastase a dez mill panos; e outra necesidade ten o reyno de cambaya, que he de cobre de que faz moeda, porque com todo ho que ela podia aver deses regnos e o que lhe vinha do cairo, que ela tudo gastava em moeda, aimda agora tem tamta necesidade de moeda meuda, que hamendoas com casca he moeda mevda no reyno de cambaya, como ceytis em purtugall, e por elas se acha tudo ho qe qerem na praça, e temdo soma de cobre, faria moeda meuda; a outra he, senhor, que cambaya tem muito piqena terra no mar da imdia, que he de mamgalor e çumunate até maym muito poucos portos e muyto curto caminho; qeremdolhos destroir e levar na mãao, nam he nada de fazer; toda sua força no rosto do mar he a cidade de cambaya, a quall de bayxamar fica hum mumdo de parcell em seco, cousa que se nam pode crer, e por iso a escapola primcipall he goga, porque he canall; posto que ho parcell espraye e fiqe emxuto, sempre no canall fica agua que abaste pera as naaos; e este canall nam vay ter senam a goga, que fica á mãao esqerda sobre div, e cambaya á mãao direita pomdo ho rosto de mar em fora na terra firme.

1513 Novembro 30

Vindo pola costa dereito até chaull, está asesegada e bem emficada, e gràm parte da terra vos pagaria trebuto, se lhe tivesees tomado a forteleza de damda, a quall me nam pareceria errado comselho tomarse e sosterse, porque he hũa ilha tamanha como ho corpo dos vosos paços de lixboa; jaz sobre campos e terras de sememteiras, tem muitos tamqes dagua demtro em sy e muitos arvoredos, e cousa muito fresca; tem rio sem barra, que com todo temporall na metade do imverno podem emtrar demtro as naos e estar amcora e pruiz: estaa esta ilha e forteleza pegada com ha terra, e amtre ela e a terra firme ha hy seis e sete e o menos cimco braças, a milhor cousa he piqena que vy nestas partes: dizem que daquy começaram os turcos ha ganhar ho reyno de daqem, porque he tudo campos e vales sem nehũa serra: ho lugar que está logo hy e porto he tamanho como chavll, muito fermosas casas e muito abastada terra: as pareas e tributos que vos a terra pagaria, qeremdo vós aly ter forteleza com

1513 Novembro 30 oytemtomeens que ha bem poderyam defemder do mar, porque da terra nam lhe podem fazer nehum nojo, poderiees bem soster quatro fortelezas, porque chavll paga dous mill pardaos e pagaria seis, e damda e a terra pagaria dez; e que lá fortelezas alguem pareça que bobrigam, se elas forem feitas a nosa husamça e elas mesmas pagarem os soldos e mamtimemtos á jemte, nunca leyxees, senhor, de ha fazer nestas partes em lugares proueytosos e de boons portos, porque nam ha de falecer jemte lá nesas partes, se vós tiverdes soldo que lhe dar: neste lugar e porto de damda memtregaram a nao dos mercadores do cairo com toda sua especiaria que carregou em calecut: dabull está em toda vosa obidiemcia e o çabayo senhor dela desejador de vosa paz e de ser voso servidor, porque perdemdo dabull, he de todo perdydo, que lhe nam pode por outro lugar emtrar cavalos, nem jemte bramca pera reformar seu arrayall; goa he vosa; onor, ho rey dela pagauos pareas, e está á vosa obidiemcia; batecala faz tudo ho que lhe homem mamda; el Rey de narsymga creo que vola dará polos cavalos darabia e persia que vem a goa hirem todos a seu reyno, porque asy mo espreveo gaspar chanoca per vezes, que lá tinha mamdado; todos esoutros lugares até momte dely tomam vosas mercadarias e dam as suas, e alguns pagam alguns fardos darroz.

Cananor está como esteve sempre, emtra na liga e amyzade de calecut como vosalteza, e mamda embaxadores a el Rey de cochim que ho faça asy, dizemdolhe que ho çamory he morto, e estoutro quer ser voso servydor e que pede paz; e que oulhe quamto mall e dano se recrece da guerra, e como os mercadores sam destroidos pola guerra que ha tamtos anos que dura; que nam qeira com armas e favor dos purtugueses fazer a guerra a calecut nem a nehũa outra parte, pois que os desejos de vosalteza he ter paz com toda a terra do malavar, e que as jemtes da imdia naveguem seguras; que lhe roga e pede que se deça dese errado comselho e emtre namyzade de calecut e que sejam todos irmãaos, como damtes eram, domde se gasta muyta jemte com a guerra, e sescusam gramdes gastos e morte de jemte, e pedime hum homem pera mamdar per terra com os seus embaxadores, e eu lho dey: alguns purtugueses a que vosalteza tem dado credito nestas partes, emquamto fuy ao mar roxo tinham danado eses rex e revolto tudo em tall maneira, que com trabalho pude isto amamsar; punhamlhes diamte a vimda doutro governador, e outro novo comselho avido de vosalteza; apregoavam isto com peitas e dadivas dos mouros de cochim e cananor; se fôra capitam comfiado, as cabeças deles lhe metera nos muros da forteleza de calecut, porque fôra voso serviço, mas tem tamto credito e autoridade de vosalteza, e eu nestas partes doulho muito mayor, e por estes respeytos lhe dam os rex e senhores nestas partes fé e credito; e a cobiça desordenada que amtre nós amda, quaa fara por hum roby fazer a hum homem quamto quyser: peçouos, senhor, por mercee que paguès aos homeens amtes dobrado seu serviço á custa de vosa fazemda que lhe dardes autoridade e credito quamdo lhe nam he necesareo pera seus carregos: a comcrusam, senhor, he que el Rey de cochim e de cananor entrarãao nesta amizade com el Rey de calecut, porque compre asy a voso serviço, porque sabem que calecut chama os Rumis, sabem que calecut he escapola amtiga do cairo e de veneza, e vêm qe estas duas cousas sam muy comtrairas ao serviço de vosalteza, asesego e todo bem da imdia; e vêm que hũa tam gramde cousa como el Rey de calecut he, davos forteleza por sua propria vomtade, e meterse debaixo do jugo de vosalteza; qeremdo eles este feito emcomtrar e danar, mostravamse vosos deservidores, desejadores de guerra e precuradores de todo ho desasesego da imdia, porque estaa esta rezam quaa viva diamte dos holhos dos homeens e quamto voso serviço he acabarse ho feito de calecut com tam gramde fama de vosalteza e tam gramde credito de vosas cousas nestas partes. 1513 Novembro 30

Coulam quer paz e quer pagar ho que tomou, e nam tenho tempo pera la poder mamdar e dar este noo: choromandell está á vosa obidiencia, toma vosos seguros e trata em malaca; el Rey de ceilam he morto; avia hy dous filhos e devisam amtre eles sobre ho socedimento do rreyno; diseramme

1513 Novembro 30 que hum deles mamdara dizer a cochim que lhe desem ajuda, e se quysesem forteleza, que daria lugar pera iso.

Ho Rey das Ilhas pede vosa ajuda e quer estar á vosa obidiencia, e eu nam poso la ir, nem mamdar, porque tenho pouca jemte e poucos navios: el Rey de pegu leva gramde comtemtamemto de vosa amizade, quer vosos tratos e vosa jemte e vosa ajuda; em seu reyno recebe vosa jemte que vay de malaca, sam trazidos em amdor cubertos de panos douro e dalhe gramdes dadivas. Desta maneira sam recebidos os vosos homeens del Rey de syam e tanaçary e sarnau: os bemgalas recebem vosos seguros e desejam em seus portos vosas mercadarias e naaos: el Rey de çamatora farês dele quamto quiserdes; e todolos rex da imdya asy estam asombrados e asenhoreados do feyto de malaca; el Rey de campar e de menemcabo, onde está a mina do ouro, todos vem com suas mercadarias e ouro a malaca; el Rey de campar vos paga trebuto e amda na guerra em ajuda dos vosos: el Rey de pam, domde vem ouro a malaca, quervos pagar trebuto e quer ser voso servidor: ho primcipall Rey de jaoa quer vosa amizade e a deseja, e esas pouoaçõees que hy ha em sua terra, ho seram de necesidade, ou com muy pyquena armada que vaa em ajuda deste jaao rey primcypall os destroyrees; as outras ilhas, segumdo me dise amtonio dabreu, fracas sam e ficam todas á vosa obidiemcia: os chins servidores sam de vosalteza e nosos amigos, e os gores faramho semelhamte, comó ouuerem conhecimento de nós: urmuz paga como soya, e está hum pouco mais forte do que soya com esta carapuça e adoraçam de xeqesmaell que receberam; nam me comtemta nada, queria amtes ver em poder de vosalteza com hum capitam posto nela e jemte, porque ela por sy pagará bem os custos e despesas que aly fizerdes e quyserdes fazer.

As vosas jemtes amdam seguras por toda a terra da imdia, asy pelo mar como pelo sertam; em toda a terra de cambaya lhe nam pregumta pera omde vay, e em todo reyno de daquem e em toda a terra do malavar compram e vemdem em toda a terra, e amdam tam seguros como neses regnos:

os vosos capitães e naaos nam tomam nao, paguer, nem parao, nem lhe dam caça, nem arribam sobreles, quer tragam seguros, quer nam; os que aparto de mim, em seus regimemtos levam a mesma determinaçam asemtada neles; pregumteo la vosalteza a eses que vam de malaca e os que foram descobrir ho cravo. 1513 Novembro 30

Acabada a forteleża de div e de calecut, se a noso senhor aprouver, despejados ficamos pera emtemder no mar roxo, porque, senhor, ho feito do mar roxo ha mester preposyto, e he necesareo ficar homem la hũa mouçam, que de necesidade pelas navegações de qa se gastará hum an e meyo. E desta maneira poderemos fazer fruyto demtro, e emtemder no porto de suez e qeymarlhe suas naaos e su armada, se a tem feita ou quyserem fazer, porque, como lhe ganharmos ho porto, com toda nosa seguramça, tres ou quatro navios que aly estêm, nam lhe deixarám botar nehũa cousa ho mar, que lhe nam queymem, e será necesareo ter aly muita jemte ho soldam pera lhas nam queymarem; e se nam acharmos nada, tersaa maneira como ho capitam da forteleza mamde sempre vesitar ho porto de suez, e avisar ho voso governador em quallquer parte que estiver: de cananor a xxx dias de novembro de 1513.

Por letra do proprio: feytura e servydor de vosa allteza

Afonso dalboquerque.

Nas costas, por letra coeva: Dafonso dalboquerque em que dá conta da disposisam em que estão as cousas da Imdia e no cabo, o que se deve fazer no mar roixo e o tempo que se deue gastar—pera ver el Rey.

Carta de El-Rey de Cochim a El-Rey D. Manuel, escripta de Cochim a 11 de dezembro de 1513, queixando-se da paz feita com Calecut, e referindo o muito que tinha feito pelos portuguezes

(Torre do Tombo.—C. Chron., parte 1.ª, maço 14, doc. 23.)

1513 Dezembro 11 Esta carta he pera ho muito allto e poderoso Rey de portugall: de ellRey de cochim.

Este anno vyeram duas naos de portugall capitam mor joão de sousa e anryque nunnez: eles me deram novas de vosa allteza e de vosos filhos como estavens de saude com as quaes novas follguey muyto: eu faço comta que cochim he de vosa allteza asy como ho he lixboa: senhor eu nam tenho outro amigo em todo mumdo senam vosa allteza nem em quem confie tanto: ellRey de calecut e todos meus paremtes vyeram sobre mim pera me tomarem os portugueses que comiguo estavam e eu comtudo lhos nam emtreguey e os guardey o milhor que pude e que todo mumdo venha sobre mim eu nam ey mister nimguem se nam soo vosa allteza: a primeira vez que veo pedrallvares cabrall com seys naos quamdo vyeram ao porto de calecut depois de estarem em terra e comfiarem dellRey de calecut ele matou todos hos portugueses e tomou quamta fazemda de vosa allteza estava em terra, depois de tudo isto pasado eles vyeram ter a este meu porto eu lhe dey toda ajuda que me pediram asy na cargua das naos como de todas as outras cousas acabamdo tudo caregar veo armada de calecut a pelejar com elles e dous esprivaẽs meus per nome ytycala paramgora estavam nas naos per arefeens e eles se fizeram a vela e os levaram pera portugall e asy ficaram portugeses em terra comiguo ellRey de calecut e todos os mouros de cramgalor pera la vyeram sobre mim dyzemdo que lhe emtregase os portugueses que tynha em meu poder senam que me destruyryam toda minha tera: e meus paremtes me deziam e asy meus amigos que estes omens eram estramjeyros e de quatro mill leguoas de minha tera e que hos nam conhecya que nam devya de deixar perder minha tera por eles e os devya de emtregar e que se ho nam fizese que eles me nam ajudaryam e ajudaryam a ellRey de calecut como de feito ho fyzeram que vyeram sobre mim e mataram dous tyos meus e hum sobrinho prymcepes e muita jemte outra honrada e me destruyram minha tera e porto: e os portugueses que estavam comiguo eu hos guardey ho milhor que pude e os trazia sempre comigo homde quer que andava: antes de hum anno ellRey de calecut tornou outra vez sobre mim pera me tomarem minha tera e eu com meus amigos e minha jemte e vosa ajuda os desbaratey e se tornou pera sua tera muito desonrado e anojado sem esperamça de mais vyrem sobre mim: emtam se foy jumto com varsymgua a pelejar com meus vasalos princypallmente com hum per nome carutyqui nayre que tem vynte mill nayres e com minha ajuda ho desbaratou e ate oje sempre tem guera com elle e lhe tem morto muita jemte: depois disto foy ho marichall e o capitam mor pelejar a calecut na quall peleja mataram ho marichall e outros fydallgos e capitães e feriram ho capitam mor e asy de ellRey de calecut moreo muita jemte: neste tempo estava elle pelejando com este meu vasalo e la lhe foram os mercadores e jemte da terra dar nova: emtam deixou a guera e se veo pera calecut muito desonrado e a jemte muito chea de medo dyzemdo que nam podyam vyver em calecut sem serem amigos de vosa allteza e meus e por este respeyto se vyeram muitos vyver a minhas teras por saberem que vosa allteza era meu amigo e que me avya de ajudar quando mee fose necesario: todos meus imigos asy da tera como do mar me obedeceram fazemdo comta que doutra maneira nam podyam vyver: vemdo o que vosa allteza por mim fazia todo mumdo vos louvava: ate guora tudo o que foy necesario pera a carega das naos e asy pera a obra do castelo e madeira pera naos e toda outra ajuda que de mim lhe compryo eu a dey sempre sem falecer nenhuma cousa e a todos meus imigos e amigos parecya que amizade de vosa allteza e minha nam podya quebrar por nenhuma cousa e isto tynham por certo e vosa allteza me mamdou huma coroa douro em sy-

1513 Dezembro 11 nall de me coroar por mor Rey de toda a india e mor voso amigo e asy me fazia merce cadano de quinhentos quarenta cruzados pera huma coxa em lembramça da morte de meus tyos e o voso governador especyall me corohou por Rey e fez juramemto de me fazer ho mor Rey de toda ha yndya e de me ajudar contra quem vyese sobre mim e asy tambem eu promety de lhe ajudar comtra quem vyese sobre eles e estar em defemdymemto de vosa fortaleza e jemte ate morer e desta maneyra ho jurou demtro da igreja e me deram huma certydam e eu dey outra a eles: todos hos annos pasados me mamdava vosa alteza cartas sobre muitas cousas e asy sobre a guarda de calecut com que eu muito follgava e de tres annos pera ca começou navegar naos de calecut pera mequa e este anno pasado dom garcia deu seguro a todas as naos de calecut e todas navegaraõ e eu dyxe ao capitam mor que pera a guarda do porto de calecut̃ deixase hum par de caravelas: ele ho nom quis fazer, ho anno pasado com a frota que vosa allteza mamdou se ajumtaram aqui tres mill homens e o capytam mor me dyse que com eles queria hyr dar em calecut e com esta detriminaçam partyo daqui pera la e quamdo soube que ellRey ho estava esperamdo pera pelejar pasou por dyante pera ho estreyto e foy dar em adem e asy do combate como de doemça moreo muita jemte: tornouse pera qua pera a ymdya aguora senhor ho sobrinho do capitam mor que chamam dom garcia: vymdo pera cananor dous nayres per nome hum calecut nambear e outro soll foram lynguas e concertaram paz de calecut com dom garcya e mamdou presemte a ellRey de calecut o qual lhe deu logar pera fazerem huma fortaleza e estamha fazemdo em tera allgums pedreyros e outros homens portugueses: senhor os mercadores de calecut pera qua de toda a costa que aviam mester seguro per navegarem ho vynham pedyr a mim aguora vam todos pedylo a ellRey de calecut porque la lho da o voso capitam: todos os mercadores dos portos de calecut pera qua navegam com seguro dele e todas estas cousas que dom garcia fez com calecut foy per comselho do capitam mor sem me darem parte de nada nem falarem comiguo e vemdo senhor toda a junta da ymdya ha paz que se fez com calecut sabemdo a traycam que vos tem feita e a mim sem vos vimgardes dela está toda muito descomfiada de vosa allteza pois se fez sem ho eu saber e ser ho mor voso imigo e meu que nimguem: e posto que vosa allteza com ele faça paz eu em nenhuma maneira a farey com ele antes lhe farey toda guera que poder pois hos portugueses nam fyzeram paz com ele por nenhuma nesceydade: eu cuydey senhor, que pela morte de meus tyos vosa allteza estava muito anojado e se asy he com vosa ajuda eu vyngarei sua morte: esta paz de calecut nam se fez por nenhuma cousa senam por me desonrarem e nom dyvera vosa allteza deixar minha amisade por tomar a de ellRey de calecut e de nenhuma cousa me pesa tanto nem synto mais com tudo nom deixarei de lhe fazer guera: dom garcia falou comigo e me dyse que a fortaleza de calecut nam se fazia senam com medo dos Rumes: aymda que os Rumes vyesem a calecut nom podyam emtrar por que nom tem ryo pera yso e asy tambem he costa brava e por este respeyto nom podem estar em calecut: em cananor está huma fortaleza: em cochim está outra com muito bom ryo: temos muita jemte pera os defemder asy aos Rumes como a todo mumdo e eu darey a carga pera as naos em que pes a todo mumdo nem os Rumes nom podem estar na costa da yndya em nenhum porto nem eu comsymtyrei que em meus portos lhe dem nenhum graõo de pymenta: ate guora todo honra e merce receby de vosa allteza e asy toda minha tera e jemte: daqui por dyamte espero que ma faça vosa allteza mays que numqua nem he rezam que seja menos: as cousas que tocarem a minha honra e pera bem de minha tera fazme vosa allteza merce em as nam por em maõo de ninguem senam na minha e pera isto me mamde vosa allteza provisam porque cada capitam mor faz o que quer e não ho que vosa allteza mamda: todas as novas de qua nam nas poso dar a vosa allteza por esprito por iso pregumte vosa allteza todas as cousas pasadas a diogo fernandes corea feitor que foy daqui e ao allmirante eles vos comtarám todo o pasado: todos hos annos pasados me mamdava vosa allteza cartas e este anno nom vy

1513 Dezembro 11 carta nenhuma de vosa allteza e vy a paz de calecut feita: nom sey como isto he pelo quall estou muito anojado e muito triste: em toda maneira as cousas que tocarem a mim e a minha onra vosa alteza ho veja e me mamde provysam pera iso: a carga das naos de vósa allteza eu acabey sempre o milhor que pude e este ano trabalhey quamto pude: aguora vay da yndya pera fora mais de quatro ou cynquo mill bahares de pymenta asy pera combaya como pera choromamdell: eu ho dyxe ao voso capitam mor ele a nom quis tolher: este anno trabalhey quamto pude: se vosa allteza nam mamda que se tolha esta pymemta que levam os mouros nom poderei dar a carega que he neceçaria por iso mamde vosa allteza provysam pera isto: antonio Rall em quamto esteve em cochim sempre servio muito bem vosa allteza e a mim: he muito bom homem: develhe vosa allteza de fazer muita merce e eu asy volo peço: ele vos dyrá todas as cousas de qua: esprita em cochim a onze dias de dezembro de quinhentos e treze anos.

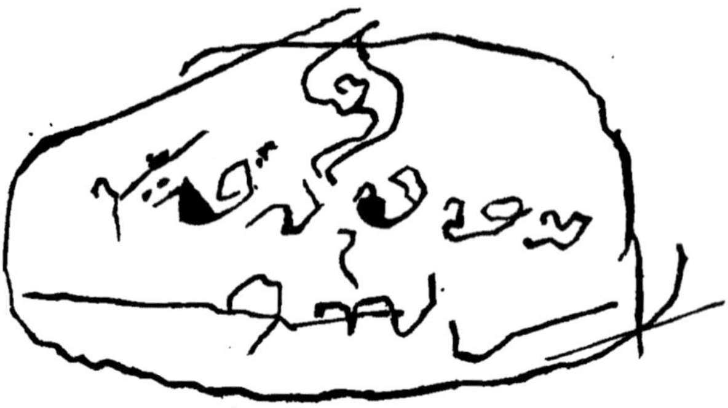

(Assignatura do Rey de Cochim.)

Nas costas: Carta pera elRei de purtugall: delRei de cochim.

Carta de Affonso de Albuquerque a El-Rey D. Manuel, datada de Cananor a 24 de dezembro de 1513, sobre a paz com o Rey de Calecut

(Torre do Tombo.—C. Chron., parte 1.ª, maço 14, doc. 33.)

Senhor.—El Rey de calecut mamda seus embaxadores a vosa alteza com algũas razões de se desculpar de o presemte nom ser como sua gramdeza, e mamda algũa especiaria, pouca cousa, nesa nao, asy pera despesa de seus mesejeiros, como pera lhe trazerem de la algum brimco: o que deseja he mamdar vosa alteza a elle soomente dirigido hum homem ou dous, que mostre comfirmaçam de paaz, e sua terra e seus vasalos tomem mays aseseguo e sejam fora de duvidas, porque açaz de trabalho leuou em asemtar os gramdes de sua terra emsystidos na dureza e determynaçam do çamory rey pasado, e trazellos a todo asemto e aseseguo de paz e lançalos mouros stramgeyros de sua terra, e os naturaes muytos delles feytos em pedaços diamte dele por este mesmo caso. 1513 Dezembro 24

Asi senhor que vosa alteza devia de fazer muytos comprymemtos com calecut, nom porque o el Rey peça, mas porque compre a voso serviço muyto a favorecer este rey, sua pesoa com homras e seus portos com muitas mercadarias deses reynos porque elle me parece homem abalado em outras mayores cousas de voso seruiço que fazer pazes com vosa alteza segumdo suas praticas comyguo e sua determynação em que se pos comtra todo comselho de seu reyno e comtra todallas duvidas dos mouros: mandelhe vosa alteza algũas joyas deses reynos, e a sua molher e a sua yrmãa, porque elle nom tem o custume dos outros rex, hũa soo molher tem, e seus filhos cryados como proprios seus.

Sua molher e sua yrmãa fizerom muito na paz e asemto: recebalhe vosa alteza suas boas vomtades e façalhe mercees e asy ao alguzyl velho que foy na peleja com Rodrigo Rabelo

1513 Dezembro 24 e vos seruyo nese feyto como portugues e nom como gemtio, e ele começou esta paz e pocaracem como voso seruydor: ambos e dous amdarom nela: façalhe vosa alteza merce que vola merecem.

Seus embaixadores sejam bem despachados e mandelhe vosa alteza fazer merce: douray senhor este feito de calecut e day graças a noso senhor de vola asy meter nas mãos porque se vosa alteza vise o aseseguo da ymdia com este feito de calecut e o esmayo dos mouros e o sometimemto e sogeiçam delles parecervoshya espicial merce de deos.

O retorno de sua especiaria deve vosa alteza de deixar trazer a seus embayxadores no que quyserem que ele nom manda la yso, a que lhe eu dey lugar, senom por mostrar mays seguramça e aseseguo de sua vomtade.

Quer carta aselada de voso selo pemdemte feita em purgamynho: mandelha vosa alteza fazer a mylhor feita que poder ser, e o selo nom seja de chumbo senom de prata ou douro comfirmandolhe suas pazes segurandolhe seus portos e suas terras: porque elle faz caa hũa douro pera vosa alteza: he homem verdadeyro e tymydo muyto em sua terra e muito amado, afavorece muyto os naturaes seus e estima pouco os estramgeyros, ainda que elle diz que na ymdia numca navegou nynhuum estramgeyro dos chyns atee o cayro senom em seu porto, e diz verdade.

Lembrevos senhor que vos dá pimenta a troco de mercadarias de toda sorte, que he a mayor cousa que se na ymdia acabou, e com esta compitiçam volla ha de dar cochym quanta quyserdes.

A fortaleza me derom homde a eu pydy, pegada na povoaçam dos mouros, e da outra parte os chatiins sobre o porto e pouso de suas naos, de demtro do remamso do arrecife: parecem ja sobre a terra as duas torres que estam no mar e o lanço do muro de torre a torre, e o corpo da fortaleza he tamanho como a cerca do apartado de cochym e hum pouco mais esforçado: bate o mar nas duas torres que estam nos dous camtos da fortaleza no rosto que faz ao mar: fizlhe fazer duas torres neste lugar porque querendo dar socorro aa fortaleza desembarque a gemte amtre hũa torre e a outra sem contradiçam nem peryguo nynhum da força do lugar porque o corpo das torres estam de fora do muro: a torre de menajem está no meyo deste muro amtre estas duas torres de demtro, no corpo da fortaleza: outras torres ficam hordenadas nos outros lamços: tem hum postiguo no muro pera o mar pera receber o socorro, e a porta principal da fortaleza se ha de fazer a hũa ylhargua dela guardada com seu baluarte: nom lhe pus o nome porque nom tem aynda as portas çarradas. 1513 Dezembro 24

Crea vosa alteza que este ano deu vosa alteza tres açoutes grandes na casa de mafamede e descredito do gram soldam e de todollos mercadores do cayro: o prymeiro foy emtregaremvollos Rex mouros as naos e espiciarias que hyam pera o cayro nos portos omde se acolherom, o outro foy a fortaleza e asemto de calecut, e o outro a emtrada do mar roxo: praza a noso senhor que vos comserue este negocio: sprita de cananor a xxiiij de dezembro de 1513.

Por letra do proprio: feytura e servidor de Vosa alteza

Afonso dalboquerque.

Sobrescripto: A El Rey noso Senhor.

Carta de Affonso de Albuquerque a El-Rey D. Manuel sobre o Rey de Calecut estar satisfeito com a paz, e dar-lhe uma feitoria e fortaleza. Cananor, 24 de dezembro de 1513

(Torre do Tombo. — C. Chron., parte 1.ª, maço 14, doc. 34.)

Senhor. — Bem sabe vosalteza como el Rey de calecut he ho mor senhor de toda a terra do malavar, e seu porto ho mayor de todalas imdias, de trato e mercadarias e de muitos

1513 Dezembro 26 mercadores ricos e homeens primcipaes e de gramdes fazemdas; e pois que a noso senhor aprouue que vosalteza fizese asemto e paz com el Rey, e ele, semdo primcipe, precurase sempre vosa amizade e as cousas de voso serviço, vosalteza deve de folgar de calecut tornar a seu credito primeiro e a seus tratos e a suas grandezas como era da primeira, porque ho Rey com que vosalteza teve guerra, he ja falecido, e el Rey que hagora he, nese tempo sempre precurou a paz e nam tem nehũa culpa nas cousas pasadas.

Depois que reynou, meteo em paz toda sua terra: eu lhe mamdey falar no comcerto de nossas pazes per ho alguazill que foy de cananor, e per pocaracem, vosos servidores, e el Rey folgou de fazer pazes e amizade com vosalteza, e vos deu forteleza e feitoria em seu porto, e alguuns mouros comtrairos ha paaz lamçou fora de sua terra; e aimda que ouve senhores de seu reyno comtra ha paz, e el Rey de cochim e cananor ha estrovasem, ele sempre comsemtio na paz com muita verdade e seguramça, comfiamdo que vosalteza folgará muito com ha paz, e o qererá ter por amigo e servidor, e que fara seu porto gramde, e mamdará a ele muytas mercadarias, porque hasy lho tenho eu dito que ho vosalteza fara, porque ele sabe que com voso poder e autoridade asemtey as pazes com elle, e deu fee a minhas palavras, as quaees lhe fizeram emtemder el Rey de cochim e el Rey de cananor e alguuns purtugezes danados que era tudo falsydade e emganos; e por seu coraçam ser limpo, sempre me creo, e sempre me fez tudo ho que lhe eu reqery, e me deu ho lugar pera a forteleza omde lho eu pedy, com todalas abastamças de pedreiros e jemte de trabalho, pedra e call e todo ho necesareo, e isto com muita verdade e muito amor e com muito bõoa vomtade, e recebeo os vosos homeens e vosa jemte debaixo de sua seguramça e de sua verdadeira palavra.

Oulhe vosalteza estas cousas, que sam muito gramdes, e que as devees destimar em muito, porque huum tam gramde Rey como he el Rey de calecut, folgou de vos dar parte em sua terra e asy ametade dos cartazes e toda carga de pimemta e especiaria que quyserdes por mercadarias deses regnos. 1512 Dezembro 24

Quer, senhor, de vosalteza, que por este serviço e bõoa vomtade com que asentou a paz e amizade com vosalteza, que em synall damor e verdadeira paz vosalteza mamde hum homem ou dous derejidos a ele com a reposta de seu embaxador e suas cartas; e quer que has naos que ouuerem de vir a seu porto, venham dereitamente a ele, e as mercadarias que vierem a seu porto, que se nam descarreguem em outro porto primeiro; e quer que lhe mamdees abastamça de mercadarias, quamtas se em sua terra posam gastar; e quer que vosalteza lhe mamde tudo isto comfirmado, e tudo ho que com ele asemtey, per carta vosa, asynada e aselada do voso selo, que dure a paz pera sempre, porque ele vos merece isto e muito mais, por desejar sempre vosa paz e amizade e dar forteleza a vosalteza em sua terra.

Mamda seu embaxador a vosalteza com joyas que vos leva: peço a vosalteza por mercee que seja despachado e agasalhado quamto he rezam; e lhe emvie vosalteza presemtes e dadivas, e asy ha Raynha sua molher e sua irmãa, que falaram muito na paz e trabalharam muito no comcerto dela.

Pera todas estas cousas lhempenhey minha verdade, que vosalteza as despacharia e comfirmaria como ele merece e he rezam, porque deixou ho trato dos mouros do cairo por tomar ho de vosalteza; deixou as mercadarias do soldam por receber as de vosalteza em sua terra; deixou a guerra que ho outro Rey tinha, por folgar com ha paz e por imrriquecer sua terra: oulhe vosalteza por estas cousas, que sam gramdes, e recebeeas com gramde amor e bõoa vomtade; e amostray a el Rey de calecut com bõoas obras ho amor e amizade que com ele folgaes de ter, aproveitamdolhe sua terra e muitas mercadarias desas partes de que receba alguum proveito, e naos que carreguem em seu porto e dem saída haas mercadarias e espiciarias de sua terra, pois que deixou as dos mouros do cairo que lhe cadano vynham.

1513 Dezembro 24 El Rey de calecut he gramde senhor, homem muito verdadeiro; tem muita jemte e muita terra; todolos Rex e senhores do malavar sam caimaes pera ele e de pouca força diamte dele, e todalas naaos da imdia navegam em seu porto; toda a pedraria e aljofar ha na cidade de calecut, e todalas riqezas e bõoas cousas sacharám nela.

Seu embaxador leva algũua espiciaria pera sua despesa e pera trazer algũuas cousas com que ele folgar; mamdeo vosalteza bem despachar e cedo, e dêle lugar que traga toda mercadaria e todallas cousas que lhe el Rey mamda trazer, e traga ha carta e comfirmaçam do asemto que fiz com el Rey, que vos ele mamda pedir, e receba sua joya e seu presemte com aqele amor e bõoa vomtade que elle amostra ter has cousas de voso serviço.

E á Rainha sua molher e a sua irmãa esprevalhe vosalteza agardecimemtos do que nesta paz fizeram, e lhe mamde algũuas dadivas de la, e asy algunns aceitos a ele, e ao alguazill e a pocaracem, que no comcerto trabalharam bem, e imda agora no fazer da forteleza eles ten o cuidado de dar aviamemto a todo negocio com as pesoas que el Rey tambem ordenou pera amdarem nese feito.

Diz tambem el Rey de calecut, se vosalteza quiser fazer naos, galés, caravelas, navios, que no seu rio e porto de chalea ha muy gramdabastamça de toda madeira e muito de barato, que pode vosalteza mamdar fazer quamtas quiser.

Tornovos, senhor, a lembrar quam estimado deve de ser este feito de calecut amte vosalteza, e quam gramde qredito deu a todalas vosas cousas da imdia, afora os Rex e senhores desas partes la, mercadores, tratos, companhias demfiees, perderem de todo a comfiamça e esperamça daverem as cousas da imdia; e tudo isto fez el Rey de calecut com ha paz e amizade e forteleza que recebeo em sua terra. Rezam he que vosalteza, oulhamdo todas estas cousas que tamto tocam a voso serviço, com bõoas obras comservees sua paz e amizade, e guardees seus portos e seus tratos como cousa muito vosa, e lhe qeyra vosalteza comprazer e outorgar todalas cousas que vos mamda reqerer: sprita de cananor a xxiiij de dezembro de 1513. 1513 Dezembro 24

Por letra do proprio: feytura e servydor de vosa allteza

Afonso dalboquerque.

Sobrescripto: A el Rey noso senhor.
Nas costas, por letra coeva: Dafomso dalboquerque sobre a paz de calecut.

Concerto que D. Garcia de Noronha fez com o Çamorim, Rey de Calecut
Cananor, 24 de dezembro de 1513

(Torre do Tombo.—C. Chron., parte 1.ª, maço 13, doc. 63.)

Este concerto fiz eu dom garcia de noronha pelo poder que tenho do senhor afonso dalboquerque capitam moor e guovernador das Indias meu tio com ho çamorym Rey de calecut ao primeiro dia do mez doutubro de mill quynhentos e treze. 1513 Dezembro 24

Item concertamos que estas mercadarias abaixo nomeadas e espritas se viessem vender a seu porto e feitoria delRey noso Senhor asy como ate quy fizemos nos outros lugares com que temos paz e amizade as quaes mercadarias ssão estas.

Item corall panos de seda ezcarlata azouge vermelham chumbo cobre açafram alcofor pedra hume e quaeesquer outras mercadarias que vierem de Portugall.

Item que elRey nos dara todalas espiciarias droguarias que ouuer na terra e nos forem necessareas e mester ouuermos pera carrega das naos.

Item das mercadarias que comprarmos pagaremos nosos direitos acustumados e das que vendermos pagarám os compradores os direitos.

1513 Desembro 24 Item mais comcertamos que as naos dos mouros que viesem aos portos delRey de calecut destas partes abaixo escritas, a saber, urmuz, cambaya, malaca, çamatora, pegu, canaçarym, bemgala, choromandell, ceilam, jafanapatam, caell e asy de todas as outras partes sejam obrigados a pagar seus direitos a elRey segumdo seu custume, e asy se alguns portugueses trouxerem alguuns cavallos ou alifantes a estes portos seram obrigados a pagar os direitos acustumados.

Item concertamos que quaesquer zambucos que a este porto vierem pedir seguros nam sendo de cochym e sua terra ou de cananor e sua terra ho capitam lhos dee.

Item os mill bahares de pimemta que nos am de pagar pela perda que elRey noso Senhor aquy recebeo nos pagarám em tres pagas, a saber, este ano de mill e quynhentos e treze hũua, e o de catorze outra, e o de quynze outra, e sera pelo peso de cramganor onde se ja começou de fazer esta paga.

Item mais comcertamos que ha justiça fose repartida desta maneira: que quallquer naire ou homem da terra ou mouro, que ouuer algũas brigas ou comtenda com os portugueses, nam lhe sera feito nenhũu mall, somente sera levado a elRey pera ho ele castigar e fazer dele justiça. E asy os nossos quando forem achados fazendo taees casos por onde mereçam pena de justiça, sendo ho delito com os naires ou jemte da terra, seram trazidos ao capitam da forteleza pera hos elle castigar e fazer justiça.

Item concertamos que semdo caso que a elRey fose necesario algũa jemte da nosa pera a guerra nam sendo comtra nossos amigos lhe desemos e asy toda outra ajuda como bõos amigos, ho quall ele dise que iso mesmo faria a nós: semdonos necesareo jemte ou paraos ou quallquer outra cousa pera a guerra nos seria dada sem nenhũa duuida como de muy bõo amigo.

Item dise que todas estas cousas que nos forem necesareas pera as nosas naos que a seu porto viesem asy mercadaryas como todas outras cousas nos seram dadas.

Item mais concertamos e asemtamos que ha remda das

casas fose partida de permeyo ametade pera elRey nosso senhor e a outra metade pera o çamorym. 1513 Dezembro 24

Item ho capitam jerall &c per este faço saber que as duas naos a que eu dey licença a elRey do calecut que mandase estano de quinhemtos e treze a urmuz lhe sera feito omrra e gasalhado e sera por este ano somente.

Item que lhe tomasemos quamta pimenta nos der pelos preços de cananor e pesos de cananor da feitoria paga em mercadarya toda, e os direitos delRey pagos em dinheiro.

Item todo jemjivre que ouuermos mester se comprará aos lavradores e mercadores ao seu preço e ao noso.

Item os direitos delRey asy de pimenta como de jemjivre como de quaesquer outras mercadarias que comprarmos na terra se pagarám os direitos a elRey segundo husamça.

Item toda sorte de mercadaria nos tomarám pelo preço da pimenta e asy doutras mercadarias.

Item que ficando elRey por fiador de a certo tempo se pagar ho preço das nossas mercadarias, ho feitor empreste aquella soma segundo ouuer na feitoria a quellas pesoas a que elRey ha mandar dar.

Item ho feytor nam uemda nem compre mercadarias sem os esprivaẽs delRey pera se arrecadarem seus dereitos.

Item ho capitam e feytor poderá dar lugar has naos da terra que posam levar algũua especiaria nam semdo pera lugares defesos e poderá dar ate dez bahares de jemjivre e cimquo de pimenta.

Item tomarám os nosos cursados por dezanove fanõees.

Item que a mercadaria que ho feitor der fiada nan a dee sem comsemtimento del Rey e fiamça sua peramte ho nambiar.

Sprita de cananor a xxiiij de dezenbro de 1513.

Por letra do proprio: feytura e servydor de vosa allteza

Afonso dalboquerque.

Carta de Affonso de Albuquerque a El-Rey D. Manuel, escripta de Cananor a 27 de novembro de 1514, sobre a paz com o Rey de Narsinga

(Torre do Tombo.—C. Chron., parte 1.ª, maço 16, doc. 120.)

1514 Novembro 27 Senhor.—Aos viij dias de novembro estava pera partir de goa pera cochim a jumtar ha armada pera me poer em caminho, chegaram os embaxadores delRey de narsymga, os quaes me trouveram estas manilhas e joyas que mamdo a vosalteza e algũus panos que por me nam parecerem tam bõos nam foram laa.

Sua excruçam era comcerto de paz e amizade delRey de narsymga com vosalteza pondose em determinaçam de fazer gerra aos turcos do reino de daqem, e asy traziam em sua excruçam falaremme nos cavalos darabia e persya de os deixar ir a seus portos.

A primeira cousa em que planeámos foy sobre a gerra que avia de fazer aos turcos do reino de daqem, em que lhe dey algũuas rezõees de gramde obrigaçam pera sele dever de determinar em lhe por as maaõs e que receberia de mim ajuda pera este feito, pomdolhe diamte como os turcos lhe tinham ganhado parte de sua terra: que agora que estavam devisos antre sy e avia antre eles gramdes pemdemças, era tempo pera ele ir sobreles, e que ele era em gramde obrigaçam a vosalteza que depois que voso poder entrava na Imdia, nunca os turcos mais foram avamte nem lhe ganharam mais terra nem lugar, nem lhe fizeram mais a guerra, que oulhasem bem como os turcos amdavam comtinuadamemte em arrayaees e que elRey de narsymga estava repousado em sua casa, e que pella vemtura que esta oceosidade fora causa de lhe os mouros ganharem alguns lugares pomdolhe diamte como os cavalos estavam todos em vosa maão, e que mamdamdolhos vosalteza dar a ele, e nam aos turcos, nam seria duuida ganharemlhe a terra em muy pouco tempo, que a jemte bramca eu lha tolheria que nam viese mais a seus portos, e asy lhe dise que oulhasem bem, co miliquyas capitam do idalham que está em ciuitacora fazia a gerra a ellRey donor, e que eu espreuera ao idalham que mamdase ao seu capitam que cesase da guerra, que ellRey donor era voso tributareo, e que de necesydade o avia dajudar: ho idalham lhe espreveo logo que cesase de sua gerra e que nom emtemdese mais niso: e asy com outras rezões afora estas os hia acusamdo e obrigamdo ha guerra, eles receberam bem tudo e lhes pareceo bem o que lhe dizia, e se afirmaram todos ellRey de narsymga estar abalado pera este feito. 1514 Novembro 27

Quamto aos cavallos em que me tocavam aos leixar ir a seus portos, a iso lhe respomdy que mespamtava muito dellRey de narsymga comer a remda de sua terra e de seus portos, e nam querer que vosalteza comese os dereitos dos seus: que eles sabiam bem que vosalteza tinha ganhado urmuz e que os cavallos durmuz vinham emderemçados per ellRey que era voso vasallo ao porto de goa que vosalteza tinha ganhado aos mouros, que estes dereitos dos cavallos eram de vosalteza, se os ele queria comprar que lhos daria amtes que aos turcos temdo ele aquela paz e amizade com vosalteza que ele muito devia distimar, e fazemdo aquele partido que fose bem: os embaxadores logo na primeyra se lamçaram do comcerto dos cavallos dyzemdo que nam traziam comysão pera iso, apertamdo que fosem a seus portos: sempre acharam em mim que vosalteza comia os dereitos de vosa terra e portos que tynheis ganhado aos mouros, asy como ele comia os da sua terra, que se cavallos queria que mamdase por eles ao porto de goa que sempre lhos dariam amtes que aos mouros.

Pasados asy dous dias vieram temtar comcerto sobre averem os cavalos, dizemdo que dariam cadano por dereitos de mill cavallos sesemta mill pardaos e que os viryam comprar a goa, somemte lhe dese hũua fusta que fose com eles sempre ate o porto donor: eu lhe respomdy que me nam parecia boom partido, porque eles viam bem que eu alargava aos mercadores dez pardaos de cada cavalo e semdo os dereitos de goa de cimquemta pardaos por cada cavallo, lhos abaixara em coremta, de maneira que de mill cavalos quytava dez mill

1514 Novembro 27 pardaos aos mercadores por fazer ho porto gramde, e que agora eles me davam mais dez mill por mill cavalos pera destruyr o porto e os mercadores, porque ja os cimquemta pardaos eu tinha de cada cavallo, que eles me davam agora mais dez de dereitos, e que punham por comdiçam que se nam vemdesem os cavallos se nam a elRey de narsymga, e que se tall comcerto com eles asemtase, ganhavam eles em cada mill cavalos cem mill pardaos, porque nan os podemdo os mercadores vemder senam a eles, seria forçado daremlhoos mercadores por aquylo que eles quysesem, em que nam podiam ganhar menos de cem pardaos em cada cavallo e cemta cimquemta e duzemtos, e eu lamçaria a perder os mercadores e destroyria o porto e o trato, e asy me lamcey de seu comcerto, dizemdolhes que seles leixasem vemder aos mercadores a sua vomtade, e a qem quysesem, pela ventura me comcertaria com eles, mas averem os mercadores costramjidamemte de lhe vemder os seus cavallos, que iso nam era rezam nem justiça.

Eles partiram bem atribulados por nam tomarem comcrusam comigo, porque ho partido de darem a vosalteza sesemta mill pardaos polos dereitos de mill cavallos com as comdiçoẽes que apomtavam era danarse o trato de todo, e ganharem cemtacimquemta mill pardaos cadano neles, e digo pouco, e se se partiram bem despachados de mim de dadivas e merces em nome de vosalteza, e levaram a elRey de narsymga doas cavallos de preço de setecentos pardaos cada hum e vinte e sete couodos de veludo preto, e trinta de damasco, e mea duzia de barretes vermelhos.

Mostreilhe as galees que aquy estauam em goa, has fortelezas e artelharia de goa, as estrebarias dos cavallos e alifamtes e tudo amdaram apalpamdo com preços: nom se comcertou ho feitor com elles: metiam tambem por comdiçam de nos darem todollas mercadarias que soyam de vir ao porto de batecalla pelos preços que ahy valiam no porto: creo senhor que nos am de fazer quallquer boom partido que quysermos por aver estes cavallos: prazera a noso senhor que asentamdose as cousas durmuz valera ho trato dos cavallos e dereitos delles mais de cemto e cimquemta mill pardaos pera vosalteza, afora o ganho das mercadarias e especiarias que as naos am de levar em seu retorno que he outro ganho: porque ja nós temos cimquenta pardaos de dereitos por cada cavallo que emtra em goa, os quaees pagam todolos homeens de gerra, e os mercadores pagam quarenta pardaos e quyteilhe dez por outras mercadorias que sempre trazem. 1514 Novembro 27

Hanos ha que me vosalteza tocou no trato dos cavallos estarem em vosa maão, e porque goa he hum dos principaes portos de trato dos cavallos asy pera o reino de narsymga como pera o reino de daqem, e a necesydade gramde em que poem narsymga os cavallos darabia e persya, nam duuidaria ser tam bõoa empresa e milhor que ha mina, porque nam emtra hy cabedall nem trato de vosalteza, somemte os dereitos dos cavallos emtrarem no porto de goa, e parem (*paguem*) cada hum que os vem comprar cimquemta pardaos, e os moradores do lugar se os comprarem soyam de pagar trinta e cinco, e agora pagam vinte e cinco, e quem nos vem comprar de fora paga os mesmos cimquemta, porque asy está em custume amtigo: pareceme senhor que iguallmemte se podem pôr cadano mill e duzemtos cavallos em goa, e se semtemder pôr vosalteza no trato deles sempre se porám mill e quynhemtos cavalos ou mill e seiscemtos e vedamdose bem a todolos outros portos, igualmemte podem emtrar na Imdia cadano dous mill cavalos darabia e persya, e tomamdo asemto as cousas durmuz e baharem, se segura este trato pera sempre, que he muyto gramde cousa a meu ver, e muy certo proueito, e nam duvido que ellRey de narsymga dee boom preço polos darem a ele e nam a outrem, afora compralos a comtemtamemto dos mercadores: espryta em cananor a xxvij dias de novembro, antonio da fomseqa a fez, de 1514.

Por letra do proprio: feytura e servydor de vosa alteza

Afonso dalboquerque.

Sobrescripto: A ellRey noso senhor.

Confirmação das pazes e contrato que Afonso de Albuquerque fez com o Rey de Calecut. Almeirim, 26 de fevereiro de 1515

(Torre do Tombo.—Liv. de Dem. e Cont., fl. 108.)

1515 Fevereiro 26 Dom manuel &c. A quamtos esta nossa carta virem fazemos saber que afomso dalbuquerque do nosso comselho e nosso capitam moor e gouernador da India nos fez saber per suas cartas como despois da morte del Rey de calicut, a saber, aquelle em cujo tempo os mouros da dita cidade cometeram a traiçam que nella foy feita a ayres correa nosso feitor, ho çamorim Rey que aguora he de calicut lhe mandara fallar per vezes e cometer asento de paz e que nos queria seruir e que se fizese fortaleza na dita cidade no luguar em que se ouuese por mais nosso seruiço na qual podesem estar nossas gentes seguramente e assi todas nossas mercadorias e queria satisfazer todollos dannos e perdas que naquelle tempo se receberam em nossa fazenda e em todas as cousas asentar de maneira que em todas fosemos seruido como ho elle sempre desejaua e que posto que por muitas vezes elle se escusase do asento da dita paz e o refusase vendo como nisso emsistia com todo amor e lealdade e verdade pera todas as cousas de nosso seruiço &c. E sendo certo como em vida do Rey pasado sempre assi o precurara e desejara muito a dita paz, e acerqua de todas as cousas de nosso seruiço fora sempre nelle achado vontade muy verdadeira pera em todas seremos seruido muy inteiramente nom soomente com bom desejo mas com obras no que se offerecera auendo respeito ao sobre dito e como de esta paz se asentar se seguiam cousas proueitosas a nosso seruiço elle asentara com o dito Rey a paz na maneira seguinte. Primeiramente foy asentado e concordado que nós mandemos ao porto da dita cidade de calicut nossas naaos, a saber, aquellas que ouuermos por bem e com aquellas mercadorias que nos bem parecer e forem necessarias pera feitoria que alli mandamos

asentar. Item o dito Rey de calicut nos dara todallas espe- 1515 Fevereiro 26
cearias e drogarias e quaesquer outras mercadorias que nós ouuermos por nosso seruiço de alli se auerem e da dita cidade quisermos mandar vir e em sua terra ouuer. Item que as naaos de mouros, a saber, daquelles luguares, que estiuerem a nosso seruiço e asentados em nossa paz e tractarem em cochim e nos outros luguares que estiuerem em nosso seruiço e obediencia que forem ao porto da dita cidade de calicut sejam obriguados a paguar os direitos ao dito Rey de calicut segundo seu costume e assi mesmo o façam os xpãaos portugueses, e tambem dos cauallos, e alifantes, que ao dito porto de calicut leuarem e nelle descarregarem e venderem. Item foy asentado que quaisquer zambucos que ao porto da dita cidade vierem pedir seguros nom sendo de cochim e de sua terra nem cananor e de sua terra, o nosso capitam que estiuer na dita nossa fortaleza de calicut lhos dee, porque os que forem de cochim e de cananor e suas terras liuremente sem os ditos seguros poderám hir ao dito porto de calicut e nelle emtrar e sair e fazer seu trauto sem empedimento ninhũu nem serem obriguados de pedir cartas de seguros. Item foy asentado e comcordado que o dito Rey de calicut nos paguase mil bahares de pimenta polla perda que na dita cidade se fez em a nossa fazenda o tempo pasado os quaes pagaria em tres paguas, a saber, o anno pasado de quinhentos e treze auia de fazer hũua e quinhentos e quatorze outra e este presente de quinhentos e quinze outra, e que a emtrega dos ditos mil bahares fose pollo peso de cramgallor honde a primeira pagua se começou de fazer. Item foy amtre elles asentado e afirmado que a justiça fose repartida nesta maneira, a saber, per qualquer naire, ou homem da terra ou mouro que ouuer algũuas brigas ou comtenda com os xpãos portugueses nom lhe sera feito ninhũu mal mas que sera leuado ao dito Rey de calicut pera elle o castigar e fazer delle justiça segundo a grandeza de sua culpa. E os xpãos portugueses quando forem achados fazendo taes cousas per onde mereçam penna de justiça sendo o delito com os naires ou gente da terra ou mouro sejam leuados ao nosso capitam

1515 Fevereiro 26 da dita fortaleza de calicut pera elle os ouuir e castigar e fazer delles justiça segundo per suas culpas e delitos merecerem. Item foy asentado que todallas cousas da terra que forem necessarias assi de mantimentos como todas e quaes quer outras de qual quer calidade que sejam pera a dita nossa fortaleza de calicut e maior segurança della e assy pera o corregimento e repairo das nossas naaos, e nam os que ao porto de calicut forem, sejam dadas em toda abastança por seus dinheiros assi ao nosso capitam da dita fortaleza como aas gentes que nella estiuerem e aos capitães e gentes das ditas naos e nauios sem nisto ser posto empedimento nem duuida algũua. Amtes pera se auerem todas as ditas cousas e se comprarem pera a dita nossa fortaleza e gentes que nella estiuerem como pera as ditas naos e nauios lhe seja dado toda ajuda e fauor e bom emcaminhamento. Item foy asentado e concordado que a renda dos cartazees fose repartido de per meio, a saber, ametade pera nós e a outra ametade pera o dito Rey de calicut. Item foy asentado e concordado que aquellas especiarias e drogarias e quaes quer outras mercadorias que aa dita cidade de calicut nós quisesemos mandar comprar e della amandar vir o dito Rey de calicut sera obriguado de nolla dar e mandar dar pelos preços e pesos da nossa feitoria de cananor ou de cochim qual for mais proueitoso a nosso seruiço das quaes especiarias e drogarias e todas outras mercadorias se receberá todo bom pagamento em mercadorias ou em dinheiro qual nós mais quisermos, e porém que o dinheiro que o dito Rey de calicut das taaes mercadorias ouuer de auer lhe sejam paguas a dinheiro. Item foy asentado que todo gemgiure que da dita cidade ouuermos mester se compre aos lauradores e mercadores pello preço em que o elles e nosso feitor se concertar. Item foy asentado e concordado que os direitos que ao dito Rey de calicut pertencerem assi das especiarias como de drogarias como de quaes quer outras mercadorias que se comprarem na terra pera nossas feitorias se lhe paguem segundo vsança e como sempre lhe forom paguos. Item se asentou e comcertou que o nosso feitor nom venda nem compre ninhũuas mercadorias pera o que tocar aa arrecadaçam dos direitos que ha de auer o dito Rey de calicut da vemda e compra das ditas mercadorias saluo naquella maneira que se faz em cochim pera arrecadaçam dos ditos del Rey de cochim. Item foy asentado e concordado que o nosso feitor da nossa feitoria de calicut nem outra pesoa possa dar e dee luguar ás naaos da terra que posam leuar algũua especiaria nam sendo porém pera luguares defesos per nós e pello nosso capitam moor da India e esto atee dez bahares de gengiure e cinquo de pimenta em cada nao e mais nam. E se mais for achado em cada naao da dita soma pella primeira vez se perca toda a especiaria e a drogaria que for na tal nao assi aquella que podia leuar por bem da dita licença como toda outra mais e que nella for achada e leuar. E polla segunda se percam as naaos e mais as mercadorias e especiarias que leuarem e se possa todo tomar e arecadar pera nós como cousa de booa guerra. Item foy asentado e concordado que tomarám os nossos cruzados a dezanoue fanões e se maior valia tiuerem em todo malauar que se tomem pello preço que geralmente valerem por todo o dito malauar. Item que ninhũua nao que tomar carregua em calicut nom possa pasar do estreito para dentro nem hir a adem resaluando se adem estiuese aa nossa obediencia e seruiço por que emtam poderám hir aa dita cidade e sendo algũua das ditas naos achadas por nossas armadas do cabo de guarda fume pera dentro seja tomada de booa guerra. Item que o dito Rey de calicut nom receba na dita cidade nem em seus portos nihũuas naaos nem gentes de quaes quer nações que sejam que forem nossos imiguos e desseruidores nem lhe dara emparo fauor nem ajuda acollhimento nem cousa algũua em toda a terra e terá com elles aquella maneira que tem com seus propios imiguos. Item que todos aquelles que se tornarem xpãaos da gente da terra ou de quaes quer outras nações que na terra estiuerem e a ella vierem sejam isentos de todo assi em suas pessoas como fazendas e de cousa algũa sobre elles emtender o dito Rey de calicut no propio modo e maneira que os sam os xpãaos portugueses. Item foy asentado

1515 Feverreiro 26

1515 Fevereiro 26 por quanto sempre foy costume que todas as naaos que saem do porto de calicut paguarem certa cousa ao Rey avendo respeito aa grandura de cadahũa dellas oyto fanões e de hi pera baixo e pera cima, ho qual direito que sempre se pagou ao dito Rey de calicut e aguora por bem da guerra estaua aleuantado que o dito Rey de calicut torne arecadar o dito direito como sempre se arecadou e que ametade de todo o que se arecadar do dito direito seja pera nós e o receba e arecade o nosso feitor da nossa fortaleza da feitoria de calicut e a outra ametade seja pera o dito Rey. As quaes cousas todas e cadahũua dellas foy asentado e concordado que nós pollo que a nós toca guardar e comprir e assi o dito Rey de calicut pollo que a elle toqua guardar e comprir cadahũu de nós por si faremos guardar e comprir e inteiramente se guardará e comprirá como em cada capitollo he asentado. E por qual quer cousa das que nesta capitollaçam sam comtiudas que cadahũu de nós nom guardar o comtrairo que for em parte ou em todo sendo pella outra parte requerido que o emmenda e corregua e cumpra e guarde como nesta capitollaçam he comtiudo e nam o querendo fazer que a dita paz e capitollaçam e asento fiquará em todo quebrada e de ninhũu vallor nem força. Sobre o qual comcerto e asento de paz na maneira que aqui he decrarado emviou a nós o dito Rey de calicut per dom Joham seu embaixador pollo qual e per sua carta de crença que por elle nos escreueo nos emuiou dizer como elle fora sempre muito nosso seruidor e com coraçam limpo e verdadeiro e desejara sempre fazer e fizera todas as cousas de nosso seruiço em tempo del Rey seu tyo seu antecessor sempre o desejara e procurara de o trazer a nosso seruiço e que pois deos o trouxera a ser Rey de calicut tinha vontade detreminada de em todos tempos estar muyto certo e fiel nosso seruidor e amiguo e como tal fazer todas nossas cousas, pollo qual nos pedia por mercê que a dita paaz assi como em esta capitollaçam he comtiudo e asentada a aprouassemos e a comfirmassemos e ouuessemos por boa. E vista por nós a dita capitollaçam e esguardado todo o que o dito seu embaixador por vertude de sua carta de crença

nos fallou e pedio e aa booa vontade e amor com que somos 1515
certeficado que sempre o dito Rey folgou de fazer as cousas Fevereiro
de nosso seruiço e por esperarmos delle que sempre fiel e 26
verdadeiramente assi o fara e por forgalmos (*sic*) que o dito Rey por seu respeito todas suas gentes e terra viuam em toda paaz repouso descanso e segurança como he nossa vontade que viuam aquelles que estam em nossa paaz que fielmente nos seruirem como esperamos que o dito Rey de calicut faça temos por bem e aprouamos e comfirmamos e aavemos por boa a dita paaz assi e na maneira que aqui he comtiudo e decrarado. E porém mandamos ao nosso capitam moor que aguora he e pellos tempos ao diante for nas partes na India e a todollos nossos capitães do mar e da terra capitães feitores e escriuães que ora sam e a o diante forem na dita fortalleza de calicut e a todos nossos officiaes gentes darmas e quaes quer outras pessoas a que esta nossa carta for mostrada que em todo a cumpram e guardem e façam comprir e guardar assi e tam inteiramente como nelle (*sic*) he comtiudo sem contra cousa do que nella he asentado e affirmado nem comtra parte della hirem nem vierem por modo algũu por que assi he nossa mercê. Dada em a nossa villa dalmeirim a vinte seis dias do mes de feuereiro, antonio fernandez a fez, anno de mil e quinhentos e quinze.

Treslado do Contrato das pazes que o Governador Lopo Soares fez em Coulão com a Rainha e Regedores da terra, em 25 de setembro de 1516

(Tombo do Estado da India, por Simão Botelho, fol. 37.)

Dom manoel per graça de deos Reey de portugual e dos 1516
alguarues d'aquem e d'alem maar em affriqua, senhor de Setembro
guinee e da conquista, nauegação, comercio de thiopia, ara- 25
bya, percia e da India et caetera a quantos esta nosa carta

1516 Setembro 25 virem ffazemos saber que chec dauguanate Irmacalao Reey de coulaõ e caycoy Irnalcaõ, sua irmaã, e seus Regedores de suas terras e senhoryos, nos mandou dizer por muytas vezes que estaua a noso seruiço e desejaua nosa paaz e amizade, dizendo que ele não hera culpado no desseruiço que nos ffoy ffeyto em sua terra de coulão na morte de antonio de saa, e destroyção da Igreja de san'thomé, que no dito luguar de coulão estaua; por quanto o dito caso ffora ordenado e ffeyto por mouros de calequu que no porto de coulaõ estauaõ, que com nosquo tinhaõ ao dito tenpo guerra, e ele não podera registir niso por ver *(viver)* ausente e longe do dito luguar, pedindonos que ouuesemos por bem de ter paaz e amisade, e que ele querya tornar a'difficar a dita Igreja de san'thomé de nouo á sua custa, e asy nos paguar a perda que recebemos em nosa ffazenda por morte do dito antonio de saa; e por quanto, depois do dito caso ser acontecido, nosas gentes que hy fforão ter em naaos e nauios reçebêrão em sua terra ffauor e guasalhado e bom despacho e ajuda pera todas as cousas de noso seruiço, segundo d'iso fomos enfformado per dioguo mendez de vasconçelos, noso capitão de cochim, que la enuiamos sobre a presa do Junquo que no dito porto estaua, ao qual ele dito Reey e sua irmãa e Regedores requerêrão em noso nome as ditas pazes, mostrando d'iso grande desejo e vontade de nos querer seruir, nos praaz lhe conçeder e outorguar a dita paaz na maneira seguinte.

Item primeiramente o dito Reey seraa obriguado a ffazer a dita Igreja de san'thomé da propia maneira e no luguar em que, e como antiguamente estaua, á sua custa, e tornaraa a *(tornará á)* dita Igreja todas as rendas e direitos e terras e as*si* ho *(direito do)* pesso, tudo tão compridamente como o d'antes tinha, sem nhũa cousa lhe falecer, e ffauoreceraa os christãos e os trataraa como d'antes o ffazia, e milhor, se milhor poder ser.

Item seraa obriguado nos paguar, por a perda da ffazenda que ahy perdemos por morte do dito antonio de saa, quinhentos bares de pimenta, os quaes nos paguaraa em tres anos primeiros seguintes, a rezão do que montar em cada hum ano, e começarão loguo este ano de 516 a ffazer a primeira pagua, e nos outros dous seguintes a demasya pela dita maneira. 1516 Setembro 25

Item seraa obriguado a nos daar pimenta e todas outras especearyas e droguaryas que em sua terra ouuer, ou a elas vierem, que ouuermos mister, pelo preço e pesso de cochim, e paguarlh'emos d'elas os direitos da maneira que os em cochim pagnamos, e não daraa sayda á dita pimenta e especearyas e droguaryas pera ffora sem nosa licença.

Item todas as mercadoryas que vierem nosas a seus portos não paguaremos nhuns direitos á cargua nem descargua delas; podelosha porém o dito Reey aver dos que comprarem as ditas mercadoryas.

Item e que a justiça seraa partida nesta maneira. a saber, que qualquer naire, ou homem da terra, ou mouro que ouuer algũas briguas, ou contenda com os christaãos, não lhe seja ffeito nhum maal, mas que seja leuado ao dito Reey de coulão, ou a seus Regedores, pera ele o castiguar e ffazer d'ele justiça segundo a grandeza da sua culpa, quando fforem achados ffazendo os taes cassos por onde mereção pena de justiça: sendo o delito com gente da terra, ou mouro, sejão leuados ao nosso capitão moor a cochim, ou entregue a qualquer capitão noso que no dito porto ou terra estiuer, pera se castyguar e ffazer d'ele justiça segundo per suas culpas per direito mereçe.

Item não acolheraa em todos os seus portos e terras, nem daraa nhum ffauor nem ajuda, a qualquer gente que comnosquo tenha guerra, em qualquer tenpo que seja. e tera com eles aquela maneira que tem com os seus propios imiguos, e aguasalharaõ e ffauorecerão quoaesquer naaos, ou nauios, gente nosa que aos seus portos vierem, e lhe darão mantimentos e todo neçesaryo pera os ditos nauios por seu dinheiro, pelos preços acostumados da terra.

Item outrosy tendo o dito Reey guerra com algũa gente, com quem nós não tiuermos amizade, ho ajudaremos e ffauoreçeremos no que podermos.

Item tratando alguns christãaos nosos vasalos em sua

1516 Setembro 25 terra auemos por bem que paguem direitos como pagũão em cochim, calecuu e cananor.

Item ho noso capitão moor, ou capitão de cochim, lhe daraa as seguros pera nauegarem as naaos e zanbuqos de seus portos seguramente, da maneira que se dão a todolos outros que tem paaz e amizade comnosquo, com tanto que não leuem espeçearyas nem droguaryas que nós auemos mister pera a nosa cargua, porque sendolhe achado, pela primeira vez perderaa toda a espeçearya e droguarya que asy leuar, e pela segunda perderaa a naao e mercadorya que leuar, e se posa tudo tomar de boa guerra.

Item que as ditas naaos de seus portos, que d'eles sairem, não posão pasar do estreito e cabo de guoardaffuy pera dentro, nem ir a adem, saluo quando estiuer á nosa obediencia e seruiço, porque então poderaa ir á dita çidade; e sendo algua naao, ou zanbuquo achado do cabo de guoardaffuy pera dentro, posa ser tomado de boa guerra.

Item quoalquer pesoa de sua terra, asy gentio, como mouros, ou d'outra qualquer calidade que seja, se quiser ffazer cristaõ, que se ffaça sem ninguem lho tolher, nem lhe ser posta duuida algũa.

Item as quoaes cousas e cada hũa d'elas ao dito Reey e sua irmãa e Regedores aprouue de ter e manter e guoardar inteiramente, e ffazer comprir, como em cada capitolo he asentado, per hũa carta sua, como esta que nos mandou, que he em poder de dioguo pereira e o trelado na nosa feytorya de cochim; e nos praaz outrosy de lhas conpryrmos e guoardarmos, como se em cada capitolo contém, com tanto que se qualquer cousa das que nesta capitolação são conteudas o dito Reey, ou nós não guoardarmos, ou outra que ffor, em parte, ou em todo, sendo pela outra parte requerydo que o emmende, e *(o)* corregerá, e não o querendo fazer, que a dita paaz e asento ficaraa em todo quebrada e de nhum valor nem viguor.

E porém mandamos ao noso capitaõ moor que ora he e ao diante pelos tempos ffor nas partes da India, e a todos nosos capitães do maar e da terra, capitães, ffeytores, escri-

uães, que ora são e ao diante fforem, e a todos outros offi- 1516 Setembro 25
çiaes e gente d'armas, e a quoaesquer outras pesoas a que esta nosa carta ffor mostrada, que em tudo a cumprão e guoardem e ffaçam cumprir e guoardar asy e tão inteyramente como nela he conteudo, sem contra cousa do que he asentado e affirmado, nem contra a parte d'ela irem nem virem per modo algum, porque asy he nosa mercê: el Rey o mandou por lopo soarez do seu conselho e capitão dos ginetes do principe, e seu capitaõ moor e gouernador nestas partes e senhoryos da India, que pera o dito caso seu poder tenho. Dada em nosa ffortaleza de cochim aos vinte e çinquo dias de setembro de j̄ bᶜxbj anos (1516).

Treslado de um conhecimento que Heitor Rodrigues deu á Raynha de Coulão, feito em 21 de março de 1519

(Tombo do Estado da India, fol. 38.)

Diguo eu eytor Rodriguez, ffeitor de coulão, que he ver- 1519 Março 21
dade que eu concertey com a senhora Raynha de coulão secretamente, por vertude de hum poder que pera yso tenho do senhor capitaõ moor e gouernador das Indias, pera que deixandome ela ffazer hũa casa de ffeytorya fforte no dito luguar de coulaõ, e sem peleja, nem guerra, nem outro nhum empedimento, que taal ffose em que ouuese mortes d'omens, per que se a casa naõ fizese, que eu lhe podese quitar da pimenta, que ela he obriguada a pagar a el Rey noso senhor do asento da paaz, o que eu vyse que hera seruiço do dito senhor, e per palaura me dise que eu quitase tudo o que eu vise ser seruiço do dito senhor, que ela o conffirmarya e averya por bem; e por quanto a dita senhora Raynha quis antes dinheiro que outra cousa algũa, por me pareçer mais seruiço do dito senhor concertey com ela na maneira seguinte, a saber, que leyxandome ela ffazer a dita cas

1519 Março 21 paçiffiquamente e como acima dito he, e dando pera iso toda ajuda e ffauor por meu dinheiro, que eu lhe dese da ffazenda del Rey noso senhor duas mil rajas, as quoaes lhe fficava a paguar, por naõ ter dinheiro, em cobre e prata depois da dita cassa ser ffeyta; o eu metido nela, ho outro dia, lhe paguar as sobreditas duas mil rajas, como sobre dito he, em prata: e porque isto tudo he asy verdade, e a dita senhora Raynha querer que lhe dese este escrito por mim, sem outra pesoa d'iso saber parte, lho dey e ffiquo a conprir como nele he contheudo, comprindo sua Alteza as condiçoẽs açima escritas; ffeyto em coulão a xxj dias de março de 519 anos.

Treslado do Contrato que fez Diogo Lopes de Sequeira, Governador da India, sobre as pazes, depois da guerra que foi feita a Heitor Rodrigues, Capitão da fortaleza de Coulão, em 17 de novembro de 1520

(Tombo do Estado da India, fol. 38.)

1520 Novembro 17 Item primeiramente que a renda das Igrejas se torne a elas, como era antes que aquy viesem os christaãos.

Item que os christaãos sejaõ ffauorecidos da Raynha e pulas, como estaa asentado na capitolação da paaz que se ffez com lopo soarez, e que lhes dem aquy junto com esta ffortaleza luguar em que façaõ seu asento, e estêm a sua vontade; e que os gentios que se quiserem ffazer cristãos, que lhe não ponhaõ niso nhum pejo; e se quiserem os cristãos estar em outra parte, que os deixem estar onde quiserem.

Item que o que se achaar por bem de conta que se deue a el Rey noso senhor da pimenta pasada, que so lhe pague loguo.

Item que estêm á conta com o capitaõ, e que quem deuer que pague.

Item a pimenta que ouuer na terra que a vendaõ a el Rey noso senhor, e não a outra pesoa, pelo preço acustumado. 1520 Novembro 17

Item que todo o português que tratar d'aquy lhe pague seus direitos como em cochim.

Item que a pimenta que derem a el Rey, que asy como a entreguarem, asy lhe pague o capitaõ seus direitos.

Item que o peso seja aquy perto deffronte da ffortaleza.

Item que se vier algũa naao ter ao dito porto, não sendo de imiguos, nem trazendo pimenta, que lhe não seja ffeyto nhum desaguisado, antes lhe sera ffeyta toda onra.

Item que todolos maquuas que fforem neçesaryos a esta ffortaleza se lhe dem, e que se lhe pague seu trabalho.

Item que as naaos que aquy vierem ter, não sendo de calidade açima, quando se ouuerem de ir, leuem recado dos regedores d'aquy.

Item que quando a el Rey de coulaõ conprir algũa cousa do capitão d'esta ffortaleza, que não seja de desseruiço del Rey nosso senhor, que se lhe ffaça.

Item o capitaõ d'esta ffortaleza daraa os seguros que lhe conprirem, quando os requererem.

Item não lhe cortaraõ palmeiras, nem lhe mataraõ vaquas, nem ffaraõ briguas os portugueses com os da terra, nem menos os da terra com os portugueses.

Item se os da terra ffizerem algũa brigua, e o tomar o capitaõ da ffortaleza, entregualoha á Rainha e ela os castiguaraa.

Item se os portugueses ffizerem iso mesmo brigua com os da terra e fforem la tomados, entregualosha ao capitaõ d'esta ffortaleza para os castiguar.

Item sendo caso que aja antre as Raynhas d'esta terra algũa defferença, ou brigua, que o capitaõ d'esta ffortaleza não acuda a nhũa d'estas partes, e que, avendo de acudir a algũa, seja á parte del Rey de coulaõ.

Ysto conçertou o senhor gouernador com os pulas e regedores de coulaõ, e ficou asentado que não conprindo os apontamentos aqui conteudos, que o capitaõ d'esta ffortaleza o ffizesse saber a sua senhoria pera niso prouer como cun-

1520 Novembro 17 prir a seruiço del Rey noso senhor, e taõbem que o que o capitaõ desta ffortaleza não conprise con eles, que asy mesmo lho ffizesem saber pera o ffazer conprir: ffeyto em coulão a xbij de nouembro de 1520 anos.

Treslado do assento e contrato que o Governador D. Duarte de Menezes fez com o Rey de Ormuz Mamedexaa e com seu Guazil Reiz Xaraffo e Miras, na cidade de Medina, aos 15 de julho de 1523

(Tombo do Estado da India, pag. 70 v.)

1523 Julho 15 Em nome da santisima trindade, padre, filho, esprito santo, tres pesoas, hum só deos: saibaõ quantos este estromento de contrato virem, que no ano do nacimento de noso senhor Jesum christo de mil e quinhentos vinte e tres anos, aos quinze dias de Julho, em a cidade de medina, principal cabeça do Reyno e senhorio d'urmuz, dentro na ffortaleza e torre de menagem d'ela, estando ahy o manifiquo senhor dom duarte de meneses, capitaõ geral e gouernador das Indias, capitaõ e gouernador da cidade de tangere, e Reiz xaraffo, guazil e gouernador da dita çidade e Reyno, loguo pelo dito guouernador, em presença de mim bastiaõ de varguas seu sacretaryo por elRey noso senhor, e das testemunhas adiante nomeadas, foy dito ao Reiz xarafo, que estaua em nome de mamede xaa Reey d'ormuz pera com ele em nome do dito Reey se ffazer o contrato abaixo decrarado, como per afonso d'albuquerque, que deos perdoe, capitaõ geral e gouernador das Indias, ffora ffeyto hum asento com o Reey xaffadem abanadar, paay do dito Rey mamede xaa que ora he, em o qual se continha com' ele em nome d'elRey dom manuel, que a santa gloria aja, Reey que entaõ era de portugual, lhe entreguaua esta çidade e Reyno d'ormuz com todas suas terras e senhoryos, por o aver por Reey, como era, e a coja atar seu guazil e gouernador pera *que* em qualquer tenpo *que* lhe fose pedido e demandado ao (*v*) dito Reyno da parte d'elRey de portugual noso senhor, eles lho entreguasem: isto por lhe parecer seruiço d'elRei noso senhor entreguarlho pela dita maneira e com as capitolações e pases seguintes. Item que avia de daar casas ao ffeeytor d'elReey noso senhor em luguar seguro e proueitoso pera as mercadoryas. Item que as naaos nosas, que a este porto viesem com mercadoryas, naõ aviaõ de paguar direitos, porem que paguaryaõ os portugueses direitos, segundo custume da terra, das mercadoryas que tyrasem do Reyno. Item que elRei noso senhor serya obriguado a deffender o dito Reyno d'urmuz contra todos seus imiguos, e lhe daar pera elo todo o fauor e ajuda de que tiuese neçesidade pera a tal deffensaõ, e pera lhes offender, asy de naaos e gentes como de dinheiros, em qualquer tenpo que lhe ffose requerydo pera segurança do dito Reyno e trato. Item que todas as naaos e mercadoryas do dito Reyno d'urmuz, e portos e vasalos, seryaõ seguros no maar e na terra, e podesem seguramente nauegar pera onde quisesem como vasalos d'elRey noso senhor, comtanto que do estreito de mequa pera dentro naõ nauegasem, nem pera çoffala e portos d'aquela costa, por ser defeso por elRey noso senhor. Item que seryão seguras todas as naaos d'estranjeiros que pera os portos do dito Reyno trouuesem mercadoryas, sendo achadas de Roçalguate pera dentro; e asy as naaos d'estranjeiros que os mercadores d'urmuz ffretasem pera leuar suas mercadoryas ao dito Reyno, em qualquer parte que estiuesem, mostrando carta de ffretamento; e asy seryão seguras as caffilas que por terra viesem. Item que as nosas naos, onde quer que acharem naos d'urmuz, em maar ou em porto, nhum desaguisado nem semrrezão lhes fizesem, antes lhes desem toda ajuda que lhe ffose necesarya, e os mantimentos que lhes pedisem, asy como leaes vasalos do seu Reey. E quando as naaos de portugual viesem a seus portos d'urmuz, lhe não tomasem nada sem seu aprazimento; e as cousas que lhes fossem necesarias conprasem por seu dinheiro, como em

1523 Julho 15

1523 Julho 15 tudo mais larguamente se contém no dito asento. E por quanto pela traiçaõ que Reey turuxaa pasado (que foy aleuantado por Reey por afonso d'albuquerque, por morte do Rey xaffadim abanadar, e entregue *d'*este Reyno e senhorio d'urmuz a segunda vez que *(Affonso d'Albuquerque)* veyo a esta cidade) cometeo contra elRey noso senhor, quando *(o dito Turuxá)* se aleuantou, ficou *(esse contrato)* quebrado e envalido, era neçesaryo fazerse outro de nouo, ele senhor gouernador se contrataua ora nouamente com ele Reiz xaraffo, que de presente estaua, em nome do sobre dito Reey d'urmuz seu senhor, dizendo que ele tinha ora nouamente ffeyto e aleuantado por Rey d'este Reyno d'urmuz o Reey mamede xaa, por ser legitimo erdeiro e ser senhor do dito Reyno por morte do dito Rey turuxaa pasado, e lhe tinha entregue o Reyno e senhorio d'urmuz em nome delRey dom João de portugual noso senhor, e asy tinha ffeito seu guazil e gouernador a Reiz xaraffo, que de presente estaua, como mais larguamente se contém em hum asento per mim ffeito, e que se avia ora por ffirme e valioso; o que asy tinha ffeito, e ora avia por Reey d'este Reyno d'urmuz e outra vez a ele Reeiz xarafo que estaua em nome do dito Reey mamede xaa, lho entreguaua e *(a)* ele Reiz xarafo, em nome delRey dom Joaõ de portugual noso senhor, como guazil e gouernador que era nouamente ffeyto per ele, com as capitolações e pautos seguintes. Item primeiramente que quando quer que lhes o dito Reyno ffor pedido, ou a qualquer que no dito Reyno soceder, da parte delRey dom João de portugual noso senhor, ou de qualquer que no dito Reyno de portugual soceder, per quem trouxer poder delRey de portugual pera em seu nome lho demandar, lhe seja entregue, como se contém no asento de afonso D'albuquerque. Item que em cada hum ano paguarão de pareas e trebuto a elRey noso senhor, em prata, ouro, e aljoffar, pela valya da terra sesenta mil xarafins, de modo que acrecenta trinta e cinquo mil xarafins, alem dos vinte e cinquo mil xarafins que soyaõ pagar, a saber, quinze mil xarafins pelo asento d'afonso d'albuquerque e dez mil xarafins pelo asento d'antonio de saldanha, e isto por lhe

parecer ser mais seruiço delRey noso senhor acrecentarlhe 1523
os ditos trinta e cinquo mil xarafins que tomar 'alffandegua, Julho
pelo bom asento e segurança da terra; os quoaes sesenta mil 15
xarafins serão paguos nesta maneira, a saber, cinquo mil xarafins em cada mês, porém que avendo guerra em canbaya, de modo que não venhaõ mercadoryas do dito canbaya, que he a mor parte da renda d'alffandegua d'esta cidade, então eles paguaraõ os ditos vinte e cinquo mil xarafins que soyaõ paguar, sem ffalha nem quebra, mas por em cheo sem d'eles falecer cousa algũa, e que os trinta e cinquo mil xarafins, que lhe acrecentaõ nouamente, seraõ paguos pela terça parte do que 'alffandegua render, asy das mercadoryas que vierem per maar, posto que não sejaõ de canbaya, como das que vierem per terra, e isto athé serem paguos os ditos trinta e cinquo mil xarafins, e a demasya seja sua d'ele Reey d'urmuz; e não vindo tantas mercadoryas por maar nem per terra com que posão paguar os ditos trinta o cinquo mil xarafins pela terça parte dos direitos, e avendo guerra com canbaya, que o que falecer pera o dito conprimento dos ditos trinta e cinquo mil xarafins eles não seraõ obrigados a pagualos a elRey noso senhor, e o perderaa; e que estando o dito canbaya em paaz, e nom tendo nós guerra com ela, que entaõ se obrigua paguar os ditos sesenta mil xarafins sem ffalha e sem quebra, e per cheyo, sem ffalecer d'eles cousa algũa. Item. E quanto ás outras capitolações e paustas postos no dito asento d'afonso d'albuquerque avia por ffirmes e valiosos sem fauta (*falta*), e os conffirmaua em nome d'elRey dom Joaõ de portugual noso senhor, porque somente renogaua o tal asento quanto ás pareas, por quanto lhas acrecentauão como dito he, pelas rezões já ditas. Item que alem das sobreditas capitolações ele dito gouernador acrecentaua as seguintes, pera mais segurança da terra e seruiço d'elRey noso senhor. Item primeiramente que todos os cristaõs, que se tornasem mouros em todo ho dito Reyno d'urmuz, sejaõ obriguados a entregualos ao Capitão da ffortaleza, não estando o gouernador nela. Item que no dito Reeyno nom traguão mouros armas, a saber, treçados, ar-

1523 Julho 15 cos, ffrechas, nem outras algũas offensiues nem deffensiues, somente as poderão trazer os pages do Reey, e guazil, e seus ffilhos e parentes, e omens que fforem ordenados asy pera o paso como pera andarem com o guazil, e asy as poderaõ trazer os que pera o guouerno da Justiça, ou bem da guerra, fforem ordenados pera ela, e pelo Capitão da ffortaleza. Item que todas as armas que ouuer no almazem d'elRey d'ormuz se metão dentro na ffortaleza, porque as suas como as d'elRey noso senhor estaraõ milhor na ffortaleza e guardadas, e mais prestes pera deffensão da cidade e Reyno cada vez que as pedirem, e conprir pera o que dito he. Item que no dito Reyno não aja omens de guerra, a que chamaõ lascarins, senaõ pera o seruiço d'elRey, e que qualquer que ffor achado com armas alem da dita copia, não sendo das pesoas atrás nomeadas, perderá as armas pela primeira vez, e pela segunda seraa açoutado, e pela terceira morreraa por elo. Item os mouros que trouuerem mercadorias em naaos nosas, a saber, ffeitas como as de portugual, quer sejaõ d'elRey, quer de partes, nom seraõ os taes mouros escusos de paguarem direitos das taes mercadoryas, porém os portugeses cristãos seraõ escusos, e não os mouros, como se contém no asento d'afonso d'albuquerque. Item que todos os portugeses que tirarem mercadoryas de naaos de mouros pera furtarem os direitos, sendo achados, paguaraõ os direitos em dobro, e averaõ a pena cryme que pareçer bem ao Capitaõ da ffortaleza. E sendo todas estas capitolações acima espritas e decraradas per hũa linguoa ao dito Reeyz xaraffo, guazil e gouernador, que de presente estaua, e todos os mires, pera ffazer este contrato em nome do dito Reey d'ormuz, e como guazil e gouernador que era, dise que em nome do dito Reey, seu senhor, era contente de se ffazer este contrato, e avia as ditas capitolações por boas, e asy prometya de as guardar e ter e manter como acima são decraradas; e sendo caso que pelo dito Reey d'ormuz e por elle guazil, ou per cada hum deles por sy, o naõ cunpraõ em todo nem embate (*em parte*), sejaõ avidos por tredores e desleaes a elRey noso senhor, pera averem aquele castiguo que merecerem: e bem asy pelo dito senhor gouernador ffoi dito que elle prometya em nome d'elRey dom Joaõ noso senhor de ter e manter as capitolações açima escritas, pelo poder e autorydade que do dito senhor tem pera o taal caso, como em sua carta patente de guouernança das Indias, que lhe o dito senhor deu, se contém muy larguamente: o qual contrato todo ffoy lydo e decrarado por hũa linguoa ao dito Reey mamedexaa asy per mim dito sacretaryo, sendo presentes o dito Reeyz xaraffo guazil, e os mires, o qual dise que asy ho avia por ffirme e valioso, como se nele contém, e que pormetya de asy o ter e manter, como dizia e era outorguado pelo dito seu guazil: e pera mais certeza de sua lenbrança quis outro taal como este trelado de verbo a verbo, em parsio, asinado per ele e pelo dito senhor gouernador, como este estava: testemunhas que forão presentes as aqui abaixo asignadas: ffeyto no dito dia, mês e era, e eu dito sacretaryo que ho espreuy. E asy se obriguárão paguar a vinte homens cristaõs, que andarem e aconpanharem o guarda moor taõbem cristaõ, vinte xarafins cada mês, a saber, hum xeraffim cada mês a cada hum, e alem d'isto averão os ditos omens o mantimento d'elRey noso senhor que estaa em ordenança: ffoy registado este contrato per Ruy boto espriuão da feytoria. 1527 Julh. 15

Contrato e concerto, que El-Rey D. João III fez com o Imperador Carlos V sobre as ilhas de Maluco.
Saragoça de Aragão, 22 de abril de 1529

(Couto, dec. IV, liv. VII, cap. I.)

A vinte & dous dias de Abril, de mil, quinhentos, vinte & noue annos na cidade de Saragoça de Aragão forão juntos Mercurio de Gatinara, Conde de Gatinara, Chanceler mor do Emperador Carlos quinto Rey de Castella, & dom Frei Garcia de Loyassa Bispo D'osma, seu confessor, & dom Frey Garcia de Padilha, comendador maior de Calatraua, procuradores 1529 Abril 22

1529 Abril 22 de Sua Majestade, & Francisco dos Couos seu Secretario, & Escriuão & notario publico, & o Lecenceado Antonio d'Azeuedo Coutinho, Embaixador & Procurador d'elRey dom Ioão o terceiro de Portugal. E disserão os tres procuradores de sua Majestade, que em seu nome & por virtude de sua procuração vendião, como defeito o vendêrão, d'aquelle dia pera sempre a elRey de Portugal, & todos seus socessores da coroa de seus reinos, todo o direito, aução, dominio, propriedade, possessão, ou quasi possessão & todo direito de nauegar, contratar, & comerciar por qualquer modo que fosse, que o Emperador Rey de Castella dizia, & podia ter, por qualquer via, modo, & maneira que fosse em Maluco, com os lugares, & terras, mares, segundo seria ao diante declarado, por preço de trezentos & cincoenta mil cruzados d'ouro & prata que valessem em Castella trezentos & setenta & cinco marauedis cada hũ. E que em qual quer tempo que o Emperador & seus socessores tornarem o dito dinheiro sem lhe faltar cousa algũa a elRey de Portugal & seus socessores, fica a dita venda desfeita, ficando cada hum com o direito que tinha dantes. E pera se saber a repartição auião por deitada hũa linha de polo a polo, por hum semicirculo que distasse de Maluco ao Nordeste, tomando a quarta de Leste dezanoue graos, a que respondião dezasete graos escassos em a Equinocial, em que montauão duzentas nouenta & sete legoas & mea a Oriente de Maluco, dando dezasete legoas & mea por grao Equinocial, em cujo merediano, & rumo de Nordeste, & quarta de Leste, estauão situadas as ilhas das Velas por onde passaua a dita linha & semicirculo. E sendo caso que as ditas ilhas estiuessem ou distassem mais ou menos de Maluco, todauia a dita linha ficasse lançada nas ditas duzentas nouenta & sete legoas & mea, mais a Oriente de Maluco; do que se farião dous padrões iguaes assinados por os Reys, & sellados de seus sellos, pera ficar a cada hum o seu, pera seus vassallos saberem por onde auião de nauegar.

Que em qualquer tempo que elRey de Portugal quizesse que se visse o direito da propriedade de Maluco, & as terras conteudas no contrato, posto que o Emperador não tenha tornado o preço, nem o contrato fosse resoluto, cada hum dos ditos senhores nomeasse tres Astrologos, & tres Pilotos, que se ajuntarião em hum dos lugares da arraya que lhe fosse nomeado, aonde assentarião da maneira em que se auia de ir ver o direito da propriedade, conforme as capitulações feitas entre os Reys Catolicos, & elRey dom Ioão o segundo de Portugal. E sendo caso que se julgasse o direito por Castella, não se executaria, nem vsaria de tal sentença, sem primeiro tornar realmente os trezentos & cincoenta mil cruzados. E que sendo julgado o direito por elRey de Portugal, seria obrigado o Emperador tornar o dito dinheiro, do dia da sentença a quatro annos primeiros seguintes.

1529 Abril 22

E vindo de qualquer parte algũas drogas, ou especiarias aos reinos de Castella, ou Portugal, serião depositadas a te se saber se erão da parte que cabião a Portugal ou Castella, & darse yão a quem pertencessem. E sendo leuadas a terra dos imigos, cada hum dos Reys as poderia pedir por autos sem outro poder, nem procuração, o que se não entenderia nos que fossem pera elRey de Portugal.

Que da dita linha pera dentro não poderião as naos do Emperador, nem de seus subditos, & vassallos, nem de algũas outras pessoas, entrar com seu fauor & ajuda, nem sem ella tratar, nauegar, commerciar, nem carregar cousa alguma de qualquer maneira & sorte que fosse; & quem o contrario fizesse seria prezo por qualquer capitão, ou justiça d'elRey de Portugal & por elles ouuidos, & castigados, como cossairos, quebrantadores da paz, & não sendo achados dentro da linha, & indo ter a algum porto outro do Emperador, as suas justiças os prenderião & castigarião, como lho fossem mostrados autos, & pesquisas porque fossem obrigados.

Que o Emperador por si, nem por outrem, não enuiaria ás ditas ilhas, & mares dentro da dita linha, nem consentirião que la fossem seus vassallos naturaes nem estrangeiros, posto que naturaes, nem vassallos fossem, nem lhes daria fauor, nem ajuda, antes seria obrigado a defendelo, quanto

1529 Abril 22 nelle fosse, & mandando, ou dando fauor, ou ajuda, & o não estoruasse, & defendesse, que o dicto pacto de retro vendido ficasse logo resoluto. E elRey de Portugal não seria mais obrigado a receber o dito preço, nem a retro vender o direito & aução que o dito Emperador por qualquer maneira podia ter nelle: antes por virtude do contrato tinha vendido, renunciado, & trespassado em elRey de Portugal; & pello dito feito a dita venda fique pura & valiosa pera sempre. Nesta pena não encorreria quando alguns seus vassallos, nauegando por esse mar do Sul, entrasse com fortuna, & tempo fortuito a dita linha, porque então serião bem tratados como vassalos d'elRey de Portugal, & do Emperador seu irmão: & cessando a necessidade, se tornarião logo a sair. E passando a dita linha por ignorancia não encorrerião por isso em pena, a te lhe não constar que estauão dentro, & se não saissem, & descobrindo os que assi entrauão algumas terras ou ilhas dentro da linha, serião d'elRey de Portugal, como se as descobrissem seus capitães & vassalos.

Que as naos do Emperador, & de seus vassalos & naturaes, poderião nauegar pellos mares, por onde as armadas d'elRey de Portugal vão pera a India, tanto quanto lhe fosse necessario pera tomarem suas derrotas pera o estreito de Magalhães: & nauegando mais pellos ditos mares d'elRey de Portugal encorrerião nas ditas penas acima declaradas, & todos serião castigados pellos capitães d'elRey de Portugal, se por elles fossem achados. E indo ter ás terras do Emperador, o serião por elle, & suas justiças, mandandolhe as culpas, em que encorrerião da notificação do contrato em diante: o que se não entenderia nas armadas que o Emperador tinha ja mandadas áquellas partes, & do dia da outorga do contrato em diante, não poderia mandar outras de nouo, sem encorrer nas ditas penas.

Que elRei de Portugal, não poderia fazer nem mandar fazer dentro da dita linha, nenhũa fortaleza de nouo, nem se faria na que estaua feita, obra de nouo, mas poder se ya sustentar no estado em que então estaua & iuraria de o assi comprir.

Que as armadas que o Emperador la tinha mandadas, serião bem tratadas, & fauorecidas, como se fossem d'elRey de Portugal, & não lhes fosse posto embaraço, nem impedimento a sua nauegação, & contratação: & que se dano algum ouuessem recebido, ou recebessem, ou lhe tiuessem tomado algũas cousas, seria obrigado elRey de Portugal, emendar, & satisfazer, & pagar logo no em que o Emperador & seus subditos ouuessem sido daneficados, & de mandar punir os que o fizerão, & de prouer com que as ditas armadas podessem ir quando quisessem sem impedimento algum; & o Emperador mandaria logo suas prouisões para os que estiuessem no dito Maluco, sairem logo d'elle, & não contratarião mais cousa algũa, & lhes deixarião trazer o que tiuessem resgatado, contratado, & carregado. 1529 Abril 22

Que nas prouisões & cartas que acerca deste contrato o Emperador auia de passar, diria o que dito era, se assentaua, capitulaua, contrataua, valessem bem como se fosse feito, & passado em cortes geraes, com o consentimento expresso dos procuradores d'ellas; & que pera validação disso, de seu poderio real absoluto, de que como Rey & senhor natural, não reconhecente superior em o temporal, ouuesse de vsar, & vsaua, abrogaua, & derogaua, cassaua, & annulaua a suplicação que os procuradores das cidades, & villas de seus reinos, em as cortes que se celebrárão na cidade de Toledo o anno passado de vinte & cinco lhe fizerão, a cerca do tocante a contratação das ditas ilhas & terras, & a reposta que a ello dera, & qualquer ley que em as ditas cortes se fez, & todas as outras que a isto podessem obstar.

Que elRey de Portugal (porque alguns subditos do Emperador, & outros de fora de seus reinos que o vão seruir, se queixauão que na casa da India, & seu reino, lhes tinhão embaraçadas suas fazendas) prometesse de mandar fazer clara, aberta, & liure justiça, sem ter respeito ao nojo que delles podessem ter.

Que as capitulações feitas entre os Reys Catholicos, & elRey dom Ioão o segundo de Portugal, sobre a demarcação do mar Oceano, ficassem firmes, & valiosas em todo & por

1529 Abril 22 todo como nellas era contiudo: tirando as cousas em que por este contrato lhe era dado, em modo que a venda ficasse desfeita, em tal caso as ditas capitulações feitas entre os Reys Catholicos, & elRey dom Ioão, ficasse em toda sua força, & vigor.

Que posto que o dereito, & aução que o Emperador dizia ter em Maluco, que assi pello modo sobre dito vendia, valesse mais da metade do justo preço, do que por elle lhe darião, & sabia certo, por certa informação de pessoas que o bem sabião, & entendião, que era de muito mayor estima da metade do justo preço, & por muito mais grande valia que fosse, o Emperador a demenuia de seus socessores, & desmembraua da coroa, de seus reinos realmente, durando o tempo do contrato.

Que qualquer das partes que fosse contra o contrato, ou parte d'elle, por si, ou por outrem, ou por qualquer via & modo que fosse pensado, perdesse o dereito que tinha, & ficasse logo tudo aplicado, junto, & acquirido, á outra parte que por elle estiuesse, & a coroa de seus reinos, sem pera isso o que contra elle fosse ser mais citado, ouuido, nem requerido, nem ser necessario pera isso sentença d'algum juiz, aueriguandose, & prouandose primeiramente o mandado, & consentimento ou fauor da parte que contra elle fosse. E alem disto pagará dezoito mil cruzados douro ou prata á outra parte de pena, em que encorrerião tantas quantas vezes contra elle fosse, em parte, ou em todo, & a pena leuada ou não leuada, o contrato ficaria valioso, & firme ja mais pera o que estiuesse por elle. Para o que obrigauão todos os seus bens, patrimoniaes, & fiscaes dos constituintes, & das coroas de seus reinos, & jurárão solennemente, & prometêrão de em nenhum tempo irem contra o contrato, em parte nem em todo, por si, nem por outrem, em juizo, nem fora d'elle, por nenhũa maneira que pensarse podesse. E que em nenhum tempo por si nem por outrem pedirião relaxação do juramento ao santo Padre, nem a outro que pera isso o poder tiuesse. E posto que sua santidade, ou quem pera isso poder tiuesse sem lhe ser pedido, de seu proprio motu lhes relaxassem o dito juramento, que o não aceitarião, nem em nenhum tempo vsarião da dita relaxação, nem se ajudarião d'elle por nenhũa via nem maneira que podesse ser. 1529 Abril 22

Treslado de uma Provisão do Governador Nuno da Cunha, pela qual mandou a Christovão de Mendonça que arrecadasse 40:000 mil xerafins mais de pareas [1] de El-Rey de Ormuz, alem dos 60:000 xerafins que já era obrigado a pagar; feita em Ormuz a 27 de agosto de 1529

(Tombo do Estado da India, fol. 72.)

Nuno da cunha, do conselho d'elRey meu senhor e vedor de sua ffazenda, capitaõ geral e guouernador da India et cae- 1529 Agosto 27

[1] Das quoaes pareas, que o dito Reey d'urmuz hera obrigado a paguar a elRey nosso senhor pela obriguação dos contratos atrás, que os gouernadores ffizerão com o dito Reey e seus guazis, os ffeitores de sua Alteza nunqua arrecadárão per em cheyo todas as ditas pareas, que pareçe que ffoy por negrigencia dos ditos ffeytores, ou pela alfandegua não render tanto que podese sofrir a se paguarem os ditos cem mil xerafins, por se paguar entaõ do rendimento da dita alfandegua outras obriguações do dito Reey d'urmuz, affora as de sua Alteza; nem achey que os capitaẽs e ffeitores, que fforaõ depois que nuno da cunha acreçentou os ditos corenta mil xerafins, ffizesem nhũa deligencia, nem requeresem a pagua d'eles pelos rendimentos da dita alfandegua e rendas que o dito Reey tem na cidade, como nuno da Cunha mandaua per sua provisão.

Pelo que achey que de todo o tempo atraas athé doze dias do mês d'abril de jbᵒxxxix (1539) anos, que sayo de ffeitor francisco lopez Recunado, ficar elRey d'ormuz deuendo das ditas pareas tresentos e setenta e sete mil e quatroçentos e cincoenta e dous xerafins e sete çadis e corenta e seys dinares, da qual diuida se ffez barata, que he a obriguação do dito Rey asinada com sua chapa real, que ao presente anda nos contos.

E dos ditos doze d'abril de mil e quinhentos trinta e noue, que ffrancisco lopez Recunado acabou, athé o primeiro de Janeiro de 1543, que a alffandegua se tomou e arrecada pera elRey noso senhor, fficou deuendo ao (o) dito Reey d'ormuz cento e corenta e hum mil e oytenta e cin-

1529 Agosto 27 tera, mando a vós cristouaõ de mendoça, capitaõ e gouernador d'este Reyno e ffortaleza d'urmuz, que da feytura d'este em diante mandeys e ffaçaes arrecadar em cada hum ano corenta mil xerafins em prata, ou em ouro, ou sua valya sem quebra, de quoaesquer rendas que elRey d'urmuz tiuer n'esta cidade, e isto alem dos sesenta mil xerafins que pagua de pareas em cada hum ano ao dito senhor, os quoaes ey por bem que pague de pena per morte de Reiz amede guazil d'este Reyno, que ele matou; e isto athé sua Alteza ver as enquiryções que sobre a dita morte tenho tiradas, e a dita pena que por ela lhe dou, e lhe daar mais ou menos, segundo mais seruiço seu ffor: e vós nisto poreys todo o bom recado e deligencia, e ffareis de maneira com que se os ditos corenta mil xerafins arrecadem, sem ficar nhum ano por arrecadar. E asy direis e mandareis ao guazil d'esta cidade que das rendas d'alffandegua se naõ bula com nhum dinheiro, nem faça paguamento a pesoa algũa, alem dos sesenta mil xerafins que nela se paguão ao dito senhor, athé se paguarem os ditos corenta mil xerafins; e arrecadado tudo o que a dita alfandegua render, o que ffalecer pera conprimento do dito dinheiro avereis pela mais renda que ho dito Reey d'urmuz tem n'esta cidade, o qual dinheiro mandareys entreguar ao ffeitor do dito senhor e sobre ele se carreguaraa em recepta

quo xerafins e treze çadis, corenta e nove dinares, no qual tempo fforão ffeitores Afonso de chaues, João cabral, ffrancisco lopez, e ora serue simão mendez.

E asy ffazem em soma tudo o que o dito Reey d'urmuz deue das pareas atraas quinhentos e dezoito mil e quinhentos e trinta e sete xerafins, vinte çadis, nouenta e cinquo dinares.

E do primeiro de Janeiro de 1543 se arrecada pera elRey noso senhor o que rende a alfandegua somente, ora seja muito, ora seja pouquo, de que se tira as despesas que se ffazem com os embaixadores e com elRey d'urmuz, guazil e officiaes d'alfandegua, pelo asy mandar ffazer martim afonso de sousa, gouernador, pelo sacretaryo antonio cardoso, que o dito martim Afonso mandou a ormuz com poderes de veador da ffazenda, o qual ffez regimentos de novo sobre 'arrecadação dos direitos da dita alffandegua, das quoaes despesas que se tiraõ do dito rendimento vaõ adiante em titolos apartados sobre sy.

(Tombo do Estado da India, fol. 72.)

em cada hum ano, porque asy o ey por seu serviço, o que 1529
asy conpry: ffeito em ormuz a vinte e sete d'aguosto de 1529 Agosto 27
anos:. o sacretaryo o fez: ffoy registada esta prouisão per lopo d'almeida espriuão da ffeytorya.

Capitulos de pazes entre D. Jorge de Menezes, Capitão de Moluco, e Fernão de la Torre, em Tidore

(Couto, dec. IV, liv. VI, cap. XI.)

Que os Castelhanos se saissem d'aquellas ilhas, & se fos- 1529
sem pera o lugar de Camafo, na costa do Moro, pera o que dom Iorge lhe daria embarcações para se passarem la, onde estarião a te vir recado de Espanha, & de Portugal, pera verem a determinação que aquelles Reys tomauão sobre as cousas d'estas ilhas.

E que estarião sem tratarem, nem comprarem crauo algum.

E que tornarião a ilha de Maquiem que tinhão tomado a elRey de Ternate, & não serião contra elle, nem contra o de Bachão, nem ajudarião a elRey de Tidore, nem a o de Geilolo contra Portugueses, nem contra os Reys seus confederados.

E que se farião entrega huns aos outros de tudo o que tinhão tomado na guerra.

De tudo se fizerão autos, & papeis assinados por todos, & jurárão as pases solennemente: & logo se fizerão entrega das cousas que tinhão, & dom Iorge lhes deu embarcações pera todas suas cousas, & os mandou pôr no lugar de Camafo, donde Fernão de la Torre despedio no Galeão da carreira hum Pero de Montemor com cartas pera o Gouernador da India, em que lhe pedia embarcação, & despacho pera se passar com todos os Castelhanos á India.

Capitulos concluidos entre Heitor da Silveira e El-Rey de Adem

(Couto, dec. IV, liv. VI, cap. X.)

1530 Que elRey de Adem se fazia vassalo d'elRey dom Ioão de Portugal, & de todos seus descendentes, com dez mil pardaos d'ouro de parcas cada anno, de que logo entregaria mil & quinhentos pera com elles se fazer em Ormuz hũa coroa d'ouro pera elRey, que se lhe mandaria nas primeiras naos, em primicias d'aquelle tributo.

Que as naos d'elRey de Adem, & de seus mercadores, poderião liuremente nauegar para todas as partes que quizessem, tirando pera Meca, sem nossas armadas entenderem com ellas.

E disto diz Castanheda que se fizerão papeis, que nós buscámos bem nos cartorios da India, de que não achámos rasto, nem no liuro do feitor desta armada, que todo corremos, nem no do feitor que então era em Ormuz achámos carregados estes mil & quinhentos cruzados, onde era obrigação estarem receitados: por onde não sabemos onde está a verdade disto, mais que acharmolo em algũas lembranças de mão, & referido em Castanheda, que concorreo neste tempo, & não auia de escreuer sem fundamento.

Capitulos de pazes com El-Rey de Tidore

(Couto, dec. IV, liv. VII, cap. VII.)

1530 Que elRey de Tidore pagaria certos bares de crauo *(cuja cantidade não achamos na verdade)*. Que nunca mais recolheria em seu reino Castelhanos, nem os fauoreceria, nem ajudaria mais contra Portugueses, nem contra seus amigos, & aliados.

Estas pazes se jurárão, e celebrárão em ambos aquelles reynos de Ternate & de Tidore: começando d'ali em diante a correrem em amisade huns com os outros. 1530

Tratado de paz entre El-Rey D. João III e os habitantes da ilha de Sunda, e auto de posse que se tomou, em nome do dito Rey, da mesma ilha

(Torre do Tombo.—C. Chron., parte I, maço 48, doc. 47.)

Em nome de deos, amen. Saybam quantos este estormento de fe e certidam de aquiziçam e filhamento e pose virem, que no anno do nacimento do noso senhor jhu. x.º de mil e quinhentos e trinta e dous annos, aos vinte e sete dias de janeiro da dicta era na jlha de çunda e porto dagacim em prezença de mim tabaliam e das testemunhas abaixo espritas estando hi lopalvarez como precurador abastante del Rei noso senhor pera o caso e auto abaxo decrarado per vertude de hũa precuraçam do dicto senhor a qual logo hi amostrou asinada per sua alteza cujo trelado de berbo a berbo he ao que sadiante sege. Dom joam per graça de deos Rey de purtugal, dos argarves, daquem dalem mar em africa senhor de giné, da conquista navegaçam comercio tiopia (*sic*), arabia persia, da jndia, a cantos esta minha carta de precuraçam virem faço saber que eu costetuyo faço e ordeno meus soficientes precuradores pera o causo e auto de que abaxo faz mençam com poder de socstabalecer outro precurador ou precuradores cando lhes bem parecer e neceçario for todos juntamente e cadahũ per si em soledo, ao capitam que presente he e ao diante for da minha forteleza e cidade de melaqua e lhes dou e concedo todo meu comprido poder e mandado espicial e seus soestabalecidos a todos juntamente e a cadahũ em soledo como dicto he que por mim e em meu nome tomem e posam tomar pose ou case pose qual no caso couber de quaes quer terras lugares e jlhas onde os dictos capitães 1532 Janeiro 27

1532 Janeiro 27 de melaqua meus precuradores e seus soestabalecidos ou cadahũ deles forem descobrir ou vierem ter e asi posam em meu nome aquerir o senhorio dos dictos lugares terras e jlhas que per os meus capitães e gentes ou per eles sobre dictos capitãees meus precuradores ou seus soestabalecidos forem achadas e descubertas e asi posam tomar pose ou case pose em meu nome da negoceaçam trato e comercio das dictas terras lugares e jlhas e posam em meu nome meter e poer padrões com minhas armas nas dictas terras lugares e jlhas em sinal de como hi vieram, as dictas terras e jlhas descobriram e aqueriram delas pose ou case pose e domenio qual no caso couber e asi posam em meu nome tratar e negocear com as gentes das dictas terras e jlhas pera aquirirem a minha pose ou case pose da dicta negoceaçam trato comercio delas e asi posam fazer e dizer todo aquelo que eu faria e diria pera aquirir a dicta pose ou case pose e domenio nas dictas terras lugares e jlhas da negoceaçam trato comercio delas pera todo ser a mim aquerido realmente com efecto como se a todo presente fose pera todo milhor e mais compridamente valer e mais firme ser e asi posam os dictos capitãees meus precuradores e seus soestabalecidos todos juntamente ou cada hũ per si em meu nome pidir de todo o que acerqua do sobre dicto fizerem precurarem requererem portestarem e aquirirem em meu nome per vertude desta precuração hũ e muitos estromentos cantos neceçarios forem pera prova e certidam como asi descobriram as dictas terras jlhas e meteram padrões e aqueriram a pose e domenio ou case pose do comercio trato e negoceaçam das dictas terras lugares e jlhas em meu nome como dicto he e em testemunho delo mandey fazer esta precuraçam per mim asinada e selada com meu selo: dada em lixbooa a iiij do mes de março anno de mil e quinhentos e trinta: fecta per bertolameu fernandez.

E asi mais apresentou o dicto lopalvarez precurador do dicto senhor hũa precuraçam de soestabalicimento o qual teor he este que se sege: saibam quantos este estormento de precuraçam virem que no anno do nacimento de noso senhor jhu. x.º

1532 Janeir. 27

de mil e quinhentos e trinta e hũ annos aos dezanove dias de dezembro da dicta era em esta forteleza e cidade de melaqua dentro na tore de menagem da dicta forteleza estando hi francisco de paiva que hora serve douvidor em a dicta forteleza e cidade de melaqua, logo per ante o dicto ouvidor em presença de mim tabaliam e das testemunhas adiante nomeadas pareceo o senhor garcia de sa capitam da dicta forteleza e cidade de melaqua loguo per ele capitam foi apresentada hũa carta de precuraçam delRei noso senhor asinada per sua alteza e selada com o selo real que parecia ser fecta na cidade de lixboa aos iiij dias do mes de março do anno de mil e quinhentos e trinta annos fecta per bertolameu fernandez em a qual se continha o dicto senhor costotoyr e ordenar per seu soficiente precurador per o causo e auto abaxo decrarado e com poder de poder soestabalecer outro precurador ou precuradores cando lhe bem parecerem e neceçaro fose todos juntamente e cada hũ deles em soledo ao capitam que ao presente era e ao diante fose da sua forteleza e cidade de malaqua lhe dava e concedia todo seu comprido e mando espicial e a seus soestabalecidos todos juntamente e cada hũ deles em soledo como dicto he que pelo dicto senhor em seu nome tomem e posam tomar pose ou case pose a qual no caso coubese de quaesquer terras lugares e jlhas onde o seu capitam de melaqua seu precurador ou seus soestabalecidos fosem descobrisem ou viesem ter e se pudesem em seu nome requerer o senhorio dos dictos lugares terras e jlhas que per seus capitães e gentes ou pelo dicto capitam de melaqua seu precurador ou seus soestabalecidos forem achadas e descubertas asi que posam tomar pose ou case pose em nome de sua alteza negoceaçam trato comercco das dictas terras lugares e jlhas e que posam em nome do dicto senhor pôr padrões com as armas do dicto senhor nas dictas terras lugares e jlhas em sinal de como ali vieram ás dictas terras jlhas descobriram e aqueriram delas pose ou case pose domenio qual no caso couber, e asi posam tratar negocear com as gentes das dictas terras e jlhas pera aquerirem ao dicto senhor a pose ou case pose da dicta negoceaçam trato

1532 Janeiro 27 comercio delas e asy fazerem e dizerem todo aquelo que ho dicto senhor faria e diria pera aquiryr a dicta pose e domenio das dictas terras lugares e jlhas e da negoceaçam trato comercio delas e pera todo ser ao dicto senhor aquerido realmente e com efecto como se sua alteza a todo fose presente pera todo milhor e mais compridamente valer e mais firme ser asi que pudese o dicto seu precurador e seus soestabalecidos todos juntamente e cada hũ per si em nome do dicto senhor pidir de todo o que acerqua do sobredicto fizerem precurarem requererem portestarem aquiryrem em seu nome per vertude da dicta precuraçam hũ e muitos estromentos cantos neceçarios forem pera prova e certidam de como asi descobriram as dictas terras e jlhas e meteram padrões e aquiriram a pose do dicto senhor e domenio ou case pose do comercio trato navegaçam das dictas terras lugares e jlhas em nome do dicto senhor como dicto he segundo se na carta de sua alteza continha dizendo o dicto garcia de sa capitam que hora he da dicta cidade e forteleza de melaqua pelo dicto senhor que ele como precurador que hera de sua alteza per vertude da dicta carta e procuraçam e ele costetuia e ordenava e soestabalecia por precurador do dicto senhor soestabalecido a lopalvarez que hora vai por capitam do junquo santa cruz que hora está pera partir perâ bandá a que deu e outrogou todos os poderes asi tam inteyramente como os ele dicto capitam de sua alteza tem per vertude das dictas precuraçam (*sic*) pera que em nome do dicto senhor o dicto lopalvarez capitam do junquo santa cruz e capitam que ora vai pera bandá seu soestabalecido posa fazer e faça todo o que ele dicto garcia de sa capitam e precurador faria e diria para aquerir a pose ou case e domenio nas dictas terras e jlhas e da negoceaçam e trato e domenio delas como na dicta carta de precuraçam se contém sendo presente em testemunho de verdade lhe outrogou e mandou ser fecto este estromento de soestabalecimento de precuraçam em nome do dicto senhor que foi fecta e outrogada no dicto loguo mes e anno: testemunhas que foram presentes francisco de paiva ouvidor e pero maio e joam de valadares omeens darmas e outros: e eu bernaldim cordeiro pubriquo tabaliam em a dicta cidade e forteleza por elRei noso senhor que ho esprevi no premeiro dia como dicto he e asinei de meu pubrequo sinal que tal he. 1532 Janeiro 27

E apresentadas as dictas precurações e soestabalicimentos pelo dicto lopalvarez como dicto he e logo per ele foi dito como precurador do dicto senhor soestabalecido per vertude da dicta precuraçam que ele dicto precurador em prezença de mim tabaliam e das testemunhas abaxo nomeadas se concertou em nome do dicto senhor Rei e contratou no porto dagacim com ho sabamdar da terra e asi com qui ai talapo e com o capitam abedola e asi com outros mercadores princepaees e outros moradores no dicto lugar dagacim e lhe comprou muitos mantimentos da terra pera toda armada do dicto senhor que no dicto porto daguacim e jlha de çunda esteve surta vinte e tantos dias com sempre comprarem os dictos mantimentos e venderem os portugueses muitas roupas e mercadarias que levavam a caxas moeda da terra e asi a troquo douro e escravos e escravas e entrarem e sairem nas naos e junquos com consentymento do sayge de pate senhor da dicta povoaçam daguacim o qual mandou muitos presentes ao dicto lopalvarez precurador capitam do junquo santa cruz e asi a lopo corea capitam da taforea anonciada e asi a todos os outros capitães dos jonquos que na compania estavam e asi foram a terra omeens portugueses a levar o mandado dos dictos capitães e a negocear as cousas que lhe compriam e mais dixe o dicto lopalvarez precurador do dicto senhor que dali se partira a frota tomando mantimentos per estes lugares da dicta jlha de çunda e fora sorgir ao porto de panaruca e ali acha omeens portugueses com mercadarias, a saber, crauo noz muca e roupas esperando mouçam pera partirem pera a dicta cidade de melaqua com as dictas drogas e no dicto porto tambem comprara mantimentos pera a dicta frota e vendera roupas e comprara ouro e escravos e escravas e mercadarias de terra. E logo hi em minha prezença e das testemunhas abaxo nomeadas meteo na dicta jlha de çunda e porto de panaruca hũ padram de pedra

1532 Janeiro 27 grande e nele escolpidas as armas do dicto senhor Rei em sinal e lembrança de como a dicta jlha fora descuberta polas gentes e vasalos do dicto senhor, o qual padram foi metido pelo dicto lopalvarez precurador do dicto senhor em prezença de mim tabaliam, a primeira volta do rio do dicto lugar de panaruqua ao pé duma vidara que tem tres pes em os quaes o dicto lopalvarez precurador fez tres cruzes e asi fez mais hũa cruz em outra vidara que está á borda do rio da banda do norte dezanove pasos dos meus donde o dicto padram está e dixe mais o dicto lopalvarez como precurador do dicto senhor e em seu nome per vertude da dicta precuraçam que portestava como logo de fecto portestou que pelo dicto auto de asi meter o dicto padram na dicta jlha de çunda em os dictos lugares aquiria ao dicto Rei todo o direyto pose senhorio da dicta jlha de çunda e asi pose ou case pose qual no caso segundo dyreito couber da negoceaçam e trato e comercio da dicta jlha de çunda e todo aquelo que por rezam de asi ele meter o dicto padram na dicta ilha de çunda e asi per causo do dicto descobrimento o dicto senhor pode e deve com direito aver ter e aquerir per qualquer modo via e maneira que seja e pera a certidam de como o dicto lopalvarez precurador aquerio iso mesmo em nome do dicto senhor a pose ou case pose do dicto trato negoceaçam e comercio da dicta jlha de çunda e dos naturaes e moradores dela. Dixe mais o dicto lopalvarez precurador do dicto senhor que dali partira a frota e alguma dela fora pera as jlhas de timor e ele dicto lopalvarez fora caminho das jlhas de bandá no junquo santa cruz e asi lopo corea capitam da dicta taforea e fora a elas e estevera em terra toda a mouçam e asentara pases e contratara com toda a gente da terra das dictas jlhas, a saber, nesta maneira o bar de crauo a tres pannos emrolados oito beirames vermelhos quer doze caides ou vinte oito arrequedas a cinquo senavas tres belhaldes e asi pelos dictos preços asentara o bar da maça ou sete de noz que he a valia do dicto bar de maça ou cravo os quaes pesos e contrato ele dicto lopalvarez fez asentou com os principaes da terra per aprazimento deles e de todo o povo das dictas jlhas e pera yso logo ordenara dachim pera pesar as dictas drogas o qual dachim tinha de peso per quintaes de purtugal dezaseys arrobas e tantos arratees os quaes logo o dicto lopalvarez precurador perante si fez pesar e recebeo per peso dos dictos vendedores livremente sem costrangimento nem pena de pesoa alguma e eles dictos vendedores receberam delo dicto lopalvarez precurador do dicto senhor Rei os preços do dicto crauo e se deram logo por bem pago e entregues realmente e com efecto e dixe o dicto lopalvarez precurador sobredicto que por cautesa e rezam do tal auto de asi tratar e negocear e comprar em nome do dicto senhor Rei e asi por estar nas dictas jlhas hũ padram com as armas do dicto senhor que outros capitães ja pasados puseram nas dictas jlhas ele dicto precurador portestava aquerir como de fecto aqueria a pose ou case pose da dicta negoceaçam no trato e comercio nas dictas jlhas de bandá e dos naturaes e moradores dela e savia por enposeado e envistido na dicta pose ou case pose em nome do dicto senhor per vertude da dicta precuraçam de todalas jlhas e povoações e portos onde ele dicto lopalvarez precurador comprou e comtratou como acima decraro e asi nas jlhas de çunda como nestas de bandá e pidio a mim dicto tabaliam abaxo nomeado todo sobre dicto hũ e muitos estromentos canto me neceçaryos forem pera prova e conservaçam do direyto e pose ou case pose que ao dicto senhor pelo modo sobredicto aqueria e tynha aquerido nas dictas jlhas de çunda e bandá e negoceaçam trato comercio dele: e eu francisco pirez tabaliam pubrequo criado pelo dicto senhor Rei pera o auto acima esprito lhe dei este estromento em pubrequa forma pelo poder do dicto senhor que pera iso tenho segundo he conteudo neste aluara o qual de berbo a berbo se ao diante sege cujo teor tal he. Dom joam per graça de deos Rey de purtugal dos algarves daquem dalem mar em afriqua senhor de giné da conquista nevegaçam comercio tiopiaa (*sic*) arabia persia, da imdia, faço saber aos que esta minha carta virem que por confiar em francisco pyrez que ora está de caminho pera bandá com lopalvarez que la vay por capitam que em esto me servirá bem e como cumpre a meu serviço e bem 1532 Janeiro 27

1532 Janeiro 27 das partes me apraz e ey por bem que em canto com ho dicto lopalvarez andar e estever até tornar a minha forteleza e cidade de melaqua sirva de tabaliam pubrequo por canto he pessoa auta pera yso e por tanto mando a todos meus capitães e justiças que a todas suas escreturas e estromentos que pasar asinados com seu pubrequo sinal lhe dem tanta fe e credito canto se lhe com direyto deve dar o qual jurou perante o meu capitam da minha forteleza de melaqua de bem e verdadeiramente usar do dicto oficio com ho qual averá seus proes e percalços em minhas ordenações e pera sua guarda lhe mandey pasar esta minha carta a qual asi compri e al nom façaes: dada em a minha forteleza e cidade de malaqua: elRei o mandou per garcia de sa capitam dela sô seu sinal e selo da chapa que perante ele serve e isto pelos poderes que pera yso tem do dicto senhor: fecto oje nove dias do mes de janeiro de mil e quinhentos e trinta e dous annos: foy terladado este aluara do dicto senhor per mim pubrequo tabaliam e asi as precurações e soestabalecimentos atrás terladadas: e asi dixe maes o dicto lopalvarez precurador que ele no dicto porto daguacim onde estevera dera em sinal damizade e paz com hos dictos moradores da dicta jlha de çunda duas bandeiras, a saber, hũa com a cruz de x.º e outra despera e cartazes pera poderem navegar seguros dos capitães do dicto senhor e isto por lhos eles asy requererem e pidirem pera poderem navegar seguros: testemunhas que a todo foram presentes francisco lopes bulham, manuel de sousa, gonçalo afonso, anrique de macedo, bertolameu fernandez piloto, manuel rodriguez, rui vogado, francisco annes, pero de sequeira, manuel gomez, francisco pirez, martim fernandes e outros: e eu pubrequo tabaliam que isto esprevi. *(Segue o signal do tabellião.)*

Capitulos e condições com que se assentaram as pazes e entrega de Baçaim entre Soltão Badur e o Governador Nuno da Cunha

(Couto, Dec. IV, liv. IX, cap. II.)

Que, elRey Soltão Badur daua & doaua a elRey de Portu- 1534
gal d'aquelle dia pera todo sempre, a cidade de Baçaim, com Dezembro
todas as suas terras, assi firmes, como ilhas, & mares, com toda sua jurdição, mero & misto Imperio, com todas suas rendas, & direitos reaes, assi & da maneira que elle Soltão Badur Rey do Guzarate a te então as possuira, & possuirão seus capitães & Tanadares. E que d'ali por diante desistia de todo o direito que nas ditas terras, ilhas, & mares tinha: & que todo trespassaua, & aplicaua a elRey de Portugal. E que auia por bem que logo per seus officiaes mandasse tomar posse de todo o sobre dito.

Com condição, que todas as naos que partirem dos Reinos & senhorios, d'elle Soltão Badur, pera entrarem das portas do estreito pera dentro, yrião a Baçaim, tomar saluo conduto (a que elles chamão Cartazes) dos capitães d'elRey de Portugal, que ali estiuerem, & que da torna viagem tornarião á dita cidade a pagar seus direitos sob pena de serem perdidas pera elRey de Portugal: & que as poderião seus capitães tomar, como de boa guerra, sem elRey do Guzarate o contrariar, nem auer por mal.

Que, todas as naos do seu reino, que nauegarem pera todas as outras partes não sendo pera Meca, leuarião os mesmos Cartazes, & que os capitaẽs lhes não leuarião por cada hum mais de hũa tanga, & que com isso nauegarião liuremente pera onde quisessem, sem terem outra obrigação. E que isto se não entenderia nas Cotias, Galuetas, & vazilhas pequenas, que costumauão a nauegar de longo da costa.

Que, em nenhum porto, assi do reino Guzarate, como dos mais senhorios que possuya dali em diante, se faria nauio algum de guerra, & os que ouuesse feitos não nauegarião mais,

1534 Dezembro mas que poderião fazer todas as naos que quisessem a seu modo, pera seus tratos, & comercios.

Que, elRey Soltão Badur não recolheria em porto algum de seus reinos & senhorios, Rumes alguns, nem lhes daria mantimentos, fauor, gente, ajuda, nem cousa algũa que em suas terras ouuesse.

Que, todo o dinheiro das terras de Baçaim, que estaua a te então por arrecadar do que Melique As auia de aver, desque entrou o anno dos mouros a te aquella hora, poderia o Gouernador mandar arrecadar pera elRey de Portugal.

Que, entregaria logo Diogo de Mesquita, Lopo Fernandez Pinto, Manoel Mendez, Ioão de Lima, & todos os mais Portuguezes que em seu poder estauão catiuos. Estes sete capitulos de condições, que os officiaes d'elRey de Portugal apresentárão, aceitou o Embaixador d'elRey Soltão Badur, & se obrigou aos comprir, ter, manter, & guardar em todo & per todo, como se nelles, & em cada hum delles continha, sem engano, nem cautela, com toda a verdade & segurança d'elRey. E logo o Embaixador apresentou outros capitulos por parte d'elRey Soltão Badur, que são os seguintes.

Que, todos os caualos que viessem do estreito de Meca, & das partes de Arabia, os primeiros tres annos, depois da fortaleza de Baçaim ser acabada, virião a ella, pera elle Soltão Badur, & seus vassallos os mandarem ali comprar, pagando os direitos d'elles a elRey de Portugal, assi & da maneira que se pagauão na cidade de Goa, & que não irião aos portos do Decan, Canará nem Malauar. E que não se comprando os taes caualos em Baçaim, seus donos os poderião leuar pera onde quisessem.

Que, vindo algũa nao do reino de Cambaya com caualos, pera elle Soltão Badur, de qualquer parte que fossem, não pagarião dereitos a te contia de sesenta.

Que, vindo algũa nao de mar em fora desgarrada de qualquer parte que fosse tirando do estreito de Meca, & com tempo fortuito fosse tomar Baçaim, vindo pera o reino do Guzarate, depois que fosse dentro n'aquelle porto, ningem entenderia com ella, & se poderia tornar cada vez que quisesse. 1534 Dezembro

Que, cinco mil tangas larins, que estauão aplicadas nas rendas de Baçaim pera as Mesquitas, se lhe pagarião sempre nas mesmas rendas, & que com as Mesquitas das terras de Baçaim, & prégações que nellas se fizessem, não entenderia pessoa algũa, nem se faria nisso inouação algũa.

Que, duzentos pardaos que se pagauão nas rendas de Baçaim aos lascarins das duas fortalezas, Aceira, & Coeja que estão entre as terras de Baçaim, & as dos resbutos, se pagarião sempre nas mesmas rendas, como a te então se pagauão.

Estes cinco capitulos concedeo o Gouernador em nome d'elRey de Portugal, & se obrigou aos conferir & guardar, sem cautela, nem engano algum, & logo com muito grande solennidade se jurárão as pazes, assi pello Gouernador, como pello Embaixador, cada hum em seu modo, de que se fizerão autos en Parseo, & Portuguez, assinados por elles, & pellos officiaes d'elRey. Declarou, & acrecentou mais o Gouernador que elle Embaixador iria com elle pera Goa, a onde inuernaria, & ficaria em refens do Embaixador, que auia de mandar a confirmar as pazes com elRey de Cambaya, & pera tomar entrega dos catiuos. O Embaixador despedio logo correos pella posta com recado de tudo o que era passado, pera elRei Soltão Badur, que ja ya marchando pera Chitor. O Gouernador deo peças ricas ao Embaixador, & lhe fez muitas honras. Ao outro dia desembarcou em terra com o Embaixador, & elle lhe fez entrega da cidade de Baçaim, acodindo a obediencia os principaes della, & o Embaixador mandou por todas as Tanadarias apregoar as pazes, & noteficar aos Tanadares, & Pateis, que fossem dar a obediencia a elRey de Portugal, & ao seu Gouernador.

Contrato de pazes [1] entre o Rey de Guzarate e Nuno da Cunha, Capitão Geral e Governador da India

(Tombo do Estado da India, fol. 180 v.)

1535 Outubro 25 Em nome de deos amen. Saybão quoantos este estromento de contrato e concerto e asento de pazes virem, que no ano do nacimento de noso senhor Jhesum Christo de j̄ bᶜ xxxb (1535)

[1] Depois de aver alguns anos que se fazia guerra aos Reynos de canbaya, per mandado delRey noso senhor, na entrada do ano de j̄ bᶜ xxxj (1531) partio o gouernador nuno da cunha da cidade de guoa com hũa grosa armada pera a cidade de dio, com perto de trezentas vellas; e cheguando primeiro á Ilha de mete, que he sete leguoas da dita cidade, achou n'ela muitos Rumes, abexins e fartaquins; e mandando o dito guovernador muitos recados aos ditos mouros que se entreguasem, o nom quiserão fazer, pelo que conbateo a dita Ilha, estando per muitas partes ja cercada de muros e baluartes que novamente se fizerão, a quoall entrárão e escalárão, e forão todos mortos, sem se daar a vida a nhum, e por esta causa se chamou d'ally por diante a Ilha dos mortos, onde n'ella foy ferido eytor da silveira, de que morreo sobre a barra de dio, e asy morrérão na entrada da dita Ilha allguns fidalguos e outros omens: e d'ahy se foy o dito guovernador a dio, onde lhe pôs cerquo da banda do maar, e lhe começou a dar batarya, na quoall foy morto dom vasquo de lima e alguns fidalguos e outros omens. E por a dita cidade estar muito fortalecida de muros e artelharya, e de muyta gente, a nom póde tomar; e se tornou o dito gouernador á dita Ilha dos mortos, e d'ahy mandou antonio de salldanha com guales e gualeotas e fustalha miuda per toda a enseada de canbaya, onde lhe fez muito nojo, queimando muitas naaos, e destruindo muitos lugares, e elle se veyo a guoa; e depoys senpre o dito gouernador fez muitas armadas pera a dita costa de canbaya, onde lhe foy feyto muito dano; pelo que no ano de 533 mandou o soltão badur, que ao tall tenpo era Reey do dito canbaya, recado ao dito nuno da cunha que folguarya de se ver com ele; pelo que o dito guovernador se fez prestes com hũa armada, e foy ter á barra de dio, e d'ahy mandou recado ao dito Reey da maneira que avião de ter pera se verem anbos; a quoall vista nom ouve efeyto por se nom concertarem na maneira que avião de teer pera se verem, pelo que se tornou o dito gouernador pera guoa, deixando lla hum João de santiaguo pera pedir a elRey dioguo

anos, aos vinte cinquo dias do mês d'outubro, na cidade de dio, no baluarte da terra, onde está aposentado nuno da cu- 1535 Outubro 25

de mizquita e os outros portugueses, que la estauão catiuos. E no ano de 535, tendo ja a este tenpo o dito gouernador ffeyto pazes com o dito Rey de canbaya por lhe daar baçaim e suas terras, como atrás no titollo de baçaim faz menção, lhe veyo nova, estando em guoa, como elRey dos mogores vinha sobre o dito Reey de canbaya, por causa que, quoando o dito Reey de canbaya ffoy sobre o Reyno de Chitor, se aqueixou a Rainha do dito Reyno aos ditos moguores que a quisesem socorrer e emparar, pelo que elles mandárão dizer ao dito Rey que nom fose tomar o dito Reyno, por quoanto aquella molher era viuva e tinha seu filho, que erdaua o Reyno, minino; e que se não quisese senão fazelo, que soubese em certo que elles serião com ele; e com toda esta reposta o dito Rey de canbaya nom deixou de ir sobre o dito Reino, o quoall tomou, e a entrada da principall cidade d'elle, onde estaua toda sua força. Os que primeiro entrárão a dita cidade fforão dioguo de mizquita, duarte da guama, e outros portugueses que ao taall tempo ainda lla estauão catiuos; pelo quoal respeito os ditos moguores nem tão somente vierão tornar a tomar o dito Reyno de Chitor e o de Mandou e a mor parte de todo canbaya; que foy necesario ao dito soltão badur recolherse á cidade de dio, que por estar n'ũa Ilha foy o luguar onde se póde saluar sua pesoa, e recolher sua gente. E vendose n'esta necesidade, mandou chamar martim afonso, que ao tall tenpo era capitão moor do mar, e envernara aquelle ano em chaull, o qual na entrada do mês de setembro do dito ano se foy a dio, onde o dito Rey estaua, em quoatro caturos, deixando recado a toda outra armada que se fose atrás elle. E neste tempo, tendo ja o dito nuno da cunha novas de como os moguores vinhão sobre canbaya, per hũa carta que o dito soltão badur escreveo, em que lhe pedia que se ffose a dio, pelo que despedio loguo o dito nuno da cunha o secretareo simão ferreira por embaixador, e asy hum xacoes embaxador do dito Reey, que aquelle ano emvernara na cidade de guoa; e o dito guovernador se ficou fazendo prestes pera ir a dio, como de feito foy: e ao tempo que Symão ferreira ffoy a dio, ja lla estaua martim afonso de sousa, que tinha posto bandeirą das armas reaes delRey noso senhor no luguar onde aguora está a fortaleza de dio, per consentimento do dito Rey de canbaya; e loguo espreveo outra carta ao dito gouernador nuno da cunha, e lha mandou pelo dito xacoes, a quall lhe foy dada em baçaym, onde ja era cheguado, da quall carta ho trellado he o seguinte: «Nomeado do grão Reey lião do maar das aguoas azues, nuno da cunha, capitão mor com a mercê delRey, por amizade eu vos acrecento: sabereys que o sacretario symão ferreira, ffiell priuado em ambas as partes, e xacoes ffilho dourado, vie-

1535 Outubro 25 nha capitão gerall e guovernador da India, e sendo elle presente, e asy xacoes, embaxador que ffoy delRey do guzarate, em seu nome, loguo pelo dito xacoes foy dito que ele o ano pasado asentara em nome do dito Reey do guzarate, seu senhor, pazes com o dito guovernador, e lhe concedera baçaim e suas terras, com as crausolas e condições decraradas em contrato, que elle como procurador do dito Reey do guzarate, seu senhor, e com todo seu poder abastante, pera yso fyzera com ele guovernador; segundo mais larguamente se contém em o dito contrato, cujo teor de verbo a verbo he o seguinte; o quoall contrato se nom trellada aqui, por nom ser necesario, e por ir trelladado no titolo de baçaim.

E loguo pelo dito xacoes ffoy dito que o dito Reey do guzarate, seu senhor, por mais acrecentar na amizade delRey de portuguall, era contente d'oje pera todo senpre daar e conceder ao dito guovernador pera o dito Rey de portuguall seu senhor hũa fortaleza em a cidade de dio, com as crausolas e condições conteudas em huns apontamentos *com* que Simão

rão a mim: a vosa carta, que me mandastes, vio o meu estado, e o que n'ella vinha sprito tudo vy; e quoanto á vontade e desejo que tendes, eu o soube craro; e antes d'iso a vosa amizade e vontade xacoes m'a tinha ffeito a saber; e tanbem aguora por boca de symão ferreira o soube, per vya d'amizade; aquillo que vos era necesario, que em tantos anos nunqua se póde cumprir, nem vos ouvera de vir a mašo tão asynha, hum luguar pera estarem os portugueses em dio, da banda donde quiserdes, vós o mandastes pedir; eu vos ffaço mercê d'elle com estas condições que simão ferreira per vertude de vosa procuração outorguou, as quoaes condições por carta de symão ferreira que vos spreve, e por palaura de xacoes que la vay, o sabereys: aguora he necesario, tanto que este fformão vos fôr dado, que nom estejaes em nhum luguar, e com xacoes venhaes aqui: eu tinha escrito ao capitão moor do maar, o quall, tanto que lhe derão meu mandado, veyo loguo aqui a minha casa: ffolguey com yso, e por yso o mandey estar aqui pera me seruir: feita em dio a xxbiij de setembro de j̃ bᶜ xxxb (1535) anos». O quoall tanto que lhe a dita carta foy dada se fez prestes, e partio pera dio com trinta vellas de remo, onde me eu acertey que fuy com ele; e tanto que la chegou, depois que foy ver elRey dentro á cidade onde estaua aposentado, d'ahy a hum dia ou dous lhe deu a dita fortaleza, e se fez o contrato... (Tombo do Estado da India, fl. 180.)

ferreira per mandado do dito guovernador e com seu poder veyo ao dito Reey do guzarate e ffeez com o dito Reey, as quoaes são as seguintes. Item o soltão badur he contente de dar a elRey de portuguall hũa fortaleza em dio, em qualquer luguar que o guovernador nuno da cunha quiser, da banda dos baluartes do maar e da terra, da grandura que lhe bem parecer; e asy o baluarte do maar. E asy ha por bem de lhe daar, e confirmar baçaim, com todas suas terras e tenadarias, rendas e direitos, asy como lho tem dado per contrato, o quoall ffez com elle sobre as pazes. E com condição que todas as naaos de mequa, que por vertude do dito contrato das pazes erão obriguadas a ir a baçaim, que ho nom sejão, e venhão a dio, asy como d'antes vinhão, nem lhe seja ffeyto força algũa; e querendo algũa por sua vontade lla ir, o poderaa ffazer se quiser; e asy o farão todas as naaos de todas as partes, que yrão e virão pera onde quiserem; e porém todas naueguarám com cartazes hũas e outras. 1535 Outubro 25

E com condição que elRey de portuguall nom teraa em dio nhuns direitos nem rendas, que so a dita fortaleza e baluartes; e todos os direitos, rendas e jurdição da gente da terra sera do dito soltão badur. E com condição que todos os caualos d'urmuz e d'arabia, que per o dito contrato das pazes erão obriguados a vir a baçaim, venhão a dio, e ahy paguarão os direitos a elRey de portuguall, segundo costume de guoa; e não os conprando elRey, os mercadores que os trouxerem, os poderão leuar pera onde quiserem.

E com condição que todos os caualos, que vierem do estreito pera dentro, nom paguem direitos, e sejão fforros. E com condição que elRey de portuguall, nem o gouernador da India per seu mandado, nom mandaraa ffazer guerra, nem dano no estreito, nem nos luguares d'arabia, nem se tomaraa naao de presa nhũa, e todas nauegarão seguramente; e porém avendo no estreito, ou em outra parte, armada de Rumes e turquos, poderão ir pelejar com ela e destroylla. E com condição que elRey de portuguall e o soltão badur serão amiguos d'amiguos e imiguos d'imiguos, e o gouernador, em nome delRey de portuguall, ajudará ao soltão badur com

1535 Outubro 25 todo o que poder, por mar e por terra, e asy elRey a elle, quando conprir, com sua gente e armadas. E com condição que querendo se fazer alguns mouros da terra do soltão badur cristãos, que o gouernador o não consinta; e asy elle não consentiraa fazerse nhum cristão, mouro; e que pasandose a sua terra algũa pesoa ou pesoas que deva dinheiro, ou tenha fazenda delRey de portuguall, que elle os mande entreguar, e outro tanto ffaraa o dito gouernador, se pera os portugueses pasar algum omem, que tenha ffazenda ou deva dinheiro ao soltão badur; com os quoaes capitolos e condições o dito xacoes dise que o dito Rey, por sua liure vontade e como dito he, daua a dita ffortaleza ao dito gouernador em nome del Rey de portuguall, seu senhor, e dês oje pera todo senpre desestia de toda pose e domenio que, em o luguar onde se a dita ffortaleza ffizese, tinha, e o avia por entregue ao dito guovernador, pera d'elle ffazer como de cousa propea do dito Rey de portuguall, seu senhor: o qual luguar loguo pelo dito guovernador com o Rao medina, capitão da cidade de dio, ffez demarcado; e asynado per mandado do dito Reey do guzarate, seu senhor, desestia de toda pose e domenio que no dito baluarte do maar tinha, e como dito he o avia por entregue ao dito guovernador, pera d'elle ffazer como de cousa propia do dito Reey de portuguall: e asy mais dise o dito xacoes que o dito Rey do guzarate daua mays ao dito guovernador pera elRey de portuguall as duas ffortalezas conteudas em o contrato primeiro que se fez sobre baçaim, que se chamão aceyra e corja, que estão antre as terras do dito baçaim e as dos reyzbutos, aos quoaes lhe ora daua com todos seus direitos, terras e pertenças, pera todo sempre; e que elle guovernador em nome delRey de portuguall, seu senhor, posa mandar tomar pose d'ellas, e as entreguar aos capitães que ordenar, e ffazer d'ellas o que quiser, como cousa do dito Reey de portugual, por quoanto elle Rey do guzarate desestia de toda pose e domenio que nas ditas ffortalezas tinha, e avia todo por entregue ao dito guovernador, como dito he: com os quoaes apontamentos e crausolas acima decraradas o dito xacoes, em nome do dito Rey do guzarate, seu senhor, dise que avia por confirmado e reteficado o dito contrato primeiro, e daua as ditas terras de baçaim e ffortalezas, e a dita ffortaleza em dio, e baluarte do maar com tall decraração, que as condições do primeiro contrato, que se mudárão ora per estes apontamentos, que o dito Reey fez com simão ferreira, se cunprão inteiramente da maneira que se contém nos ditos apontamentos, e não como estaua no primeiro contrato; e em todo o mays he contente, o outro se guoarde sem duuida algũa, como se n'elle contém: e o dito guovernador em nome dellRey de portuguall, seu senhor, aceytou todo o que acima he decrarado, e prometeo de asy inteiramente se conprir e guoardar pelo dito Rey de portuguall, seu senhor, per elle guovernador, e per todolos capitães, guovernadores, que ao diante n'estas partes fforem, e o dito xacoes, em nome do dito Rey do guzarate, dise aceytaua e concedia todo o sobredito; e que o dito Rey do guzarate asynará este contrato, pera mais ffirmeza e ffee de como o ha por bem, e se obrigua ao conprir inteiramente do que a sua parte toqua; e por ffirmeza e segurança de todo quiserão que se fizese este contrato asinado pelo dito Rey do guzarate e pelo dito guovernador, dos quoaes se fizerão dous pera cada hum ter seu: testemunhas que forão presentes garcia de saa, e pero de farya, e symão ferreira, e fernão rodriguez de castelo branquo, ouuidor geral da India; e coje percolim mouro parsio, e marcos fernandez, que seruião de linguoas; e decrarárão todo o sobredito: dioguo soarez o fez no dito dia, mès e ano atrás dito. E eu João da costa, sacretario da India, que a todo o sobredito ffuy presente, e este ffiz screuer e soescreuy no dito dia, e asyney com as testemunhas acima ditas. 1535 Outubro 25

Tratado de paz que o Rey de Guzarate fez com Nuno da Cunha, Governador da India

(Torre do Tombo.—C. Chron., parte 1.ª, maço 58, doc. 73.)

Em nome de hũu soo deos todo poderoso criador de todalas cousas. Amem. Saibam quamtos este estormemto de 1537 Março 27

1537 Março 27 comtrato e asemto de pazes virem que no anno do nacimento de noso senhor jhu. x.º de mil quinhemtos e trimta sete anos aos vimte sete dias do mes de março do dito anno em esta cidade e fortaleza de dio, nas pousadas do muito magnifico senhor o senhor nuno da cunha do comselho del Rey noso senhor vedor de sua fazemda capitam jeral e governador da Imdia estamdo sua senhoria hy e bem asy estamdo presemte cojeafiz amo e embaixador de mirazamamedezamom em presemça de mim João da costa sacretario e das testemunhas ao diamte nomeadas loguo per o dito embaixador foy dito que o dito mirazamamedezamon seu senhor se achara neste Reino de cambaia ao tempo que se acomtecera a morte do soltam bador e porque no guzarate nom avia Rey dele com ese fumdamemto se viera a quimtam de melique homde ora estaua pera daly pedir a sua senhoria que de nouo fizese comtrato de pazes pera sempre pois as sempre ouuera amtre os coraçones e portugueses pera que com sua paz e fauor daly se fazer Rey do dito Reino do guzarate pois ele era filho do soltam bedimuzazamom Rey dos coraçones e de tam amtiguo samgue de Reis e que pera iso asy ser sua senhoria avia daver por beem que as sicas das moedas corresem em seu nome per todo o Reino do guzarate asy em dio como nos outros lugares que fosem delRey de portugal no dito Reino e que nos alcorões o chamasem nome de Rey do guzarate asy como se chamaua soltão bador em seu tempo. E mais que sua senhoria avia daver por beem que asy como fazia no tempo do soltão bador quamdo aqui traziam os mercadores caualos a vemder que asy os tragam agora e que lhos nom defemdam. E que as armas que trouxerem pera se vemderem que vemdemdolhas que lhe nam vam á mão e lhas leixem comprar. E que todolos lascaris que foram do soltaão bador que estam no Reino do guzarate e bamdes dele queremdose ir pera ele que o posam fazer de sua liure vomtade: as quaes comdições acima pedidas pelo dito embaixador, o dito senhor gouernador dise que lhe aprazia e outorgaua pelos poderes que tinha del Rey seu senhor com tal comdiçam, que o dito mirazamamedezamom damdolhe deos cambaia pacifica, avia por bem que elRey de Portugal tiuese pera sy e pera todolos que dele descemdesem doie pera sempre o porto da cidade de mamgalor com todolos direitos remdas e jurdiçam e asy todolos homems dele com dous couces e meyo ao redor dele dahy te jlha do bete chalagam com todolos portos do mar e lugares que na dita costa ha e asy dous couces e meio da borda do mar pera demtro da terra firme desne o dito mamgalor te a dita jlha de chalagão com suas remdas, jurdições e gemte asy e pela maneira que as teue e pesoya o soltam bador. E mais lhe avia doutorgar todalas terras de damaão, a saber, o mesmo lugar de damão ate as terras de baçaim com todalas terras e praganas asy como estaam com toda jurdiçam e gemte e remdas asy e da maneira que temos as terras de baçaim e asy como as pesoya o soltão bador e seus tenadares. E quamto a moeda ser chapada de sua syca pois ja lho comcedia que todo o proueito seria delRey de portugal como soya ser dos Reis do guzarate e isto nas terras que nós tiuermos em cambaia e a nós quisermos bater. E mais que ele seria obrigado que todolos nauios asy de guerra come naos de mercadorias homde quer que forem achadas que eram do soltão bador as mamdaria emtregar aqui a dio com as fazemdas que nelas vier do soltam bador e asy que nom fara em nhũ porto dos seus nem comsemtirá fazer nhũ nauio de guerra, e naos pera mercadorias poderám fazer quamtas quiserem de cairo. E que os cavalos que aqui vierem ter por mar pagarám os direitos a elRey de portugal asy como pagam em guoa. E que os spravos dos portugueses que la estam e forem ter daqui em diamte os tornarám ou pagarám sua valia deles. E que qualquer portugues que la for sem licemça de sua senhoria ou do capitam desta cidade ho nom recolham e o mamdarám preso aqui. E que os mercadores nom seram empedidos em jrem e virem asy como sempre foy em tempo do soltão bador e isto jmda que aia guerra amtre elle e os guzarates, amte lhe dara todo fauor e ajuda necesaria e na terra lhe nam leuarám mais direitos dos que lhe soyam leuar. E as fazemdas que lá tiuerem os mercadores de dio lhas fara em-

1537 Março 27 tregar pera que venham a esta cidade domde quer que elas estiuerem. E que a quimtam de melique omde ora ele estaa ficará delRey de portugal pois emtra nos dous couces e meio da costa: as quaes comdições decraradas pelo dito senhor gouernador o dito embaixador comcedeo e aprouou em nome do dito mirazamamedezamom seu senhor segumdo loguo mostrou per o roll dos ditos apomtamemtos spritos per amtonio da sylueira capitam desta cidade e com a chapa do dito seu senhor que ficou em poder de mym sacretario: as quaes comdições acima pedidas hũas e outras per ambas as ditas partes foram outorgadas, a saber, o dito senhor gouernador dise que lhe aprazia e outorgaua comceder a dita paz com as ditas comdições atrás decraradas como dito he pelos poderes que tinha delRey seu senhor e daqui em diamte lhe comcedia a dita paz com as ditas clausolas e comdições e lhe aprazia lhas comceder. E pelo dito embaixador foy dito que ele aceitaua a dita paz em nome do dito mirazamamedezamom seu senhor por vertude dos ditos apomtamentos atrás decrarados e se obrigou que o dito seu senhor jurará as ditas pazes tamto que lhe la fose apresemtado este comtrato: e loguo o dito senhor gouernador jurou aos samtos avamgelhos em que pos a mão que ele gardaria e compriria as ditas pazes em quamto o dito mirazamamedezamom comprise e gardase o que ele era obrigado gardar e comprir: e loguo o dito embaixador e gouernador diseram ambos jumtamente e cada hum por sy que aviam a dita paz por feita firme e valiosaa doie pera sempre e se obrigaram a comprir e gardar inteiramemte asy e na maneira que neste comtracto e comdições atrás he decrarado e aqui se comtém e em testemunho de verdade mamdaram a mim secretario fazer esta spritura das quaes se fizeram duas de hũ teor em que ambos asynaram, a saber, hũa que fica em meu poder e outra que leua o dito embaixador: testemunhas que a todo foram presentes amtonio da sylueira capitam desta cidade, vasco pirez de sam paio, rui dias pereira, gaspar de sousa, manoel machado e coja percolim, marcos fernamdez limgoa: e eu dicto sacretario per mamdado do senhor go-

uernador fui a quimtam de melique onde o dito mirazama- 1537 Março 27
medezamom estaua e loguo peramte mim asynou, e jurou
em sua ley sobre seu moçafo e em todo ter e mamter e com-
prir este comtrato imteiramente como nele he comtido e o
chapou de sua chapa: e porque a tudo fuy presemte o sprevy
e asyney de meu synal acostumado com os sobreditos no
dito dia mes e era. Joam da costa sacretario o sprevy: o
qual juramemto foy dado ao dito mirazamamedezamom per
cady chat da dita cidade de dio.

Por outra mão, em letra coeva: Concertado com o proprio.

Treslado do Contrato que o Governador Nuno da Cunha assentou com Nizamamede zamon, (*sic*) sobre Cambaya, feito na fortaleza de Dio, a 27 de março de 1537 [1]

(Tombo do Estado da India, fl. 181 v.)

Em nome de hum só Deos todo poderoso, criador de to- 1537 Março 27
das as cousas, amen. Saybão quoantos este estromento de
contrato e asento de pazes virem que no ano do nacimento
de noso senhor Jhesum Christo de mill e quinhentos e trinta
e sete anos, aos vinte e sete dias do mês de março do dito
ano, em esta fortaleza e cidade de dio, nas pousadas do
muito manifiquo senhor o senhor nuno da cunha, do conse-
lho delRey noso senhor, veador de sua ffazenda, capitão ge-
rall e guovernador da India, estando sua senhoria ahy, e bem
asy estando presente coje afizamo embaxador de Imiza ma-
mede zamom, e em presença de mim João da costa, sacre-
tario, e das testemunhas adiante nomeadas, loguo pelo dito

1 Sem embargo de já ser dado este Contrato a pag. 71 por um tres-
lado em folha solta, tirado do Corpo Chronologico da Torre do Tombo,
repetimol-o aqui segundo a lição de Simão Botelho, por n'ella estar
mais acrescentado e completo.

1537 Março 27 embaxador foy dito que mira mamede zamom[1], seu senhor, se achara neste Reino de canbaya ao tenpo que se acontecera a morte de soltão badur; e porque no guzarate nom avia Rey d'elle, com ese fundamento se viera á quinta de melique onde ora estaua, pera d'ahy pedir a sua senhoria que de nouo fizese pazes com elle pera senpre, poys a senpre ouuera antre os coraçones e portugueses, pera que com sua paaz e fauor d'ally se fazer Rey do dito Reino do guzarate, pois ele era filho do soltão bade muza zamom Reey dos coraçones e de tão antiguo sangue de Reis; e que por iso asy ser, sua senhoria avia d'aver por bem que as siquas das moedas corressem em seu nome per todo o Reino do guzarate, asy em dio como nos outros luguares que forem delRey de portuguall no dito Reino; e que nos allcorões o chamasem nome de Rey do guzarate, asy como se chamaua o soltão badur em seu tenpo; e mais que sua senhoria avia d'aver por bem que asy como fazia no tenpo de soltão badur, quoando aqui trazião os mercadores caualos a vender, que asy os traguão aguora, e que lhos não defendão; e que as armas que trouxesem pera se venderem, que vendendolhas que lhe não vão á mão, e lhas leixem conprar; e que todolos lascarins que forem do soltão badur, que estão no Reino do guzarate e bandeis d'ele, querendose ir pera ele, que o posão fazer de sua liure vontade; as quoaes condições acima pedidas pelo dito embaxador o dito senhor guovernador dise que lh'aprazia e lhas outorguaua, pelos poderes que tinha delRey noso senhor, com tall condição, que o dito niza mamede zamom, dandolhe deos canbaya pacifiqua, avia por bem que elRey de portuguall tivese pera sy e pera todos os que d'elle decendesem, d'oje pera todo senpre, o porto da cidade de

[1] Per morte do dito soltão badur fiqou na quinta de melique, que he hũa legoa de dio, hum mir mamede zamom, moguor, que decendia dos Reis dos moguores, o qual se desavio com os Reiz dos moguores, que era seu cunhado, per nome Vmaym, pelo que se deitou com o soltan badur, e tinha algũa gente de que era capitão; e tanto que o soltan badur ffoy morto, se quis aleuantar por Rey do guzarate, e ffez hum contrato com o gouernador nuno da cunha... (Tombo do Estado da India, fl. 181 v.)

mangualor, com todos os direitos, rendas e jurdição, com dous couçees e meo ao rendor (*redor*) d'elle d'ahy te a ilha do bate chalaguão, com todolos portos do maar e luguares que *ha* na dita costa, e asy dous coucés e mêo[1] da banda do maar pera dentro da terra ffirme, desne o dito mangualor te a Ilha de chalaguão, com suas rendas e jurdição e gente, asy e pela maneira que as teue e pesoya o soltão badur; e mais lhe avia d'outorguar todalas terras de damão, a saber, o mesmo luguar de damão te as terras de baçaim com todalas terras e praguanás asy como estão, com toda jurdição e gente e rendas asy e da maneira que temos as terras de baçaim, asy como as pesoya o soltão badur e seus tenadares; e quoanto á moeda, ser chapada de sua sita, pois ja lhe concedia, que todo o proueito serya delRey de portuguall, como soya a ser dos Reis dos guzarates, e ysto nas terras que nós tiuermos em canbaya e a nós quisermos bater[2]; e mais que ele seria obriguado que todos os nauios, asy de guerra, como naaos de mercadarias onde quer que forem achadas que era*m* de soltão badur, as mandaria entreguar aquy a dio com as fazendas que nelas vier*em* do soltão badur; e asy que nom fara em nhum porto dos seus, nem consentirá fazer, nhum nauio de guerra, e naaos pera mercadarias poderão fazer quoantas quiserem de cairo; e que os caualos que aqui vierem ter por mar paguarão os direitos a elRey de portuguall, asy como paguão em guoa; e que os escrauos dos portugueses que la estão, e forem ter d'aqui em diante, os tornarão, ou paguarão sua valia d'elles; e que quallquer português que la for sem llicença de sua senhoria, ou do capitão d'esta cidade, o nom recolhão, e o mandarão preso aqui; e que os mercadores nom serão empedidos em irem e virem, asy como sempre foy em tenpo do soltão badur, e isto ainda que

1537 Março 27

1 Correspondiam a uma legua e um quarto. *(Felner.)*

2 Esta clausula lê-se assim em Couto, Dec. v, Liv. i, Cap. xii: «Que as moedas todas, que corressem nas cidades, que foram do Reyno de Cambaya, que fosse da jurdição d'ElRey de Portugal, e na Ilha de Dio, fossem cunhadas com os cunhos, e marca d'elle Mir Mahamede Zaman». *(Felner.)*

1537 Março 27 aja guerra antre elle e os guzarates, antes lhe dara todo o fauor e ajuda necesaria, e na terra lhe nom leuarão mais direitos do que lhe soyam leuar; e as fazendas, que la tiuerem os mercadores de dio, lhas ffara entreguar, pera que venhão pera esta cidade, donde quer que elas estiuerem: e que a quinta de melique, onde ele ora está, fficará a elRéy de portuguall, pois entra nos dous couçés e mêo da costa: as quoaes condições decraradas pelo dito guovernador o dito embaxador concedeo, e outorguou em nome do dito niza mamede zamom, seu senhor, segundo loguo mostrou pelo roll dos ditos apontamentos escritos per antonio da silveira capitão d'esta cidade, e com chapa do dito seu senhor, que fiquou em poder de mim sacretario; as quoaes condições acima pedidas hũas e outras per anbas as ditas partes fforão outorgadas, a saber, o dito senhor guovernador dise que lhe aprazia de outorgar e conceder a dita paaz com as ditas condições atrás decraradas, como dito he, pelos poderes que tinha delRey seu senhor, e d'aqui em diante lhe concedia a dita paaz com as ditas crausolas e condições, e lhe aprazia lhas conceder; e pelo dito embaxador ffoy dito que ele aceytaua a dita paaz em nome do dito mira mamede zamom, seu senhor, per vertude dos ditos apontamentos atrás decrarados; e se obriguou que o dito seu senhor jurará as ditas pazes tanto que lhe lla fose apresentado este contrato; e loguo o dito senhor governador jurou aos santos avangelhos, em que pôs a mão, que ele guardaria e conpriria as ditas pazes, em que todo (*em quanto*) o dito mira mamede zamom cunprise, e guardase o que ele era obriguado guardar e conprir; e loguo o dito embaxador e governador diserão, anbos juntamente e cada hum per sy, que avião a dita paaz por feita, firme e valiosa d'oje pera senpre, e se obriguárão a cunprir e guardar inteiramente, asy e da maneira que neste contrato e condições atrás he decrarado, e aqui se contém. E em testemunho de verdade mandárão a mim sacretario fazer esta escretura, das quoaes se fizerão duas de hum teor, em que anbos asynárão, a saber, hũa que fiqua em meu poder, e outra que leua o dito embaxador: testemunhas que ao todo fforão presentes, antonio da silveira capitão d'esta cidade, e vasquo pires de sampayo, Ruy diaz pereira, e guaspar de sousa, manuel machado, e coje percolim e marquos fernandez linguoas; e eu dito sacretario, que per mandado do senhor guovernador ffui á quinta de melique, onde o dito niza mamede zamom estaua, e loguo perante mim asynou, e jurou em seu moçafo de a todo teer e manter, e cunprir este contrato inteiramente, como nelle he conteudo, e o chapou de sua chapa; e porque a todo fui presente, o esprevy e asyney de meu sinall acustumado com as sobreditas no dito dia mês e era. João da costa sacretario o escrevi: o qual juramento foy dado ao dito mira mamede zamom per cadychat a dita cidade de dio. 1537 Março 27

Este contrato nom ouue efeito, porque neste mesmo tenpo foy aleuantado por Rey do dito guzarate, pelos grandes do Reino, o soltão mamedexá, que ora he, por ser sobrinho do solltão badur, filho de um seu irmão, sendo de idade de catorze ou quinze anos, o qual veyo d'amadava principall cidade do reino, sobre o dito niza mamede zamom, e o desbaratou e deitou fora do Reino, e se foy caminho do cindy ffogindo. E com tudo ysto fficou elRey noso senhor e os capitães da fortaleza de dio de pose da cidade e rendas d'ella até o mês de Junho de j̄ bᶜ xxxbiij (1538), que o dito mamedexaa Rey do guzarate mandou coje çofar e outros capitães tomar a cidade, a quall se lhe llargou per mandado d'antonio da sylveira, que ao tall tempo era capitão d'ella, por ser muito grande e ter pouqua gente, com que a não podia soster; e pareceo milhor conselho recolherem-se á fortaleza, por nom perderem hũa cousa e outra; e os capitães delRey do guzarate estiueram ffazendo guerra á dita cidade, sem huns a pesuyrem nem outros, até quoatro de setembro do dito ano, que soleimão baxaa, capitão moor de hũa armada do turquo, veyo de çuez com....[1] guales á dita

[1] Deixou o Vedor espaço em branco para se escrever o numero das galés. Qual elle fosse pode-se ver em Castanh., Liv. VIII, Cap. CXCI, que diz que eram 74 velas.

1537 Março 27 fortaleza, e lhe pôs cerquo com ajuda dos ditos capitães delRey do guzarate, e conbatêrão a dita fortaleza, e lhe batêrão hum baluarte, que lhe todo derribárão, o qual foy defendido per antonio da sylueira, que ao tall tenpo era capitão da dita fortaleza, onde morrêrão muitos ffidalguos e outra gente: e durando o dito cerquo, os Rumes começárão a vsar de suas manhas, com quererem tomar as molheres, per força, dos guzarates que estauão na dita cidade, pela quoall rezão os ditos capitães se tirárão fora da cidade, e se recolhêrão á terra firme, e os nom quiserão ajudar: e vendo os Rumes como nom podião entrar a dita fortaleza de dio, e de cada vez lhe hia mais socorro da India, e o visoRey dom garcia, que ao tall tempo cheguara a estas partes, se fazia prestes com todo o poder da India pera ir pelejar com elles, se tornárão caminho de çuez.

Estando o dito visoRey dom garcia de caminho com toda' armada da India na barra de guoa, pera ir pelejar com os ditos Rumes, lhe cheguou recado como erão hidos, pelo que desfez muita parte da dita armada, e com a outra se foy a dio, onde tornou a fazer e fortalecer a dita fortaleza; e estando nella se tornárão a contratar pazes antre elle e o dito Reey, de que se fez o contrato seguinte.

1539 Março 11 Em nome de hum só deos todo poderoso, criador de todallas cousas, aos que este contrato e asento de pazes virem, que no ano do nacimento de noso senhor Jhesum Christo de mill e quinhentos e trinta e nove anos, aos onze dias do mês de março do dito ano, na cidade de navanager forão juntos acanjarão e Rumecão com os poderes do grande cação Mageres mocatão vlcão, que tinha poderes do grande Rey do guzarate; e os sobreditos acajarão e Rumecaão ambos de dous fallárão e asentárão as pazes antre o grande senhor e grande Reey do guzarate, e o grande senhor, justiçozo, alto dom João Reey de portuguall; e os ditos procuradores, que asy asentárão as pazes, delRey do guzarate, erão com poderes do dito Rey seu senhor, e francisquo mendez de vasconcelos e Manoel de vasconcelos, fidallguos da casa delRey de por-

tuguall, com os poderes dẽ dom garcia de noronha, visoRey 1539
e capitão moor e gouernador da India; e os ditos embaxado- Março 11
res aqui nomeados asentárão com os ditos asajacão e Rumecão as condições aqui decraradas, as quoaes serão guoardadas e se conprirão d'oje em diante pera todo senpre, com toda a paaz, amizade e verdade, como cunpre, pera que em nhum tenpo se quebrem *a* amizade e verdade antre dous Reis tão grandes; e todos quoatro asentárão as pazes per esta maneira. Item o caide se porá da parte delRey do guzarate pera mão e justiças dos mercadores e do pouo, e asy porão hum tanadar e catuall por parte do dito Reey, e estes anbos leuarão *a* apresentar ao senhor visoRey pera que os encomende ao capitão; e o dito capitão quoando quer que mandar requerer ao tenadar e *ao* catuall todallas cousas necessarias, que elles lhas darão por seu dinheiro, e asy as darão aos portugueses, quando lhes pedirem; e o mando da cidade sera delRey do guzarate. Item quoando quer que antre o mouro e o portugês ouver algũa deferença, asy no civell como no crime, o tenadar o mandará ao capitão pera que faça justiça d'elle, e se o portugês for culpado, o capitão o castiguará, e fara paguar o que dever ao mouro; e se o mouro for culpado o capitão o mandará ao tenadar pera que o castigue, e paguar ao cristão o que deuer. Item mais farão hũa parede de largura de quoatro couodos, que começará da porta da praya, e yra pelo bazar do arroz e d'ahy direito ao muro que vem da parte do maar; e as portas que nesta parede fizerem estarão abertas todo dia até o primeiro quoarto da noyte, e os portugueses e sua gente irão e virão, que ninguem lho poderá tolher, e depois de acabado de render o quarto da prima nom ficarão na cidade; e nas ditas portas ficarão omens d'alfandegua, asy por parte delRey do guzarate, como por parte delRey de portuguall pera guoarda dos direitos; porem estas guoardas dos portugueses nom ficarão de noite na cidade, e os omens delRey do guzarate ficarão senpre de dia e de noite; e as chaues das portas estarão em poder dos porteiros do dito Reey; e os oficiaes dos mandovins da parte delRey de portuguall poderão pousar na

1539 Março 11. cidade, e asy as guoardas das alfandeguas. Item todo o rendimento d'alfandegua de guogala, e d'alfandegua de dio com sua ilha, se receytará todo n'alfandegua grande, e farão tres partes, a saber, duas partes averá elRey do guzarate, e hũa parte averá elRey de portuguall. Item os oficiaes que ficarem na dita alfandegua escreuerão tudo iguallmente, e com parecer d'anbos se julguará e farão tudo, e anbos arrecadarão o dinheiro, e o meterão em hũa arqua que fecharão anbos, e ficarão as chaues em mão d'anbos, e anbos juntos abrirão a dita arqua ao cabo do mês, ou de tres meses, pelas partes acima decraradas, e reçeberá cada hum o seu; e o guasto da casa e guarda d'arqua, e asy conpra da dita casa, se paguará do dinheiro do rendimento d'alfandegua, soldo á liura o que vier a cada hum; e os oficiaes d'alfandegua da parte delRey do guzarate se asentarám á parte da banda da parede da casa onde se guarda a fazenda, e os oficiaes delRey de portugal se asentarão defronte d'eles da mesma banda, e o miraba porá hum por parte delRey do guzarate e outro por parte delRey de portuguall; e quoando forem ver as naaos irão todos juntamente. Item quoaesquer caualos que vierem do cabo de Roçallgate pera dentro, pera ormuz, paguarão os direitos a elRey de portuguall segundo seu costume. E os caualos que uierem da costa d'arabia, de caixem pera o estreito de mequa, nom paguarão direitos a elRey do portuguall, e ficarão em poder delRey do guzarate. Item qualquer naao que partir de dio pera fora, tomará despacho d'alfandegua de como tem paguo os direitos, e mostrará o despacho ao capitão, pera lhe daar seu seguro. Item quoaesquer naaos que partirem dos portos dos guzarates, naueguarão pelo costume e regimento do tempo de meliqueaz, e tomarão seguro do capitão de dio. Item todolos bacares e casas e buticas, que senpre forão delRey do guzarate, ficarão pera o dito Rey, e asy o rendimento da catualarya ficará pera o dito Rey, e as casas do pouo cada hum tenha as suas, e os portugueses nom entenderão nisto cousa algũa. Item quallquer mouro ou gentio que por diuida dellRey do guzarate ou das partes fogir pera os portugueses, ou quaesquer deuedores, ou *(os)* portugueses entreguarão; e pelamesma maneira quallquer pesoa que deuer diuida a elRey de portuguall ou ás partes, se ffogir pera os mouros, eles o entreguarão aos portugueses. Item todos os escrauos ou escrauas que fogirem dos portugueses pera os mouros, ou dos mouros pera os portugueses, os taes escrauos se venderão, e o dinheiro d'eles se dara a seus donos. Item na Ilha e luguar que os portugueses tinhão feitos dous baluartes, não tornarão a fazer outros, e yso mesmo na dita Ilha não farão outro nhum baluarte nouo, asy os portugueses, como por parte dellRey do guzarate. Item estes capitolos de paaz aqui escritos leuarão *a* apresentar a elRey do guzarate soltão mamude, e porão sua confirmação com sua chapa, e o entreguarão ao embaxador delRey de portuguall, e asy o senhor vysoRey porá sua chapa delRey de portuguall, e a entreguarão aos omens delRey de guzarate: os quaes Itens e concerto de pazes o dito vysoRey dom garcia ouue por bons e os asynou; e d'este teor se leuárão huns a elRey de canbaya, ffeytos per João da Costa sacretario da India, e asinados pelo dito vysoRey, e se derão outros em parsio, asinados pelo dito soltão mamede, feytos no dito dia, mês e era. 1539 Março 11

Treslado do Contrato que o Viso-Rey D. Garcia de Noronha fez com Niza Muxá, que d'antes se chamava Niza Maluco, feito em Goa a 22 de abril de 1539

(Tombo do Estado da India, fol. 104.)

Dom guarçia de Noronha, do conselho d'elReey noso senhor, visso Rey, capitaõ moor e guouernador da India &c. ffaço saber a todolos capitaẽs das ffortalezas d'elRey meu senhor nestas partes da India, e asy a todolos capitaẽs de naaos, gualeões, navios, fustas, braguantins, e asy a todo outro português que nestas partes anda debaixo do meu mando e guo- 1539 Abril 22

1539 Abril 22 verno, e asy aos que adiante vierem de portugual a estas partes, que eu tenho ffeyto paaz e amizade nouamente asentada e asynada por mim e aselada do selo das armas reaes d'elRey meu senhor, e asy asynada da chapa do grande senhor niza muxá muyto poderoso e *de* muyta verdade, muyto grande e muyto poderoso antre os Reeys e senhores grandes da India, a qual paaz e amizade ffoy pera que ffose sabyda per todolos senhores da India, e pera que cada hum soubese a grande amizade que avya antre elRey noso senhor e vniza muxaa; e porque pera mais verdade e çerteza d'algũas cousas, *que* me fforão requerydas per coje rixidy seu embaixador, ffoy necesaryo neste contrato as decrarar e dizer, porque asy vem elas decraradas no contrato, que me trouxe o dito seu embaixador, chapado da chapa do grande senhor vniza muxaa. E a primeira he que, por lhe eu ffazer prazer e seruiço, ey por bem, sem embarguo da deffesa d'elRey meu senhor, que manda que todolos cauallos que vierem d'ormuz vão á sua çidade de guoa e não a outro cabo, que ele vniza muxaa posa mandar a ormuz por cem caualos cada ano, os quoaes cem caualos virão ao seu porto de chaul, e paguarão os direitos a elRey meu senhor acustumados. E iso mesmo me apraaz que todolos mercadores ou pesoas que diuidas deuerem de dinheiro ao vniza muxaa, ou a quaesquer outras pesoas de sua terra, que fforem pera a ffortaleza de chaul, sejão entregues a quem vniza muxaa mandar, e leuarão seguro meu, o qual seguro lhe guardarão, e nom averão pena de Justiça; sobmente serão prezos athe paguarem suas diuidas; e asy quoaesquer portugueses que diuidas deuerem a elRey meu senhor, como quoaesquer outras pesoas que ffugirem pera a terra do vniza muxaa, m'os mandaraa entreguar, e eu lhe guardarey qualquer seguro que lhe ele der, sobmente serão presos athe paguarem suas diuidas: e ffugindo pera a sua terra alguns portugueses, por algũas cousas que ffizerem mal ffeytas, vniza muxaa m'os mandaraa entreguar, e os seguros que lhe ele der eu os guardarey, e isso mesmo ffaraa ele aos mouros que pera qua ffugirem, que lhe eu mandar. E asy me apraaz que as suas terras que conffinão com as terras de baçaim, que sempre as guardarey, e ajudarey a guardar, e deffenderey que ninguem lhes faça dano nem perda algũa. E mais me apraaz que nhum omem português não tragua mercadoryas a chaul, que não pague direitos d'elas aos officiaes do vniza muxaa acustumados; e os que o contrayro ffizerem perderão a ffazenda, ametade pera o dito vniza muxaa e a outra ametade pera quem os acusar. E mais me praaz que nhum português entre em mizquita de mouros, e o que entrar e ffizer cousas maal ffeytas seraa preso pelos mouros ou pelos cristãos, e entregue na ffortaleza pera o eu castiguar segundo sua culpa, por quanto o ey por seruiço d'elRey meu senhor que as mizquitas sejão guardadas dos portugueses, e tão onradas asy como as nosas propias Igrejas. E mais me praaz e ey por seruiço d'elRey meu senhor que nhuns mouros sejão acolhidos á ffortaleza, nem ffauorecidos do capitaõ por m'o vniza muxaa asy pedir; e sendo achados em culpas contra o senhor vniza muxaa, serão entregues, como acima diguo. E todo o escrauo que ffugir pera os mouros, e se tornar mouro, ficaraa fforro; e os que *se* tornarem christãos, sendo mouros, ficarão fforros; e os que se não tornarem cristãos, nem mouros, serão entregues: a qual paaz e amizade, que asy asentey com o dito vniza muxaa em nome d'elRey meu senhor, mandei apreguar nesta cidade de guoa e em todalas ffortalezas d'elRey meu senhor, pera que a todos geraalmente seja notoryo; e a jurey no juramento dos santos avangelhos de a ter e manter e guardar, por quanto ele grande senhor vniza muxá tãobem ho jurou no seu moçaffo, segundo decrarou no contrato per ele chapado que me mandou; e por verdade asyney este por mim: e affora este lhe mandey outro d'este teor, escrito em parçio, tãobem por mim asynado e aselado do selo das armas reeaes d'elRey meu senhor: ffeyto nesta cidade de guoa a vinte e dous do mês d'abril de mil quinhentos e trinta e noue: eu João da costa que este contrato sprevy no dito dia, mês e era acima. 1539 Abri 22

Treslado do Contrato das pazes que o Viso-Rey, D. Garcia de Noronha, assentou com El-Rey de Cambaia por seus Capitães

(Torre do Tombo. — C. Chron., parte 3.ª, maço 16, doc. 9.)

1539 Aos seis dias do mes de zuleya da era de ix^c^Rb (945) annos do divão do gramde estado senhor soltão mamuduxa (o mui alto deos tenha firme o seu Reino e estado e seya senhor do mundo e liberal) asemtou estas comdições pera que os corações dos mercadores seyam comtentes e no *mesmo* (?) aja o trato das naos.

It. O cady e catual e tenador e pouo e mamdo de toda a cidade sera do diuão e os portugeses por amor de suas cousas requererão ao tenador e catual e o tenador e catual as cousas dos portugeses farám por direito dos portugeses.

It. Mais quamdo amtre o mouro e o portuges ouuer demamda ou deferemça ao tal caso ordenarám audiemcia jumto dalfamdega e o cady do divão e ouuidor dos portugeses ambos de dous asemtarám aly e ouuirão a demamda e mandarám per bem de justiça e oulharám o caso e se o portuges for culpado o ouuidor dos portugeses o julgará e se o mouro for culpado o cady da justiça mamdará nele.

It. Mais hũa parede de largura de quatro couados e mais, da porta da praia do bazar dos que vemdem arroz direito demtro na cidade até a mizquita gramde que estaa em cima do momte e dahy direito até a parede da fortaleza da bamda do mar e a porta que se fizer nesta parede sera aberta todo o dia até hũ quarto da noute e os portugeses e os vasalos dos portugeses yram e virão e ningem defemderá a eles, e porém ao mouro nom leuarám os portugeses a sua bamda sem licemça do divão, e depois de hũ quarto da noute fecharám a porta. E depois de hũ quarto da noute os portugeses nam ficarám demtro na cidade, e asemtarám nesta porta os oficiaes do mamdouym asy do diuão como dos portugeses pera gardarem os direitos, porém os dos portugeses nom ficarám de noute, e a chaue da porta ficará na mãao dos criados do divão e os oficiaes dalfamdega dos portugeses poderám pousar na cidade. 1539

It. Toda a remda dalfamdega de gogala e dalfamdega da cidade de dio e asy as remdas das quimtas da jlha sera junto na alfamdega gramde e farám tres partes, as duas partes seraa (*sic*) do divãao e a hũa parte seraa dos portugeses.

It. Mais na dita alfamdega os oficiaes do divão e os oficiaes dos portugeses spreverám jumtamemte ambos de dous e despacharám as cousas e dambolas partes jumtamemte arrecadarám a remda e teram hũa arca e faram ferrolhos em duas bamdas e a chaue teram ambos de dous e ordenarám hũa casa na alfamdega pera gardarem a arca, e asy a chaue da casa teram ambos de dous e dambolas partes jumtamemte ao cabo do mes ou depois de tres meses asy como estaa asentado o repartimento, tomarám o remdimemto e o gasto da casa que he pera garda darca, sera do propio rendimento dalfamdega e sera soldo a liura e os oficiaes do divãao asemtarám da bamda dalfamdega e os oficiaes dos portugeses asemtarám defromte deles, e o mirabar serãao do divão e dos portugeses e yram ambos de dous jumtamemte acima da nao e ambos de dous asemtarám na cadeira.

It. Mais os cavalos que vierem do cabo de Rusalgate até a bamda dorumuz (*sic*) os portugeses leuarám os direitos pelo seu custume e todo o caualo de toda a costa darabia e do porto de caixem e demtro do estreito os portugeses non leuarám os direytos e o poder ficará na mãao do dyvãao.

It. Mais toda a nao que partir do porto de dio leuará certidam dalfamdega e mostralaha ao capitão e depois o capitão dara seguro á nao.

It. Mais toda a nao que dos portos do guzarate partir tiramdo o porto de dio poderá partir sem seguro dos portugeses e os portugeses nam constramgerám a ningem asy da vinda como da jda.

It. Mais todo o mouro e gemtio que por amor da diuida do divão ou do pouo fogir e for pera os portugeses emtregarám a elle aos mouros e semdo caso que algũu por amor da

1539 diuida dos portugeses fogir aos mouros emtregarám a elle aos portugeses.

It. Mais na jlha no lugar que os portugeses tinham feitos dous baluartes e se agora deneficaram na gerra, os quaes nam começarám outra vez de nouo.

E se querem que amtre o senhor do estado como celeimão soltão mamudexa seu Reino estee firme, e dom yoão el Rey de portugal aja lealdade, despejem a fortaleza de baçaim e jlha de maym e bombaim e emtregem aos vasalos do divão: e todalas terras e xeque maym e o porto de bacam e outros portos daquela parte sam do divãao: e os portugeses nos portos do guzarate tiramdo o porto de dio asy como estaa decrarado o repartimemto, nàm emtemderão em nhũa cousa nem em hũa pomta dagulha da terra do guzarate nam peretencerá aos portugeses: e se forem comtemtes per este seguro mamdem dizer logo.

Em letra differente, mas coeva: Concertado com o proprio.—Yoão da Costa.

Nas costas: Comtrato que o Viso Rey fez com el Rey de cambaya.

Provisão e treslado do Contrato que o Viso-Rey D. Garcia fez com El-Rey de Calecut para as pazes com o Çamorim, feito no galeão S. Mattheus, na barra de Panane, em o 1.º de janeiro de 1540

(Tombo do Estado da India, fol. 216.)

1539 Dezembro 6 Dom gracia de noronha, do conselho delRey noso senhor, visoRey, capitão moor e gouernador da India, ffaço saber aos que este meu poder virem, que o çamorym Rey de calequu me mandou seus embayxadores, pelos quoaes me mandou dizer, que ele desejaua asentar paaz e amizade com el-

Rey noso senhor pera senpre; e que pera iso me mandaua logno seus apontamentos, pera que eu os vise, e sobre iso ffizese o que ffose seruiço do dito senhor, segundo se nos ditos capitolos dos ditos apontamentos, que me mandou por china cutualy e manuel de brito capitão da fortaleza de chale, mais inteiramente *se* continha; os quoaes capitolos eu vy com capitães e fidalguos e pesoas nobres, e tomey os pareceres d'eles, os quoaes todos asentárão juntamente que lhes parecia seruiço de sua Alteza ffazeremse as ditas pazes, por muitos justos respeytos que conprya a se fazerem, e que era muito seruiço delRey noso senhor. E tendo eu o gualeão são mateus, em que avia de ir a calequu asentar as ditas pazes, e asy toda minha armada prestes, concertada e aparelhada, como cunprya pera taal ida, socedeo acharme em tal desposição de doente e ffraquo, que nom pude ir, por mo asy aconselharem os ffisiquos e todas as outras pesoas. E por quanto cunpre muito a seruiço delRey noso senhor as ditas pazes se ffazerem, e o çamorym está esperando por mim pera iso, e o tenpo ser ja cheguado pera a dita ida, e asy por que não sey quando me acharey em desposição pera ir em pesoa, me pareceo seruiço de sua Alteza tomarse concrusão em hum neguocio de tanta inportancia, como he acabaremse as ditas pazes. E por eu confiar em dom aluoro de noronha, meu ffilho, e dom João de crastro, meu cunhado, e em pero lopez de sousa, capitão moor d'armada do Reyno, e no doutor ffernão Rodriguez de castelo branquo, veador da ffazenda n'estas partes, e em João da costa, sacretaryo, que são taes pesoas pera se d'eles poder confiar o tal caso, e outro de muito maior inportancia, que eles o farão bem e ffielmente, como cunpre ao seruiço delRey noso senhor: ey por seruiço de sua Alteza que eles todos juntamente ffação as ditas pazes com o çamorym, segundo lhes parecer seruiço do dito senhor, e segundo os capitolos que ja são vistos; as quoaes eles poderão asentar e jurar, asy e tão inteiramente como se eu presente ffose, e por mim ffosem ffeitas; e este poder lhe dou por vertude dos poderes que tenho delRey noso senhor, e todo o que por eles for asentado, concedido,

1539 Dezembro 6

1539 Dezembro 6 capitolado e detriminado e jurado, per este, em nome de sua Alteza, ey por ffeyto, ffirme, valioso d'este dia pera senpre, e ffiquo e prometo de todo guardar as ditas pazes, asy e do propio modo e maneira que por eles forem asentadas, sem arte, nem cautela, nem outra nhũa cousa que a elo en nhum tenpo posa poor, senão guardalo e cunprilo sem duuida, algũa, porque asy ho ey por seruiço delRey noso senhor: e peço por mercê ao muito alto e muito poderoso senhor Çamorym Reey de calequu, que por quanto por minha desposição e pessoa não poder ir ffazer as ditas pazes, ele as asente com os sobreditos pelos apontamentos que me mandou por china cutualy e manuel de brito, capitão de chale, e as jure segundo seu custume, e porque eu as guardarey e cunprirey tão inteiramente, como se por mim fforão ffeytas: ffeyto em guoa a bj de dezenbro, andre Rodriguez o fez, de mil quinhentos trinta e nove. João da costa o fez esprever. E sendo caso que por algum respeito, ou enconviniente que posa ser, algũa das partes n'este poder nomeadas não seja presente às ditas pazes, como dito he, ey por bem que as *que* presentes estiuerem as ffação, e serão valiosas tão inteiramente, como se todos ffosem juntos. E asy as poderão jurar, como dito he.

Por vertude da qual prouisão as ditas pesoas acima decraradas asentárão o contrato seguinte:

1540 Janeiro 1 Em nome de deos todo poderoso, que ffeez *o* ceo e a terra: o primeiro dia do mês de Janeiro de mil e quinhentos corenta anos, em esta barra de panane, onde ora está surta *a* armada de que he capitão moor dom aluoro de noronha, ffilho do visorrey, em o seu gualeão são mateus, sendo ele hay presente, e asy dom João de crasto e pero lopez de sousa, capitão moor d'armada do Reino, e o doutor ffernão Rodriguez de castello branquo, veador da fazenda n'estas partes, e eu João da costa, sacretaryo, *a*os quoaes todos juntamente dom gracia de noronha, do conselho delRey noso senhor, visoRey, capitão moor e governador da India, cometeo per sua prouisão, que aqui vay acostada, que por quanto ele ao presente estaua maal disposto em guoa, e não podia vir aqui asentar as pazes com ho Çamorym, que ha dias que se antre eles começárão de tratar, eles em seu nome as ffizesem e jurasem asy e de maneira que o ele ffizera, se presente ffora, como mais conpridamente *se* contém na dita prouisão aqui junta; per vertude da qual eles pedirão a manuel de brito, capitão de chale, que por quanto ele tinha ja muita enfformação d'este neguocio, que se principiara per ele, ffose a terra ffalar com o çamorym sobre algũas cousas que nos ditos capitolos de todo não erão asentadas; o qual ffoy, e presente alguns Reeys e senhores e seus regedores lhe leo e decrarou os ditos apontamentos, asy os que leuou a guoa com china catualy, como outros que o visoRey mandou por parte delRey noso senhor, e asy outras cousas de que não hera tomado concrusão; e depois de lido e praticado todo, asentou com o dito çamorym as pazes per estas condições e capitolos seguintes, a saber, que ele çamorym darya toda a pimenta que poder aver de suas terras e de qualquer outra parte, pera que toda aja elRey noso senhor pelos preços que se vende em cochim, e pera iso lhe dem a Ilha de camarão toryte, que estaa a paar de chale, que foy sua, pera n'ela ffazer o peso, e hay dar toda a pimenta que n'aquela parte poder aver, e asy manda fazer certas buticas; e a mais ffazenda se pesaraa em calequu. Item que todo o gengiure que em suas terras ouuer, o dara todo a elRey noso senhor a preço de nouenta e dous ffanões por baar, entrando n'eles os direitos que ele Çamorym ha d'aver, o qual mandará pasar nas ditas partes. Item, que por quanto ele soya aver muito proveito dos direitos da pimenta que seus mercadores leuauão a mequa, e ora d'aqui por diante nhũa ha la de ir, como abaxo se decrara, que ele posa mandar nas naaos do Reino, que cad'ano fforem, certa pimenta, pera la no Reyno se lhe vender pelo preço que elRey noso senhor vende a sua, a saber, que de cada cem bares de pimenta, que elle der e vender a elRey noso senhor, posa mandar dous bares e mêo seus, conprados de seu dinheiro; pera que, como dito he, no Reyno se venda ao preço 1540 Janeiro 1

1540 Janeiro 4 do dito senhor; e por quanto o dito preço as mais das vezes he incerto, por rezão das quebras da dita pimenta, que lhe respondão senpre a rezão de quinze cruzados por quintal, o qual dinheiro que se na dita pimenta ffizer, lhe mandaraa elRey noso senhor empreguado em mercadoryas do Reyno, que ele posa dobrar o dinheiro; e as mercadoryas serão azougue, vermelhão, coral e quoaesquer outras que ele quiser. Item que a dita pimenta, que asy mandar por sua, vaa a risquo delRey noso senhor, e asy mesmo lhe virão as mercadorias, que lhe asy conprarem do dinheiro da dita pimenta, sem risquo algum, de maneira que posto que as naaos, em que a dita pimenta ffor, ou em que as ditas mercadoryas vierem, se percão, que ele Çamorym não perqua nada; e se lhe entregue tudo per em cheyo; as quoaes se lhe entreguarão em chale ou em cochim, ou a seus regedores, ou a quem ele mandar, tanto que as naaos do Reyno cheguarem a cochim. Item que das mercadoryas que vierem do Reyno mande senpre o visoRey ou o vedor da ffazenda parte d'elas a vender a calequu, pera que ele çamorym aja os direitos acustumados, que lhe paguão os mercadores que as conprarem, a saber, coral, azougue, vermelhão, pedra vme, grãas e sedas. Item que lhe dem seguros pera os mercadores de sua terra, asy e da maneyra que se dão a elRey de cochim e de cananor. Item que as naaos e nauios que com os ditos seguros naueguarem, não receberão nhum agrauo dos portugueses, e se lhes agrauos ffizerem, o visoRey mandaraa castiguar quem taal ffizer. Item que os senhores que lhe ora obedecem, que lhe obedeção asy e da maneira que lhe ora ffazem, e que lhe não posão tirar as janguadas que ao presente tem em suas terras: os quoaes apontamentos todos e o n'eles conteudo o dito dom aluoro de noronha, dom João de crasto, pelo lopez de sousa, o doutor ffernão Rodriguez de castelo branquo, João da costa, sacretaryo, em nome delRey noso senhor e do visoRey, por vertude da dita provisão, lhe concedêrão asy e da maneira que atrás vay decrarado, por o dito Çamorym tãobem ser contente de conceder os apontamentos seguintes, a saber, que ele Çamorym não posa ffazer guerra nem agrauo a nhum noso amiguo, e quando o tal amiguo noso lhe fizer algum desaguisado, ou sem rezão, o faça saber ao visoRey, ou a qualquer gouernador que ao diante ffor, pera o fazer emendar e correger; e não tendo ele Çamorym o dito comprimento, em tal caso o dito visoRey ou gouernador que ffor posa ajudar ao tal amiguo noso, e fauorecêlo, sem por iso quebrar a paaz; e quando o dito Reey ou senhor, que tiuer a dita deferença, não quiser estar pelo que o dito visoRey detriminar, que em taal caso o dito Çamorym o posa castiguar e ffazer-lhe a guerra. Item quanto á quebra que o Çamorym tem com o manguate caimal, não receberaa niso nhum desguosto nem desprazer. Item que ele Çamorym não consinta que nhũa pesoa de suas terras, nem de seus vasalos, naueguem pera mequa nem pera a costa do arabio, e que toda a pimenta, gengiure, que ouver em suas terras, dara pelos preços e nos lugares acima decrarados, sem consentir que nhũa da dita pimenta, ou gengiure, vaa pera outra nhũa parte. Item que ele Çamorym dee todo o fauor e ajuda que lhe ffor requerido pelo visoRey e gouernadores da India, quando cunprir; e não recolheraa nhuns Rumes nem nhuns nosos imiguos; que em toda sua terra, nem de seus vasalos, não aja nhum nauio de guerra nem de remo, e os que fforem ffeytos se aleuantarão pera mercadorya, de maneira que se não posão remar. Item que duas bonbardas nosas, que ele tem, nolas mande daar e entreguar, e isto sera tanto que lhe o visoRey mandar entreguar o retorno da primeira pimenta que mandar ao Reyno. Item que todos os que em seu Reyno não quiserem estaar por esta paaz, os mandadaraa lançar ffora de suas terras, e se se não quiserem ir, os mandaraa matar; e o viso-Rey ffaraa o mesmo a qualquer pesoa que nom estiuer por ela: os quoaes capitolos o dito Çamorym dise que concedia e outorguaua asy como n'eles se contém, e os sobreditos dom aluaro de noronha, dom João de crasto, pero lopes de sousa, capitão moor d'armada do Reyno, o doutor ffernão Rodriguez de castelo branquo, veador da fazenda, e eu João da costa, os aceytárão em nome

1540 Janeiro 1

1540 Janeiro 1 delRey noso senhor, per vertude da prouisão do dito viso-Rey, e per ela diserão que obriguauão ao dito senhor, e aos gouernadores n'estas partes d'oje pera sempre, a cunprir todo o conteudo n'este contrato, asy como n'ele he decrarado. E quando pelo dito Çamorym for requerydo ao dito viso-Rey, e aos que ao diante fforem, que o ajudem em algũas guerras e necessidades que tenha, eles o ffarão e ajudarão mui inteiramente com todo o poder delRey noso senhor n'estas partes, e isto não sendo contra as condições d'este contrato, o qual o dito Çamorym juraraa loguo segundo seu custume de cunprir sem duuida algũa, nem cautela, presente manuel de brito capitão de chale, e presente mim João da costa, sacretaryo, que hirão a terra ao ver jurar; e os ditos dom aluoro de noronha, dom João de crasto, pero lopez de sousa, o doutor fernão Rodriguez de castelo branquo, veador da fazenda, e João da costa, secretaryo, o jurárão em nome delRey noso senhor per vertude do dito poder do dito visoRey; e o Çamorym mandará aqui a este gualeão pesoa de quem se fie aos ver jurar: e d'este teor se pasárão dous, a saber, hum que se deu ao Çamorym pera o ter em seu poder, e este pera se enviar a elRey noso senhor, e asynárão aquy: ffeyto no gualeão são mateus, na barra de panane, no dito dia, mês e ano atrás esprito; e eu João da costa, sacretaryo que este estromento ffiz escreuer e sobescreuy no dito dia, e era atrás esprito.

Treslado da capitulação das pazes que fez o Governador Martim Affonso de Sousa, em Coulão, aos 25 de outubro de 1540

(Tombo do Estado da India, fol. 39.)

1540 Outubro 25 Aos vinte e çinquo dias do mês d'outubro de quinhentos e corenta e tres annos, em coulão, ao tanque do neynaa, com o adiguaar carymale, catinenbiar e com todos pulas, mares e regedores da dita terra conçertaram estes capitolos abaixo declarados. 1540 Outubro 25

Item primeiramente que despois que se ffez esta ffortaleza, eles ffizerão contrato de paaz, a saber, a primeirà por lopo soarez e dioguo lopez de syqueira, gouernadores que fforão da India, eles aviaõ as ditas pazes, que primeiro fforão ffeytas e vsàrão delas athé'guora, por boas e ffirmes, e queryaõ que ffosem asy e da maneira que estauaõ ffeytas, do qual eles tinhaõ o trelado d'eles, e taõbem estaoão treladados no liuro dos registos d'esta ffortaleza.

Item sendo caso que alguns portugueses, ou christaõs da terra ffizer algum delito, que eles o trarão ao capitaõ d'esta ffortaleza pera que o ele castigue; e que taõbem que sendo caso que algũa gente da terra, asy mouro como gentio, ou de qualquer outra calydade, que taõbem ffizer algũa cousa, que o capitaõ da ffortaleza o entregue ao adiguar da terra pera d'ele ffazer justiça.

Item que todos os direitos que saõ obriguados pela capitolaçaõ velha a daar á Igreja do apostolo san'thomé, que eles os darão como estaa sempre em custume.

Item que no cays do mar, onde se embarcão d'aqui pera cochim, onde estaa hum juncão, que nhum português não paguaraa nhũa cousa da ida como da vinda; e que toda outra pesoa mercador que vier em tones de português, que vão e vem pelo ryo cada dia a esta ffortaleza, que estes lhe paguarão seus direitos, ainda que venhaõ em tones de português: e os ditos donos dos tones não descarreguarão nhũa ffazenda pera esta ffortaleza, nem partiraõ, athe o não ffizer (*sic*) saber pera arrecadarem seus direitos.

Item que os zanbuquos que tratarem no seu porto em arrooz e nele e alguodoẽs e outras ffazendas, lhe paguarão seus direitos acustumados.

Item que o peso da pimenta que se naão mude pera outra parte.

Item que na sua Ilha e terra do Rey grande d'esta Ilha lhe não matêm vaquas, e que se as trouxesem d'outra parte, que as traguão em boa ora pera seu comer, e que eles não

1540 Outubro 25 terão de ffazer com iso; e que se algum português ou christaão acharem com algũa vaqua furtada, que o entreguarão ao capitaõ d'esta ffortaleza pera o castiguar.

Item que toda a geração asy paires, como mouros de qualquer calydade que sejaõ, se se tornarẽm christaãos, que eles não terão de ffazer con eles nem com suas ffazendas, nem entenderão na sua jurdição; e que os que tiuerem palmares, ou ffazendas de que soyaõ paguar fforos ao Reey da terra, que lhos paguem em quoanto pesuirem suas ffazendas, ou seus erdeiros; e que sendo caso que as vendaõ a outras pesoas, entaõ paguarão ho fforo, que soyão paguar, os donos que as comprarem; e d'esta maneira aviaõ estes capitolos por acabados, os quoaes eles lhe fficaõ hũa ola d'outros taes como estes em sua maão, asynada per dioguo da silua e ffrancisquo correa capitaõ ora da dita ffortaleza; e esta dita ola he ffeyta pelos escriuaẽs do Reey grande e asynada por eles, e pelo adiguar da terra que aquy estaa, e pesoa do Reey grande, e ffeyto no dito dia, mês e era atraas.

Treslado do Contrato que o Governador D. Estevão da Gama fez com El-Rey de Guarsopá, em Goa, a 2 de novembro de 1540

(Tombo do Estado da India, fol. 222.)

1540 Novembro 2 Em nome de deos amen: a quantos este estromento de pazes virem, que no ano do nacimento de noso senhor Jhesum Christo de mil e quinhentos e corenta anos, aos dous dias do mês de nouembro do dito ano, n'esta cidade de guoa, nas casas do senhor gouernador pareceo timoja e deu hũa carta a sua senhoria, que trazia do Reey de guarsopá, de crencia, em que diz que tudo o que o dito timoja disese lhe dese credito e autorydade, a qual carta o senhor gouernador leo e por ser asy lho deu; e elle dito timoja em nome delRei de guarsopá se concertou com o senhor gouernador na maneira seguinte. Item primeiramente que ele darya loguo á pesoa que com ele ffose e mandase o senhor gouernador, oyto mil ffardos d'arroz pelos preços que deuia dos tenpos pasados, e que ele gouernador lhe quitase a mais contia, se a ficase deuendo. E asy dise o dito timoja que ele em nome do dito Reey de guarsopá, seu senhor, se obriguaua ao dito Reey paguar cada ano de pareas a elRey noso senhor dous mil ffardos d'arroz, paguos no mês de Janeiro. E asy obrigaua mais o dito Reey de guarsopá que em sua terra não ouuese ladrões, e avendo alguns, que as pareas não ffosem nhũas. E asy dise mais que de sua terra pelo maar não sairya nhũa pimenta, e que serya amiguo d'amiguo e imiguo d'imiguo de todos aqueles que ffosem delRey noso senhor; e que prometia d'aqui em diante ter e manter este contrato de paaz inteiramente, sem ffalecer d'ele cousa algũa. E o senhor gouernador, em nome delRey noso senhor e pelos poderes de sua Alteza, dise que ele aceytaua o dito contrato de pazes asy e da maneira e com as condições n'ele contheudas e decraradas pelo dito timoja, e prometeo de todo conprir e manter e guardar, conprindo o dito Rey de guarsopá asy e da maneira que ho elle tymoja asentou; e pera mais ffirmeza de tudo o dito timoja jurou segundo seu custume, o qual juramento lhe deu crisnaa, tenadar moor do dito guarsopá, tudo ter e manter e guardar, e ficou e prometeo do dito Reey de guarsopaa o jurar perante a pesoa que o senhor gouernador la mandase; e o senhor gouernador dise que, tanto que o dito Reey jurase perante João ffernandez, morador n'esta cidade, que la manda, ele jurará tãobem qua perante qualquer pesoa que ele qua mandase pera o ver jurar; e porque n'isto asentárão, a saber, timoja em nome do dito Reey de guarsopaa, seu senhor, e o senhor gouernador em nome delRey noso senhor, mandárão d'elo ffazer este contrato, em que asynárão perante mim João da costa, sacretaryo, no dito dia, mês e ano, e sendadagy seu filho: feito em guoa no dito dia, mês e era atrás: João da costa sacretaryo que o fiz escreuer e soescreui. 1540 Novembro 2

Treslado do Contrato que D. Estevão da Gama, sendo Governador, fez com o Rey Uniza Muxá, em Goa, a 30 de março de 1542

(Tombo do Estado da India, fol. 105.)

1542 Março 30 Em nome de deos amen: saibão quantos este estromento de contrato e concerto virem, que no ano do nacimento de noso senhor Jeshum christo de mil e quinhentos e corenta e dous anos aos trinta dias do mês de março do dito ano, nesta çidade de guoa, nas pousadas do muyto maniffiquo senhor o senhor dom Esteuão da guama, capitaõ geral e gouernador da India, estando sua senhoria presente e as testimunhas abaixo nomeadas, perante mim João da Costa, sacretaryo, per hum embaixador do grande Reey e senhor vniza muxaa, que a ele enviou e de presente estaua, lhe ffoy dada hũa carta sua d'amizade e lealdade, e hum contrato de pazes per ele asynado; e loguo por ele senhor governador ffoy dito que ele, per alguns justos respeitos que o a iso movião, e pela boa amizade e verdade e lealdade que o dito vniza muxaa sempre tivera com elRey de portugaal, seu senhor, e com os guovernadores da India, e ffuora sempre amiguo dos portuguezes, e pelos ditos respeitos e per outros ele desejaua de lhe ffazer prazer per acrecentamento de sua amizade; e que d'aqui por diante avia por bem que as duas ffortalezas de sanguaçaa e carnalaa, que erão das terras de baçaim, com sua justiça e jurdição e mando lhas larguaua e daua em nome delRey de portugual seu senhor, asy e da maneira que as tinha amedecão e atedricão, e que o dito vniza muxaa aguora as tiuese e pesuyse per suas, con todalas terras que a elas fosem aneixas e lhe pertencesem, como as pesuyão em tenpo d'elRey de canbaya o dito amedecão e atedricão; e que elle dito gouernador lhe ajudaraa a deffender as ditas duas ffortalezas quando lhas alguem tomar, e isto com condição que o dito vniza muxaa dese em cada hum ano pera elRey de portugual seu senhor çinquo mil pardaos d'ouro paguos em duas paguas, hũa no meyo do ano e outra na ffim delle, os quoaes ele mandaraa no dito tenpo a chaul em dinheiro, e entregaloshão aos ofiçiaes d'elRey uoso senhor; e não os mandando, como dito he, os paguaraa o tenadar que for do dito chaul; e não os paguando o dito tenadar, o capitaõ do dito chaul com ho ffeytor e officiaes d'elRey seu senhor os arrecadarão, no bandel do dito porto, dos direitos que a ele vierem, e donde milhor os poder aver o dito senhor; o que tudo o dito vniza muxaa obrigua pera iso, e todalas rendas e direitos do dito porto de chaul; e asy *se* obrigua o dito vniza muxaa a deffender as terras de manoraa, de maneira que se posão liuremente arrecadar pera elRey noso senhor aquelas rendas suas que lhe pertencerem, asy como lhas deu elRey de canbaya; e mais elle dito vniza muxaa mandaraa entreguar ao capitaõ de baçaim todalas terras que ele e vasalos seus tiverem de baçaim, e elRey de canbaya pesuya quando as deu a elRey de portugual seu senhor. E asy não conçentiraa ele vniza muxaa que entrem ladrões pela gualiana, nem biundim, nem per outras suas partes e terras ás terras de baçaim, mas antes ho mandaraa castiguar seus capitaẽs e tenadares que o taal consentirem; e asy ele dito vniza muxaa não consentiraa em suas terras e portos, nem mandaraa recolher per seus capitaẽs nhuns imiguos d'elRey de portugual de qualquer genero que seja*m*, nem lheş daraa nhũa ajuda, nem gente, nem mantimentos, nem aguoa, nem pouquo nem muyto; e iso mesmo elle dito senhor gouernador mandaraa guardar e ffazer muyta onra ás terras do dito vniza muxaa, e lhe guardará toda amizade e paaz com' athé'qui tem ffeyto, e muyto milhor, se milhor puder ser; e serão amiguo d'amiguo e imiguos de imiguos, não sendo com pesoa com que tenha paaz e amizade, porque com os taes não seraa com o dito vniza muxaa, nem com eles; e não sendo com os taes lhe daraa toda ajuda que puder por maar, como dito he: e mais ele dito senhor gouernador lhe daraa seguro pera cad'ano poder mandar ao estreito, não avendo novas de Rumes, e asy lhe guardaraa o contrato que o visso Rey dom guarçia, que deos perdoe, com ele asen-

1542 Março 30

1542 Março 30 tou ácerqua dos caualos que avia de mandar trazer ao dito porto, e isto athé vir recado d'elRey de portugual seu senhor, com tanto que os direitos d'eles se entreguaraõ e paguarão loguo, tanto que fforem os ditos caualos desembarcados no dito porto, ha pesoa a que o thesoureiro de guoa mandar arrecadalos, por serem os direitos sobre ele carreguados em recepta; e a pesoa que pera iso ffor leuaraa recado d'ele dito gouernador pera os arrecadar. E asy toda a pesoa que fforem moradores em chaul, das ortas que ahy tem compradas paguarão seus foros ao dito vniza muxaa, asy como era costume, e não as comprarão mais; e o capitaõ do dito chaul, e ffeytor d'elRey de portugual seu senhor, de toda a ffazenda que conprarem no estamim naõ paguarão direitos, e toda a outra pesoa que hay comprar os paguaraa, se estaa em costume, e nhũa pesoa não conpraa nhũa roupa per fforça, e os deixarão conprar a quem quiser. E o paguamento dos dito cinquo mil pardaos d'ouro, que o dito vniza muxaa he obriguado paguar em cada hum ano nas ditas duas paguas, começaraa de correr o tenpo do dia que lhe fforem entregues as ditas duas ffortalezas e suas terras e jurdição, como dito he: e ele dito gouernador lhe outorgou e concedeo, sendo presente, ao dito embaixador, as ditas duas ffortalezas e terras e jurdição em nome d'elRey noso senhor, d'oje pera senpre, e ho ha por metido de pose d'elas, e prometeo de guardar e conprir este contrato com as condições que se nele contem, conprindo o dito vniza muxaa inteiramente as condições aqui decraradas, pera o que me daraa outro contrato, por ele asynado, d'este teor, e chapado com sua chapa. E por elle dito senhor gouernador ser de todo contente, mandou a mim João da costa sacretaryo que ffizesse este contrato, do qual tirou dous d'este teor em português, e dous em parsio, ffeitos per coje percolim, que os treladou, a saber, os dous, hum em parsio e outro em português, pera o dito vniza muxaa, e outros dous da dita maneira pera fficarem ao dito senhor gouernador: testimunhas, que ao todo fforão presentes, ffernão de sousa de tauora, e francisco da cunha, e o doutor pero fernandez ouuidor geral, e

o vigario geral, e eu João da costa sacretarvo que a tudo 1542
ffuy presente, e ffiz screuer este e o sobescrevente asiney de Março
meu sinal acustumado, com as ditas testimunhas, no dito dia, 30
mês e ano atrás.

Capitulos concluidos entre o Secretario Antonio Cardoso e El-Rey de Ormuz

(Couto, dec. v, liv. ix, cap. v.)

Que Elrey de Ormuz largaua a alfandega d'aquella ilha 1543
de Gerum em solido a Elrey de Portugal, com condição que lhe quitaria todas as diuidas, que a te então lhe deuesse, de que logo lhe fizerão quita em publica forma.

Que Elrey de Portugal lhe mandaria dar do mesmo rendimento as cousas seguintes. Corenta leques, que são mil & oitocentos xerafins d'ouro cada anno, pera vestiaria de sua pessoa. Duzentos & cincoenta leques mais, que são noue mil, trinta & seis pardaos d'ouro, pera pagar as mocarrarias, que se entregarião ao Guazil, que havia de ser juiz d'aquella alfandega, pera os repartir. Que lhe darião mais todas as tenças & moradias que pagaua a seus criados.

Que os officiaes Mouros que tinha na alfandega auião de ficar sempre correndo com os cargos, que os Reys de Ormuz prouerião nas pessoas que quisessem.

Destes capitulos se fizerão autos assinados por todos, & se registrárão nos liuros da feitoria d'aquella fortaleza, com o regimento da alfandega. E alem disto passou Elrey de Ormuz vm formão, por onde concedia aquella alfandega aos Reys de Portugal: que nos pareceo bem ir aqui inserto, per ser notauel, que continha o seguinte:

Formão, em que Elrey d'Ormuz concedeo a Elrey dom João o terceiro as rendas da alfandega d'aquella fortaleza.

Formão, sem nenhum outro igual a elle, a quem mando que todos obedeção, pera que se saiba, que minha propria von-

1543 tade. & determinação he, pella muito grande amizade, conformidade, & obrigação, que ha entre mim & o meu senhor que em grandeza chega aos ceos, & tem poder sobre toda a redondeza da terra, & em estado he igual ao Rey da China, vencedor de todas as guerras humanas, grande Rey de justiça, mayor que todos os Reys do Mundo, chaue do thisouro que ha sobre a terra, que he a virtude, & a nobreza. Contas por onde se reza o saber reinar. Limpeza de todo o mar do reinado, & edificador da pouoação dos moradores. Boceta a onde se encerra a muito fina & preciosa esmeralda. Alto baluarte & defendedor de todos. Sol de justiça, & verdade. Fonte limpa que mantem a limpeza da terra, assi o pouoado, como o deserto. Esperança em vm só Deos, & nelle muito confiado, alto Rey D. Ioão, a quem Deos sostenha no seu reino descansada, & sossegadamente. Sempre os seus bens remedea a pobreza do mundo, a cujo emparo estou chegado, & a minha boa ventura está em ser cercado de sua sombra, & a colher de minha esmerada fruita que he regada com a agoa de sua mercê: & sei certo que a graça do meu Rey de Portugal está comigo, & me tem posto em muito grandes esperanças. Assi que por todas estas vias vi que sou obrigado a ser conforme a suas cousas, & a pôr o reino, & a fazenda por seu seruiço, & o nobre paço d'Elrey de Portugal auelo por minha propria morada, & natureza, & não me afastar vm so cabello de minha obrigação. E porque isto que faço he o que deuo, meu preceito he que o rendimento da ilha Gerum, depois de arrecadadas as mocarrarias, & tenças de fidalgos de minha casa, proes, & percalsos dos officiaes da alfandega, assi Mouros, como Portugueses, pello costume ordinario, tudo o que mais render aquella alfandega mando que se entregue aos officiaes d'Elrey de Portugal, em pago das pareas, que sou obrigado a lhe pagar. E mando a todos os officiaes de meu reino, que contra este meu formão não troção vm cabello. Dada na lua de Moarum da era de Mafamede de nouecentos corenta & oito: que são a 27 de Feuereiro deste anno de corenta & tres, em que andamos.

Contrato que fez o Governador Nuno da Cunha com o Rey de Cambaia no porto de Baçaim, no galeão S. Mattheus, a 23 de dezembro de 1543

(Tombo do Estado da India, fol. 120.)

Em nome de deos amen: saibaõ quantos este estromento de contrato e concerto e asento de pazes virem, que no ano do nacimento de noso senhor Jhesu christo de jbRiij (1543) aos vinte e tres dias do mês de dezembro do dito anno, em canbaya, no porto de baçaym, no gualcão são mateos onde ora estaa o muito manifiquó senhor o senhor nuno da cunha, do conselho d'elRey noso senhor, veedor de sua fazenda, capitaõ gerall e guovernador da India, e bem asy estando presente xacoes, embaxador d'elRey bador Rey de canbaya, em presença de mim guaspar pirez que ora syrvo de sacretario, e das testimunhas adiante espritas, loguo pelo guovernador foy dito que era verdade que elle per mandado d'elRey de portuguall seu senhor e em seu nome, depois que nestas partes foy, per justos respeitos que a iso o movêrão, fizera e mandara fazer guerra ao dito Rey do guzarate em todos seus Reynos e senhorios, a quoall guerra era ja começada antes que ele guovernador á India viese; e que ora o dito Reey bador per o dito xacoes seu embaxador lhe mandara pedir que lhe concedese pazes perpetuas, com as condições conteudas em certos apontamentos que ao diante vão decrarados; e que vendo elles quoantos malles e danos se seguem da terra *(guerra?)* e por desejar ver ao dito Reey do guzarate amiguo e com toda a paaz e amor com elRey seu senhor e com todos seus vasalos, lhe aprazia em nome do dito senhor de lhe daar as ditas pazes, e as fazer com ele boas e verdadeiras, pera que da ffeytura d'este em diante antre os ditos Reeys e seus vasalos seja paaz e concordia firme pera senpre, sem deferença nem debate algum que niso aja, e com estas condições e decrarações seguintes. Item pri- 1543 Dezembro 23

1543 Dezembro 23 meiramente que o dito Rey do guzarate daa a elRey de portuguall d'oje pera todo senpre baçaim, com todas suas terras asy firmes como Ilhas, e maar, com toda sua jurdição, mero, misto imperio, e com todas suas rendas e direitos reais, e quoaesquer outras rendas que nas ditas terras ouver, asy e da maneira que as ele dito Rey de guzarate até 'guora pesuyo, e pesoyrão seus capitaẽs e tenadares; e que d'oje pera todo senpre desyste de todo o direito que nas ditas terras, ilhas e maar tinha, e que todo o ha por pasado e apricado a elRey de portugual, e que loguo ha por bem que por seus oficiaes mande tomar pose dè todo o sobredito: e com condição que todas as naaos que partirem dos Reinos e senhorios do dito Rey do guzarate, que vão das portas do estreito pera dentro, partaõ de baçaim e aly venhão tomar seus cartazes do capitaõ da fortaleza, e asy que da tornaviagem tornem ao mesmo porto de baçaim a paguar seus direitos: e asy mesmo que todas as que vierem do estreito venhão outrosy ao dito baçaim pagar tambem seus direitos; e que partindo as ditas naaos pera mequa sem os taes seguros, ou taõbem não vindo da tornaviagem ao dito baçaim, sejaõ perdidas pera o dito senhor, e as posão tomar como de boa guerra, sem o dito Reey do guzarate o aver por mall, nem o contrariar. E com condição que todas as outras naaos do dito Reyno e senhorio d'elle, que naveguarem pera quaesquer partes que quiserem, nom sendo pera o dito estreito de mequa, naveguem com cartazes do capitaõ da fortaleza, dos quoaes se lhe nom levará mais que somente hũa tangua de feitio de cada hum, e elas poderão ir e tornar a quaesquer portos que quiserem, sem terem mais obriguação que tomarem os ditos cartazes, e isto se não entenderá em cotias e cousas pequenas que andarem ao longuo da terra da costa, porque estas naveguarão sem seguros. E com condição que no dito Reyno do guzarate, nem em todas as terras do dito Rey, se não posão fazer nhuns navios de guerra, e os que 'té ora são feitos não naveguem e estêm varados; e porém poderám fazer todas as naaos que quiserem pera seus tratos á guisa de mercadores. E com condição que elRei bador não recolheraa, nem mandará recolher em todos seus Reynos e senhorios e portos d'eles Rumes, nem lhe dará mantimento, fauor nem ajuda, nem cousa algũa que em suas terras aja, nem menos gente. E com condição que todo o dinheiro que as ditas terras na tenadarya de baçaym tem rendido, e estaa por arrecadar, do que meliqueliaz avia d'aver dês que entrou o ano dos mouros até'guora, o posa o gouernador mandar arrecadar pera elRey de portuguall seu senhor. E com condição que ho dito Reey do guzarate mandará loguo entreguar ao gouernador os quoatro portugueses que estaõ presos em chanpanell, a saber, dioguo de mizquita, lopo fernandez pinto, manuel mendez, e João da lama:[1] ás quoaes sete condições atrás escritas ele xacoes, em nome do dito Rey bador, dise que se obriguava, pelo poder que do dito Rey tras abastante, que ao diante vay acostado o propeo, de as ter e manter, comprir e goardar em todo e per todo, asy e taõ inteiramente como se nellas em cada hũa d'ellas contèm, sem enguano nem cautela, com toda a verdade e segurança d'elRey. E o dito gouernador, em nome d'elRey de portuguall seu senhor, pelo poder abastante que de sua Alteza tem, dise que aceytaua e recebia ás ditas terras e com'as condiçoẽs acima e atrás espritas. E loguo pelo dito guovernador foy dito que ele, em nome delRey de portugual seu senhor, e per vertude dos poderes seus que tem, avia por bem de fazer as ditas pazes com o dito Rey do guzarate com as sobreditas condições, e asy de lhe conceder mais as seguintes, que o dito Rey mandara pedir pera mais confirmação e amizade. Item que todos os cavalos que viesem do estreito e d'arabia, os primeiros tres anos depois da fortaleza ser acabada, venhão á dita fortaleza de baçaim, pera o dito Rey e seus vasalos os mandarem ahy comprar, se quiserem, paguando a elRey de portuguall os direitos asy e da maneira que se paguão na cidade de guoa, e que não vão ao malavar, nem ao Daquem, nem biznaguá. E não se conprando os

1533 Dezembro 23

[1] O portuguez, captivo em Cambaya, reclamado em quarto logar, foi João de Lima. Vide Couto, Dec. IV, Liv. X, Cap. II. *(Felner.)*

1548 Dezembro 23 ditos caualos em baçaim, então os levarão pera onde lhes aprouuer. E com condição que vindo algũa nao do dito Reyno do guzarate, da terra d'arabia, ou de quallquer outra parte, com caualos pera elRey, que nom paguará direitos nhuns: e isto se entenderaa até sesenta caualos somente. E com condição que vindo algũa naao de maar em fora d'outra qualquer parte que seja, nom sendo do estreito, pera o Reino do guzarate, tanto que cheguar do porto de baçaim pera dentro, nom a tomarão. E com condição que as cinquo mil tanguas larins, que d'antigamente se derão, e são depositadas per'as despezas das misquitas de baçaim, se lhe paguem das ditas rendas, como sempre se lhe paguárão; e com as ditas mizquitas, e preguação que se nellas faaz, se não fara ennovação algũa. E com condição que os duzentos pardaos, que se paguão de moxara aos lascarins das duas fortalezas, que estaõ antre as terras de baçaim e os reysbuutos, se paguem ás custas das rendas de baçaim, como até'guora se paguárão, as quoaes se chamão anira e coeja. E com condição que, tanto que os quoatro portugueses atrás nomeados cheguarem aqui a baçaym, o gouernador mandará a elRey de guzarate hum capitaõ com homens portugueses: as quoaes condições o dito gouernador, em nome delRey de portuguall seu senhor e pelo poder que d'elle tem, dise que se obriguaua em seu nome de as conprir e manter em todo e per todo, asy e como nella se contém, sem arte nem cautella; e por ele xacoes ffoy dito que as aceytava outrosy em nome do dito Rey seu senhor, per vertude dos poderes que tem, de que atrás faz menção, as quoaes pazes ele se obriguou que o dito Rey juraraa tanto que la chegase o dito capitaõ português; e que sendo caso que por algum empedimento as deixase de jurar, que todavia elle, per vertude dos ditos poderes, avia este contrato de paaz por firme e valioso com todalas clausolas e condições e decrarações atrás espritas; e loguo o dito gouernador jurou sobre os santos avangelhos, em que pôs a mão, que ele guoardarya e compreria as ditas pazes, em quanto elle Rey do guzarate guoardase e conprise o que *a* ele toqua e he obriguado conprir. E logo per ele xacoes, e tãobem per ele

gouernador ffoy dito que eles avião a dita paaz por feita, fir- 1543
me e valiosa, em nome dos ditos Reys seus senhores, d'oje Dezembro
pera senpre, e se obriguárão aos ditos Reys de as conprirem 23
e guoardarem inteiramente, como se neste contrato, e condições nelle decraradas per anbas as partes, contém. E em testimunho de verdade mandárão fazer esta escritura, da qual se fizerão duas d'este teor, em que anbos asynárão, a saber, hũa que a mim sacretareo fiqua na mão, e outra que ele xacoes levou: testemunhas que fforão presentes martim affonso de sousa, capitam moor do maar, e ffernandianes de çouto mayor, e tristão omem, e ffernão Rodriguez de castello branquo, ouuidor geral da India, e simão ferreira, e asy coje percolim, mouro parsio, e marcos fernandez, que seruião de linguoas, e decrarárão todo o conteudo nelle, e elle xacoes, e coje mamede, e outros, e eu sobredito gaspar pirez que a fiz e a tudo fui presente, e asyney de meu synall acustumado com os sobreditos no dito dia, mês e ano atrás esprito: o qual contrato foy terlladado do proprio oreginall, que está em mão de mim sacretaryo, pera se daar ao dito embaxador, por dizer que o outro que lhe derão se perdera no arrayal. [1]

[1] Na emtrada do anno de jb^{c}xxxiij (1533) no mês de Janeiro, fez o gouernador nuno da cunha hũa armada, e ffoy sobre baçaim e suas terras, o quall ja estava fortalecido e feito hũa fortaleza e hũa tranqueira com muita artelharia, e por capitaõ da dita fortaleza meliqueliaz; «porque, quando Lopo Vaz de Sampaio, sendo governador, depois de ter desbaratado as fustas de Cambaia no rio de Bombaym, e se tornar a Chaul, mandou a Baçaim Heitor da Silveira, não estava a dita fortaleza tam forte, nem tam apercebida, em muita parte, como a achou o dito governador Nuno da Cunha, que a tomou em dia de S. Sebastiaõ, vinte de Janeiro; e depois de se tornar a recolher a Goa no mesmo anno, tendo nova como o sultaõ Badur ajuntava todo seu poder e todos os grandes do reino para ir sobre o reino de Chitor (que cobiçou tomar, por ser morto o rei do dito reino, e não ficar do dito rei mais que um só filho, que por ser muito menino o governava sua mãe) por esse respeito o dito governador»[1] sabendo isto, se

[1] Damos entre comas o texto preferido por Felner, por achar esta passagem totalmente inintelligivel, e muito errada a grammatica no original.

Tratado de paz que celebraram Jordão de Freitas, Governador de Ternate e ilhas Molucas, com o General da Nova Hespanha, em nome de seus Soberanos

(Torre do Tombo. — C. Chron., parte 1.ª, maço 76, doc. 4.)

1545 Janeiro 8

Conosciendo que somos christianos por lo qual somos obligados amarnos vnos a outros y tener paz verdadera tal como nuestro señor jhu xp̄o. nos la manda tener y nos la dio por insignia para que fuesemos conoçidos por sus dicipulos, y mas siendo vassallos de dos principes tan hermanos en parentesco y tan amigos de voluntad y coraçon y sabiendo que en esta concordia y paz que ordenamos hazemos seruicio a dios nuestro señor y a nuestros principes despues de cada vno auer dado al otro entera satisfacion por la qual se conociese cada vno de nos ser sin culpa de la cizaña que el ombre enemigo auia començado a sembrar, nos jordan de freitas capitan e gouernador desta fortaleza de san juão de ternate y yslas y archipielago de maluco por el serenisimo Rey de portugal, y rruy lopez de villalobos capitan general de las yslas del poniente de la nueua españa en lugar del yllustri-

fez prestes com hũa armada pera canbaya, e cheguando tanto ávante como baçaym no mês de dezembro do dito ano, veyo ao dito gouernador hum embaxador do dito Rey de canbaya, per nome xacoes, o qual lhe veyo ofereçer baçaim com todas suas terras em nome do dito Reey, que as dava a elRey de portuguall noso senhor, dizendo que queria novamente fazer e asentar pazes com ele; e pareceme que temendose que o dito gouernador lhe poderia tomar a fortaleza de dio, e fazer muito nojo em toda a costa do maar, por levar toda a gente consyguo, como acima diguo, lhe mandou oferecer a dita paaz e daar as ditas terras; e vendo o gouernador nuno da cunha como baçaym e suas terras era a milhor cousa que ho dito Reey tinha, e de muita renda, e peguado com ha fortaleza de chaull, lhas aceytou, e fez com ele paaz, de que loguo fez um contrato com o dito xacoes seu embaxador, que pera iso trazia todos os poderes do dito Reey de canbaya...

(Tombo do Estado da India, fol. 120.)

simo señor Don antonio de mendoça Visorrey e gouernador e presidente de la nueua españa e yslas de su s. c. c. r. magestad del emperador nos concordamos y asentamos la dicha paz y concordia desta manera. 1545 Janeiro 8

Que todos estos conciertos de paz que se ordenaren se entienda que se an de guardar y an de durar hásta que su magestad del emperador o el señor vissorrey de la nueua spaña, o el sserenisimo rrey de portugal, o el señor gouernador de la yndia manden lo contrario cada vno a los suyos.

Que no nos podamos hazer guerra por mar ni por tierra vnos a otros ni a los de terrnate ni de tidore ni a sus subjettos, y que encontrandose castellanos con portugueses se traten como christianos y amigos y si alguno diere causa de discordia sea castigado por su capitan conforme al delitto que hiziere.

Que los castellanos no vengan a ternate ni a los otros pueblos del sserenisimo Rey de portugal ni del rrey de terrnate sin especial licencia de entrambos nosotros, ni los portugueses vayan a tidore ni a los pueblos a el subjettos sin la misma licencia: y por esto que se permite por rrazon de paz que los portugueses no vayan a tidore ni a sus pueblos durante el tiempo desta paz y concordia no se entienda que el sserenisimo Rey de portugal pierde el derecho e señorio que en tidore y sus pueblos a tenido y tiene.

Que los negros de los portugueses no puedan yr a tidore ni a sus pueblos a hazer mercaduria ni otros tratos algunos, ni los de los castellanos vengan a terrnate ni a sus pueblos sino fuere lleuando cartas de algun cauallero portugues a los castellanos, o de castellano a portugueses a los pueblos de tidore e terrnate y no a otra parte.

Que en lo que toca a la compra del clauo sea la contratacion desta manera que yo rruy lopez de villalobos escriuire al señor jordan de freytas quando los naturales de tidore tuvieren allegado su clauo y donde esta para que mande a quien le paresciere que lo vaya a comprar.

Que los portugueses ni sus negros ni los de terrnate y sus vasallos no puedan conprar comida en los pueblos subjettos

1543 Janeiro 8 al rrey de tidore y que lo mismo guarden los castellanos y los de tidore en los pueblos del sserenisimo rrey de portugal y del rrey de ternate.

Que si alguno de nuestros subjetos cometieren traicion contra alguna de nuestras personas o quemare, o cometiere a quemar las municiones, que seamos obligados a lo entregar de vna parte a la otra aviendose huido a nos.

Que los esclauos o naborias que de aqui adelante se pasaren de vna parte a otra y vinieren a nuestras manos seamos obligados a los entregar luego a sus dueños viniendo, o enbiando por ellos y estando en nuestro poder.

Que si los vasallos del sserenisimo rrey de portugal y los de tidore e terrnate y sus subjectos se hizieren guerra los vnos a los otros que los avisemos y mandemos que no lo hagan y que mandemos al agresor que satisfaga el daño que uviere hecho y que no quiriendo hazer qualquiera destas cossas que tenga licencia qualquiera de nosotros de ayudar a su acometido y agrauiado y que por dar la tal ayuda no se entienda venir contra estas pazes y conciertos entre nos hechos.

Que viniendo a cada vno de nosotros rrecabdo, o mandado de nuestro superior en que nos mande hazer otra cossa contra lo aqui entre nos concertado que en tal casso nos avisaremos vno a otro quinze dias antes que alguna cossa contra estos conciertos hagamos: lo qual todo juramos a Dios nuestro señor de lo asi mantener y guardar asi como todo aqui esta escripto so pena de caer en mal casso qualquiera que lo contrario hiziere acerca de su principe y señor: hechos estos conciertos en esta fortaleza san juão de terrnate a ocho dias del mes de henero de mill e quinientos e quarenta e cinco años.

Nas costas, em letra do tempo: Contrato da paz: trelado das pazes que fez jurdão de freitas.

Concerto que fez Fernão de Sousa de Tavora, Capitão mór da armada de soccorro a Maluco, com o General dos Castelhanos no porto de Talamgame, na ilha de Ternate, em 4 de novembro de 1545

(Hist. de varoens do appel. Tavora. Paris, 1648, pag. 17.)

Aos quatro dias do mes de Nouembro de mil e quinhentos e quarenta e sinco anos, no Porto de Talamgame na Ilha de Ternate em prezença dos Capitães abaixo nomeados, se aiuntaram Fernam de Souza de Tauora Capitam mor da armada de socorro a Maluco por mandado do muito Illustre Senhor Martim Afonço de Souza Gouernador da India, e Iurdam de Freitas Capitam de Maluco, e Ruy Lopez de Vilhalobos Capitam Geral de Ponente da noua Espanha pello mui illustre Senhor Vizorrey della, estando todos tres iuntos disseram que por bens de paz e concordia, e por fazer o que Vassalos de Principes tam Christianissimos como sam sua Magestade e sua Alteza deuem fazer, e porque se escuzem guerras e escandalos entre Christãos especial*mente* estando entre Mouros imigos de nossa santa Fee Catholica, e porque da guerra senam podiam esperar nem seguir senam mortes de homens, dãnos e perdas de fazenda, muito desseruiço de Deos Nosso Senhor, e de nossos Principes, e dano para todos, e por que o dito Ruy Lopez de Vilhalobos disse que confessaua e dizia como outras muitas vezes foi dito e confessado, que elle nam viera com sua armada para Maluco, nem tinha mandado publico nem secreto de sua Magestade nem de Vizorrey da noua Espanha para entrar nelle, antes trazia mandado para nelle nam entrar, e se entrou foi por muitas necessidades como a todos he notorio e sempre tem dito, e ao prezente tem determinaçam de sair da Ilha de Tidore cada vez que tiuer aparelho para o fazer, e se o nam tinha feito era por nam ter nauios nem outras cousas necessarias, nem saber terra para se poder soster. E por quanto agora com a vinda de Fernam de Souza de Tauora se lhe offerecia oportunidade

1545 Novembro 4

1543 Novembro 4 para poder sahir da dita Ilha por o aiudar, e aparelho que para isso lhe dá Fernam de Souza e Iurdam de Freitas o quer fazer, porque nisso cumpre o mandado de Sua Magestade para a dita sahida e viagem para Portugal foram concertados, e se concertaram na maneira seguinte.

Primeiramente dam perdam em nome del Rey Nosso Senhor, e do Senhor Gouernador a El Rey de Tidore, e a Guichiel Rade, e a todas suas molheres e filhos e escrauos, e a toda a outra gente da dita Ilha, e subditos de dito Rey, o qual dito perdam lhe sera dado em forma, e lhe aueram confirmaçam do Senhor Gouernador, com tanto que desfaça a fortaleza que tem feita na dita Ilha, e torne a ficar na obediencia de sua Alteza, e na desta fortaleza.

Que o dito Ruy Lopez se sahirá de Tidore com toda sua gente, e se virá a esta Ilha de Ternate donde estara com sua gente e iurisdiçam da que quizer estar a sua obediencia, a qual dita sahida de Tidore fara o mais breuemente que poder, e para seguridade disto o dito Ruy Lopez disse que daria em prenda toda a sua artelharia e moniçoens, e em refens os Caualeiros que o dito Fernam de Souza pedir, a qual artelharia de bronze se leuará a Portugal onde se dara ao dito Ruy Lopez, ou quem elle mandar, e correrá seu risco.

Que o dito Ruy Lopez diz que hira em companhia do dito Fernam de Souza embarcado em o galeam em que elle vay, ate onde estiuer o Senhor Gouernador da India, sem embargo de lhe dizer o dito Fernam de Souza que elle poderá hir em qualquer nauio de sua armada em que quizer, ou nos seus.

Que a gente da companhia do dito Ruy Lopez que quizer estar debaixo de sua obediencia o estara em qualquer parte que se achar estando em terra, e sendo caso que a dita gente faça algum desaguisado por que mereça castigo, o dito Fernam de Souza lhe mandará entregar o que tal fizer, para que o castigue, e o dito Ruy Lopez se obriga a castigalo conforme a qualidade do delito.

Que esta primeira viagem do ano quarenta e sete se dara embarcaçam ao dito Ruy Lopez e aos de sua companhia que com elle quizerem hir para Portugal, e lhe leuarám suas pessoas e fazendas sem fretes, com tal que nam leuem mercadorias defezas por sua Alteza. 1545 Novembro 4

Que os soldados da companhia do dito Ruy Lopez que quizerem ficar na India seruindo sua Alteza lhe sera dada a dita embarcaçam quando a quizerem como acima he dito.

Que porque os soldados do dito Ruy Lopez estam pobres, por os muitos gastos que tem feitos lhe sera dado secorro para se vestirem, e mantimento.

Que sera dado, e por a prezente se dá seguro ás pessoas e bens de Pedro de Ramos, e Martim de Islares, e Gines de Mafora, e Antonio Corso, e se lhes promete que com elles se fara tudo o que com os outros Castelhanos se capitula.

Que na India e em outras quaisquer partes por onde forem e estiuerem o dito Ruy Lopez e todos os mais de sua armada hiram e estaram seguros de suas pessoas, vidas, e fazendas, e nam lhe sera feito dano direita nem indireitamente.

Que sendo caso que venha recado de sua Alteza que lhe façam mais merces, que por o contrato as nam percam, antes se fara o que sua Alteza mandar, nam embargante estes capitulos.

Que onde quer que o dito Ruy Lopez ou qualquer de seus soldados estiuerem poderám tratar com todas as pessoas, e em todas as cousas que os Portuguezes tragam.

Que *ao* dito Ruy Lopes e todos os seus soldados poderám vir para seu seruiço todos os Indios e Indias que trouxeram da noua Espanha, os quais senam poderám passar a nenhũ Portuguez nem a outra nenhũa pessoa senam áquellas a quem o dito Ruy Lopez os der para seu seruiço, e sendo caso que se passem lhe seram tornados sem embargo de serem forros, por ser o dito Ruy Lopez obrigado a os tornar a noua Espanha.

Que daqui para a India daram ao dito Ruy Lopez e a seus criados embarcaçam sem lhe leuarem fretes nem dereitos, nam leuando crauo, que isto fica para se determinar entre o dito Fernam de Souza e Ruy Lopez.

Que por quanto na Ilha que se chama Phelipina ficaram

1543 Novembro 4 certos Castelhanos no ano de 43 perdidos, que o dito Fernam de Souza e Iurdam de Freitas prometem de os mandar buscar e trazer a esta fortaleza, os quais gozarám do acima capitulado.

Que todos os sobreditos capitulos o dito Fernam de Souza de Tauora e Iurdam de Freitas e Ruy Lopez de Vilhalobos disseram e prometeram de comprir e guardar inteiramente como nelles se contém a cada hum o que toca, por virtude dos poderes que cada hum tem do Senhor Gouernador da India, e Vizorrey da Noua Espanha, e disto deram e fizeram sua fee, preito, menagem, como fidalgos e caualeiros ao foro e costume de Portugal e Castella, e assi o iuraram em hum liuro missal nas mãos do Padre Prior Frey Ieronimo, e o dito Fernam de Souza e Iurdam de Freitas deram suas menagens nas mãos de Dom Alonço Manrrique, e o dito Ruy Lopez de Villalobos deu a sua menagem nas mãos de Leonel de Lima e todos sobre ditos Capitaens prometeram huma e duas e trez vezes de cumprir o sobredito, e assinaram aqui por sua mam perante my Iacome de Oliuares escriuam da Nao Santo Espiritu del Rey Nosso Senhor, e perante my Garcia de Segouia escriuam publico de Sua Magestade que prezente a tudo fomos: e *perguntados* ambos sobreditos Capitães se auiam o capitulado por firme e valioso, e outorgauam testemunhas que prezentes foram Ioam Cayado Capitam da Nao Santo Espiritu del Rey Nosso Senhor e Manoel de Mesquita fidalgo da casa del Rey Nosso Senhor e Leonel de Lima outrosi, e Ioam Galuam Capitam da fusta Nossa Senhora da Victoria, e Mathias de Aluarado Thesoureiro de Sua Magestade, e Gonzallo de Vallos, e Inigo Ortiz de Retis, e Guido de Lauazanes, Castelhanos: feito no dito dia, mes, e era por mim Iacome de Oliuares.

Destes Capitulos que se assi assentaram tam auanteiadamente para os Portuguezes, se sentiram muito os Castelhanos, auendo que Ruy Lopez se concertara sem seu consentimento, com condiçoens que lhe nam estauam bem ao seu credito, e trataram de nam estar por ellas e de se lhe leuantarem, porém Fernam de Souza trabalhou tanto em os quietar, que os reduzio á obediencia de seu General, e os fez vir para a nossa fortaleza de Ternate: donde se partiram todos trazendo Fernam de Souza os Castelhanos na sua armada, e o General em seu galeam, o qual morreo em Amboino onde inuernaram, e onde morreo e adoeceo quasi toda a gente da armada, e em toda esta viagem sustentou Fernam de Souza á sua custa todos os Castelhanos e Portuguezes della: chegou Fernam de Souza a Goa no ano de 547, onde entregou ao Gouernador Dom Ioam de Castro os Castelhanos que chegaram viuos. 1545 Novembro 4

Carta del Rey para o Vizorrey da India, D. João de Castro sobre Fernam de Souza de Tauora

Vizorrey amigo. Por que o seruiço que Fernam de Souza de Tauora Fidalgo de minha casa, que hora está por meu Capitam na minha fortaleza de Sofala me fez na hida de Maluco e o modo que teue com os Castelhanos que nelle estauam foi de grande meu contentamento e em que me ouue por muito bem seruido delle, me pareceo razam assi pello tal seruiço como por outros que nessas partes me tem feitos de lhe fazer merce, pello que tenho por bem e me praz de lhe fazer merce de tantas mercadorias das que ha na feitoria da dita fortaleza de Sofala e que tem valia na terra, de que elle dito Fernam de Souza possa tirar forros para sy sinco mil cruzados: pello que vos encomendo muito e mando que lhe declareis la as ditas mercadorias, e lhe mandeis passar em meu nome as prouisoens necessarias para o meu feitor da dita feitoria lhas poder logo entregar, e poder fazer para sy o dito proueito. Escrita em Lisboa em 16 de Março de 1548. 1548 Março 16

Treslado do Contrato que o Governador D. João de Castro fez com o Idalxá, que dantes se chamava Idalcão, em 26 de fevereiro de 1546

(Tombo do Estado do India, fol. 44.)

1546 Fevereiro 26 Em nome de deos amen, saibaõ quoantos este estromento de conçerto de pazes virem, aos vinte çinquo dias do mês de julho de noveçentos e çincoenta e dous da era dos mouros, que saõ dos cristaõs vinte seys dias do mês de ffeuereiro de jbᶜRbj (1546) que por os dias passados antre mim e o liaõ do maar o senhor dom Johaõ de crastro do conselho delRey de portugual1, capitaõ mor e gouernador nas partes da India, ouvera defferença e descontentamento sobre os neguoçios de mialé, e por conservar amizade e lealldade e paaz de tantos anos e taõ antigua como senpre ouve antre o muito alto e poderoso Rey de portuguall e eu o Idalxaa, e que espero que senpre ajaa e que cada dia seja mais ffirme e acreçentada, nos conçertamos na maneira seguinte, a saber, que eu Idalxaa prometo e juro no noso moçaffo, e pela cabeça de meu filho mais velho, que eu estarey senpre ffirme na dita amizade com elRey de portuguall e com os seus gouernadores da India, e que as terras de salsete e bardecs, de que eu tenho ffeito contrato e doaçaõ a sua Alteza, lhas confirmo e de nouo lhas dou, e juro e prometo pelo dito juramento de nunqua as tirar nem sobre ellas fazer guerra: e asy diguo e pormeto que nom peça nem fale no dinheiro que dey a martim Affonso de sousa, gouernador que foy, pera sua Alteza, no qual entra o dinheiro que foy do açadecão: e que serey amiguo d'amiguo e imiguo d'imiguo de quem o ffor d'elRey de portuguall, o que o lião do mar dom Johão de crastro, gouernador nestas partes, açeytou em nome do dito senhor Reey de portuguall, e em seu nome me obrigou, e jurou nos santos evangelhos de Jesum christo e na nosa santa maria que sera meu amiguo, e me guardará amizade e lealldade, e asy todolos gouernadores que apos ele vierem; e nom dara ajuda nem ffauor por maar nem por terra a nhum Reey, senhor, nem pesoa algũa que ffor minha imigua nem contraira; nem recolheraa meus imiguos consyguo, nem consentirá que perante ele se fale nem digua mall de mim: e que sobre o neguoçio de mialé que ele se me obrigua a o ter preso e a seus ffilhos, e a taall recado, que nhũa pesoa dos senhores do Daquem, nem do niza maluquo, nem d'elRey de biznaguaa, nem das terras do Malavar, nem dos Reinos de canbaya, va fallar com ele, e isto até eu mandar embaxador ao dito senhor Rey de portuguall, e me vir de laa reposta de minha embaxada; e nom mandando eu embaxador, se obrigua a telo preso e guoardalo pela sobredita maneira; e jurou e prometeo de nom entreguar o dito mialé, nem seus filhos a nhũa pesoa que seja, posto que lhe dem por iso çem mill contos d'ouro, os quaes contos jurou de os não açeytar, nem nhum outro preso *(preço)* nem dinheiro que lhe o dito mialé dee: e asy prometteo de me daar o enxofre e chunbo que senpre deram os gouernadores pasados: e asy me quitaraa em cada hum ano os direitos de doze cavallos arabios, e os direitos de tanta ffazenda que valha dous mill pardaos. E d'este contrato se faram quatro de hum teor, a saber, dous em parsio e dous em português, dos quoaes mandarey pôr a minha chapa em hum parsio e outro em português pera fficarem em sua mão, e os outros asynará ele e aselará com o selo reall das armas do dito senhor Rey de portuguaall pera ficarem em minha mão; e ao ffazer d'este contrato ffoy presente Reiz xarafo, guazill do Reyno d'ormuz, e coje abraem, que ffoy ao dito gouernador per meu mandado pera ser presente a hele, e asy dom Johão d'albuquerque, bispo da çidade de guoa, e asy bras d'araujo, veeador da ffazenda, e o doutor ffrancisco toscano, chançeler, e o doutor simão martinz, ouuidor geral; e eu antonio cardoso sacretario o ffiz pera o asinar o senhor ydalxaa da sua chapa; e asy ffoy presente dom aluaro de crastro ffilho do dito gouernador.

1546 Fevereiro 26

Treslado do Contrato que o Viso-Rey D. João de Castro fez com El-Rey de Bisnagá em Goa, a 19 de setembro de 1547

(Tombo do Estado da India, fol. 220.)

1547 Setembro 19

Em nome do mui altisymo e todo poderoso deus: saibão quantos este contrato de pazes e amizades virem, que no ano do nacimento de noso senhor Jhesum Christo de mil quinhentos corenta e sete anos, aos dezanoue dias do mês de setembro, n'esta mui nobre e leal cidade de guoa, nos pasos d'ela, onde pousa dom João de crasto, capitão geral e gouernador n'estas partes da India pelo muito alto e muito poderoso Reey de portugual dom João, o terceiro d'este nome, seu senhor, fforão asentadas pazes e amizades entre o dito senhor e o grande e poderoso Rey cidacio Rao, Reey de biznaguaa, per trarcão, seu embaxador, pelos poderes bastantes que pera iso trouxe, de que se fez o contrato seguinte.

Primeiramente asentárão que seryão amiguos d'amiguo e imiguos d'imiguo, e que todalas vezes que a cada hum d'eles cunprir, se ajudarão com todo seu poder e forças, contra todolos Reeys e senhores que ouuer na India, não sendo contra pesoa do Iza maluquo.

Que os gouernadores da India serão obriguados a lhe deixarem tirar d'esta cidade de guoa todolos caualos que a ela vierem da persia e d'arabia, e não deyxarão pasar nhuns ao Idalcão; e elRey de biznaguaa sera obriguado a os ffazer conprar todos, e dar taal aviamento aos mercadores, que breuemente sejão despachados.

Que elRey de biznaguá não consentiraa que nenhuns mantimentos, de nhũa sorte que sejão, sayão de suas terras, nem do Reyno de benguapor, pera as terras do Idalcão; e que os que vem a bandá vão todos a ancolaa e onor, onde os gouernadores terão postos ffeytores que os conprem todos, e mandarão aos portugueses e mercadores que os vão la buscar.

Que elRey de biznaguaa defenderaa em todolos seus Reynos e senhorios que nhum salitre nem ferro venha pelo obely, nem per outra parte algũa, ás terras do Idalcão, e o mandará vir a ancolaa e onoor; e que os gouernadores mandarão aos portugueses e mercadores que lhos vão laa conprar, e serão obriguados a lhe conprar todo o salitre e fferro, que *aos* ditos portos per esta maneira vier. 1547 Setembro 19

E asy mesmo elRey de biznaguaa mandaraa que todalas roupas que ouuer nos ditos seus Reynos e senhorios, que os mercadores trazem a vender a bandá, as leuem todas a ancolaa e onoor; e que os gouernadores mandarão aos portugueses e mercadores que lhas vão la conprar, e lhes leuarão la muito cobre, calaym, coral, vermelhão, azougue e muita seda da china e ormuz, com todalas mais mercadoryas que vem dos Reynos de portugual.

E sendo caso que algũa armada de turquos venha á India, ou qualquer nauio d'eles, elRey de biznaguá não consentiraa que os aguasalhem em nenhum dos seus portos do maar; e entrando n'eles quaesquer nauios ou nauio de turqos, os mandaraa prender, e presos os mandaraa entreguar ao gouernador da India que ao taal tenpo ffor.

Concertandose elRey de biznaguaa e o gouernador da India pera anbos juntamente ffazerem guerra ao Idalcão, que em taal caso todalas terraś que lhe tomarem fficarão com elRey de biznaguá, eceyto as terras que estão de guate pera o maar, que se contém do porto de bandá athé o rio de cintacora, porque estas d'antiguamente pertencem ao senhoryo e jurdição d'esta cidade de guoa, as quoaes fficarão pera todo senpre a elRey de portugual, seu senhor.

Os quoaes capitolos e condiçoẽs o dito embaxador aceytou, e dise e affirmou que elRey de biznaguaa, seu senhor, os conprerya asy e da maneira que n'este contrato de paaz e amizade se contém; e pera mais ffirmeza e segurydade de tudo o jurarya em sua ley em presença do embaxador, que o gouernador la ha d'enviar, e mandarya a ele gouernador outro d'este propio teor, jurado e asynado pelo dito Reey de biznaguaa, seu senhor, segundo seu custume; e o dito gouer-

1547 Setembro 19 nador em nome d'elRey de portugual, seu senhor, em presença do dito embaxador pôs sua mão direita sobre hum liuro misal, e pelo juramento dos santos avangelhos prometeo de fazer cumprir e guardar o dito contrato e condiçoẽs d'ele, e asynou de seu nome, e o mandou aselar das armas reaes delRey seu senhor, pera mais ffee e ffirmeza do dito contrato: cosme anes sacretaryo o ffiz screuer.

Treslado de outro Contrato que D. João de Castro, sendo Governador, fez com o Rey Iniza Moxá, em Goa, a 6 de outubro de 1547

(Tombo do Estado da India, fol. 106.)

1547 Outubro 6 Em nome do muy altisimo e todo poderoso deos: saibaõ quantos este contrato de pazes e amizades virem que no ano do naçimento de noso senhor Jeshum christo de jb^{c}Rbij (1547) anos, aos seys dias do mês d'outubro, nesta muy nobre e leal çidade de guoa, nos pasos d'ela, onde pousa dom João de crastro capitaõ geral e gouernador da India pelo mui alto e muyto poderoso Reey de portugual don João o terceiro d'este nome, seu senhòr, fforão asentadas pazes e amizades entre o dito senhor e o grande e poderoso Reey Iniza moxaa, por xeraffrecão e timagy aldeu seus embayxadores, pelos poderes bastantes que pera iso trouxerão de que se ffez o contrato seguinte.

Primeiramente asentárão que seryão amiguos d'amiguos e imiguos de imiguos, e que todalas vezes que a cada hum d'eles conprise se ajudarão com todo seu poder e fforças contra todolos Reeys e senhores que ouuer na India, não sendo contra a pesoa e estado do grande Reey de biznaguaa: e elRey de canbaya não entrará neste contrato no conto dos amiguos do niza moxaa.

Que ho gouernador da India não aceytaraa nem ffaraa paaz, nem tera amizade com o Idalcão, sem o primeiro ffazer saber ao niza moxaa, e pela mesma maneira se obrigua o niza moxaa de nom ffazer paaz, nem açeytar amizade do Idalcam, sem primeiro o ffazer saber ao gouernador da India. 1547 Outubro 6

Que ho dito gouernador se obrigua ao dito niza moxaa que, quando quer que lhe cumprir sua ajuda, iraa em pesoa, ou mandaraa seus capitaẽs ffazer a guerra aos seus imiguos; e o niza moxaa se obrigua e prometeo de ffazer o mesmo contra todolos imyguos do dito senhor, que nestas partes tiuer.

Que os esprauos, que vierem a chaul do Reyno do niza moxaa, que se tornarem christãos, ffiquem fforros, e se trouxerem ffazenda, ou dinheiro alheyo, tornarsea a tal ffazenda e dinheiro a seu dono; e pela mesma maneira os escrauos cristaõs que la fforem, e se tornarem mouros, fficarão fforros, e o dinheiro e ffazenda que leuarem se tornaraõ a seus donos.

Ho niza moxaa seraa obriguado a não aguasalhar em seus portos de maar nhũa armada de turquos que á India vier; e sendo caso que algum nauio ou navios d'eles entrarem em seus portos, os mandaraa prender e entreguar ao gouernador da India; e asy mesmo o gouernador da India naõ aguasalhaara em suas ffortalezas e portos de maar nhũs imiguos do niza moxaa que a eles vierem, e vindo, lhos mandará entreguar presos pela mesma maneira.

Que todalas vezes que ao gouernador da India cunprir, o niza moxaa lhe mandará daar em todas suas terras marinheiros e mantimentos, e madeira pera suas armadas, por seu dinheiro, e o gouernador seraa obriguado, cada vez que cunprir ao niza moxaa, de lhe mandar guardar a costa do maar de seu Reino contra todolos ladrões e cosairos que a ela vierem, e impedirem a naueguação de seus vasalos.

Que pera mais ffirmeza e amizades d'estas pazes, o gouernador em nome do muyto alto e muito poderoso seu senhor concede ao grande Reey niza moxaa que posa mandar cinquo naaos a ormuz e hũa a mequa, as quoaes irão e virão seguramente, e asy poderão naueguar pera toda esta costa da India e ir a malaqua, não leuando nem trazendo merca-

1547 Outubro 6 doryas deffezas, nem turquos, por serem imiguos d'elRey seu senhor, e poderão tornar ao porto de chaul.

O qual contrato o gouernador don João de crastro aceytou e aprouou em nome do muyto alto e poderoso Reey de portugual seu verdadeiro Reey e senhor, e se obriguou a cunprir e manter em tudo, asy e da maneira que nele he contheudo, e pera mais ffirmeza o jurou nos santos avangelhos em liuro misal em que pôs as mãos, e os ditos xeraffrecão, e catymagy aldeu, embaixadores do grande e muyto poderoso Reey Imiza moxaa, per vertude dos seus poderes se obryguárão em seu nome que o dito seu senhor conprerya e guardarya este contrato de pazes e amizades em tudo o que nele he conteudo e decrarado, e o jurarya na sua ley perante o embaixador que a iso o gouernador la ha de enviar: e do teor deste contrato se ffizerão quoatro, a saber, dous que hão de fficar em mão do dito gouernador, jurados e asynados pelo dito Reey niza moxaa, hum em portuguez e outro em parsio; e asy outros dous que ão de fficar ao dito niza moxaa, asynados pelo gouernador e jurados pela dita maneira. Cosmeanes sacretaryo o fez escreuer.

Treslado do outro Contrato que o Governador Garcia de Sá fez com o Idalxá, em Goa, a 22 de agosto de 1548

(Tombo do Estado da India, fol. 44 v.)

1548 Agosto 22 Em nome do muy alto e todo poderoso deos, saibaõ quoantos este contrato de pazes e perpetua amisade virem, como a esta çidade de guoa ffoy enviado Motaborcão, por embaxador do Idalxaa, ao gouernador graçia de saa, capitaõ gerall e gouernador da India pelo muyto alto e poderoso Rey dom Johão o terceiro d'este nome noso senhor, o qual depois de ver e enxeminar os poderes abastantes que o dito embaxador trazia do Idalxaa, pera com ele asentar as pazes e amizades antre elRey noso senhor e o Idalxaa seu senhor, e depois de terem sobre as ditas pazes praticado muytas vezes, ffoy feito este contrato e capitolação aos vinte e dous dias d'aguosto de jbᶜRbiij (1548) anos per esta maneira, a saber: 1548 Agosto 22

Ho dito embaxador prometeo, em nome do Idalxaa seu senhor, de mandar entreguar os nosos embaxadores que la tem, do tempo de Martim Affonso de sousa, gouernador que foy nestas partes, e os mandar loguo vir, e asy os portugueses que la estaõ cativos depois das guerras, con todas suas ffazendas que lhe fforão tomadas.

Prometeo mais o dito embaixador, em nome do Idalxaa, que nunqua em nhum tempo dara soldo a nhum português que se de qua for pera ele, nem menos lho darão os seus capitaẽs, nem fara tomar soldo aos ditos portugueses per força nem por suas vontades, nem em suas terras e senhorios lho mandará daar.

Prometeo mais o dito embaxador, em nome do Idalxaa, que as terras de salsete e bardees, que foraõ entregues a martim afonso de sousa, sendo gouernador nestas partes, ficarão a elRey noso senhor pera todo senpre, sem o dito Idalxaa ter d'entender em elas em pouquo nem em muito, nem tera nellas nhum senhorio.

Prometeo mais o dito embaixador, em nome do Idalxaa seu senhor, que, se a estas partes vier armada de Rumes, o Idalxaa sera obriguado a nos ajudar e socorrer com mantimentos e marinheiros per noso dinheiro, pera irmos pelejar com eles, pois estamos aquy por escudo e guarda das suas terras, e o Idalxaa nom dara aos Rumes portos, nem mantimentos, nem outra ajuda algũa.

See asentou mais, antre o senhor gouernador e o dito embaixador, que todolos pasos que ha nesta ilha de guoa estem sempre abertos, pera nella entrarem mantimentos e outras fazendas e madeira; e que os mercadores que de la vierem e de qua forem, asy pera comprarem na terra como pera levarem mercadarias a ela, não serão agravados per seus tenadares, antes lhe façaõ toda onra e favor, como qua se fara a todolos que de suas terras e senhorios vyerem a guoa.

See asentou mais, antre o senhor governador e o dito em-

1518 Agosto 22 baxador do Idalxaa, que os rendeiros que fugirem das terras d'elRey noso senhor pera as suas terras ele os mandará entreguar, asy as pesoas, como o dinheiro que deverem a sua Alteza; e pela mesma maneira se fara aos que das terras do dito Idalxá fogirem pera qua pelo mesmo caso.

See asentou mais, antre o senhor gouernador e o dito embaxador, que os espravos dos portugueses que fogirem pera as terras do dito Idalxaa, se se tornarem mouros, serão vendidos e os preços d'eles se daraão a seus donos, e os que nom forem mouros serão entregues a seus donos ou a quem per sua parte os for arrecadaar; e pera iso o Idalxá pasará mandado pera todolos tenadares oficiaes de suas terras que o cumpraõ asy; e o mesmo se fara com os espravos que de suas terras qua vierem teer ffogidos.

E estas cousas conteudas e decraradas nos sete capitolos atraz, pedio ho senhor gouernador ao dito Motaborcão, embaxador, que lhe ele concedeo em nome do Idalxaa seu senhor, pelos poderes que d'ele tem: e as cousas conteudas e decraradas nos dez capitolos adiante, pedio o embaxador ao senhor guouernador, e elle lhas concedeo em nome d'elRey noso senhor, como seu gouernador e capitaõ geral que he nestas partes da India, e pelos poderes que tem de sua Alteza, que são as seguintes, a saber:

Lhe concedeo o senhor gouernador que, como o tempo der luguar, mandará loguo ffeitor e escriuão a dabull, o quoall ffeitor e escriuão não farão agravo nhum a ninguem, nem tomarão a nhũa pesoa cousa algũa sem lha paguarem, nem menos agravarão aos mercadores foresteiros: e o dito ffeitor dara cartazes pera nauegarem os mercadores de dabull e moradores per toda esta costa e pera ormuz, e trabalhará por se dabull povoar e ennobreçer.

Lhe concedeo mais sua Senhoria que todolos chãos, ortas e casas, que foraõ dos mouros e gentios d'antiguidade, nas terras de salsete e bardês, sejaõ tornados a seus donos, paguando os foros acustumados, que estaõ assentados nos foraes das ditas terras; e os guovernadores lhas não posão tornar a tirar d'aquy por diante, se não fizerem por que.

Lhe concedeo mais o senhor gouernador que os mercadores que vierem a guoa com cavallos, e quiserem ir pera as terras do Idalxaa, não se lhe defenderaa a pasagem, e asy os lascaris mouros, que quiserem ir pera as ditas terras, os deixarão ir livremente com suas armas de mouros, e asy lhes deixarão levar todalas armas de mouros que quiserem, pera as ditas terras do Idalxàa. 1548 Agosto 22

Lhe concedeo mais sua senhoria, ao dito embaxador, que ele dara cartazes ás naaos do Idalxaa, pera nauegarem pera todalas partes, asy pera a costa d'arabia e estreito de mequa, como pera as partes do sull, quoando lhos ele mandar pedir.

Lhe concedeo mais o senhor gouernador, ao dito embaxador, que se nas terras do Idalxaa, ou nas d'elRey noso senhor ouver algũas defferenças ou descordias entre alguns lascarins portuugueses, ou piães nosos, e lascarins das terras do Idalxaa e piães d'elas, que o dito Idalxaa mandará entreguar os portugueses e piães, pera qua serem castiguados, se forem culpados.

E pela dita maneira o senhor gouernador mandará entreguar os seus lascarins e piães, pera la serem castiguados, porque ysto nom seja causa de quebrarem as ditas pazes e amizades.

Lhe conçedeo mais sua senhoria, que tendo ho Idalxaa neçesidade d'enxofre, lhe espreveria sobre iso, ou ao gouernador que então ffor, pera lhe mandar a cantidade que poder.

Lhe conçedeo mais o senhor gouernador, que os esprauos que fugirem, asy dos mercadores que vierem ter a guoa, mouros, como os que fugirem das terras do Idalxaa pera as terras de guoa, fazendose cristãos, serão vendidos, e se dara o dinheiro a seus donos; e não sendo cristãos, serão entregues a seus donos: e pela dita maneira se fara com os nosos espravos que la forem ás terras do Idalxaa; fazendose mouros, serão vendidos, e o dinheiro se dara a seus donos, e nom sendo mouros, lhe serão entregues aos ditos seus donos.

1548 Agosto 22 Concedeo mais o senhor gouernador ao dito embaxador, que ho Idalxaa poderá mandar leuar d'esta çidade de guoa, em cada um ano, quinze cavalos e ffazenda que valha tres mill pardaos d'ouro, dos quoaes cavalos e fazenda nom paguaraa direitos alguns a elRey noso senhor; e os ditos cavalos e fazenda lhe serão despachados per carta que o dito Idalxaa sobre isto esprever‌á a sua senhoria.

Lhe concedeo que nom mandaraa mealé fora d'esta çidade de guoa, sem primeiro o fazer saber ao Idalxaa.

Lhe concedeo mais que ele, nem os gouernadores que ao diante forem, não pederião ao Idalxaa mais terras que estas de salsete e bardês, que ora são d'elRey noso senhor, nem lançarão mão, por outras cousas, de suas terras, pera que por esa rezão não se recreça escandalo a hũa parte nem a outra: e os tenadares das terras dos portugueses e mouros farão boa vizinhança huuns aos outros; e quoallquer ffazenda que vier ás terras d'elRey de portuguall, ou cousa sua, nom lhe sera tomada forçosamente; e se algum rendeiro fogir das terras do Idalxaa pera as terras de sua Alteza, será entregue o tall rendeiro aos tenadares do Idalxaa, ou o dinheiro que deverem.

O quoal contrato e capitolação e cousas nelle conteudas, que *pedio* o dito Motabarcão, embaxador do Idalxaa seu senhor, o senhor gouernador açeytou em nome d'elRey noso senhor, e o dito embaxador pormeteo, em nome do Idalxaa, de conprir e guoardar, como nesta capitolação se contém, sô pena, que não o conprindo, elRey noso senhor aver pela ffazenda do Idalxaa todas as perdas, despesas, que se causarem, por se a dita paaz e capitolação por sua parte nom conprir ę guoardar: e asy prometeo sua senhoria, em nome de sua Alteza, de tudo ter e manter como nesta capitolação se contém, per sy e per os guovernadores que ao diante forem, e que causandose per sua parte, ou dos gouernadores que ho çocederem, esta paaz nom se guoardar, e quebrar, que ele pela fazenda d'elRey noso senhor satisfara ao Idalxaa todas as perdas e despesas que se seguirem do tall quebramento de paaz, o que tudo o dito embaxador aceytou em nome do Idalxaa seu senhor; e pera firmeza de tudo jurou o senhor gouernador em hum misall, em que pôs a mão, que tudo pormetia conprir e guoardar, em nome d'elRey noso senhor, per sy e pelos guovernadores que o çoçederem, como neste contrato e capitolação se contêm; e asy ffez o mesmo juramento o dito embaxador Motabarcão em um moçafo de sua ley, que o dito Idalxaa seu senhor conprirá e guoardaraa esta paaz e capitolação, como neste contrato se contém; sendo a tudo presentes dom dioguo d'almeida, capitaõ desta çidade de guoa, e dom frančisquo de lima e dom Johão lobo, que são providos por elRey noso senhor da capitania da dita cidade, e Ruy Gonçalvez de caminha, veador da ffazenda de sua Alteza nestas partes da India, e o Licenceado antonio barbudo, ouvidor geral da India, e migel carvalho e João Raposo e fernão de syqueira, vereadores da dita çidade de guoa, os quoaes todos asynaraõ aqui com o senhor gouernador e o dito embaxador, e do teor d'este são ffeitos quatro, a saber, dous em português e dous em parsio, chapados da chapa do dito motabarcão, em nome do dito Idalxaa seu senhor, pelos poderes que d'ele tem, e os outros dous chapados das armas reaes d'elRey noso senhor: antonio pachequo, esprivão da fazenda nestas partes, o soescrevy; e asy ffoy presente a este contrato coje percolim, mouro, que foy medeaneiro nestas pazes e amizades, e João de crastro, linguoa do senhor gouernador, e ambos asynáraõ aqui. 1548 Agosto 22

Parecer que deu D. Francisco de Lima ao Governador da India, Garcia de Sá, por ordem de El-Rey, sobre se dever concluir a paz com Cambaya

(Torre do Tombo.—C. Chron., parte 1.ª, maço 81, doc. 104.)

Senhor. — O que me parece destas pazes de cambaia sobre que v. s. me mamdou que por escrito lhe dese meu parecer he o seguimte. 1548 Setembro 9

1548 Setembro 9 Que v. s. deue de trabalhar quamto nele for por se acabarem dasemtar estas pazes por quão proueitosas nos são asy polas necesidades da jmdia como por acabar de forteficar dio que he hũa cousa que os Reis de cambaia e turquos tamto tem posto os olhos: além disto a paz he mui necesaria por quão mal se podem sofrer tam comtinoas despesas que com ha guerra se nam podem escusar, e em tempo que nam tem cabedal com que posa soprir as necesidades dela, e avendo hay paz a alfamdegua de dio remderá com que se posa soster a forteleza que com tamto trabalho se agora pode fazer, e as mercadorias teram saquar com que el Rey noso senhor tera muitos proueitos pelo remdimento de suas alfamdegas e escuzarseão muitos guastos que auemdo hay guerras nam podem escusar. E que desta paz se nam tirase mais interese que ficar a v. s. o tempo desacupado pera emtemder na defemsam da jmdia e primcipalmemte de ormuz por quão perto está baçorá e tam cheia de turquos he tambem pera emtemder na reformação darmada de que tam mimgoada esta terra está: aueria que se guanhaua nisto muito por que quem tem tais jmiguos e tão poderosos como os turquos e tam perto de nós, todolas outras guerras se auião descusar por acudir soo a esta, mas porém como nesta paz de cambaia comsiste tamto a autoridade del Rei noso senhor e credito dos portugueses deue v. s. trabalhar pola fazer de maneira que nam pareça ou estê mui craro poder auer rompimemto em tempo e conjumção que dê muito mais trabalho a v. s. do que lhe pode dar a guerra: o que está mui certo ser comsemtimdo a el Rei de cambaia fazer parede em dio sobre a qual nacêrão as pemdemsas pasadas e foy causa de pôr a jmdia no estado que v. s. vio, porque mui craro está el Rei de cambaia nam querer esta parede senam pera com ela se fortificar comtra nós e ter mais azo pera husar do que ele tamto deseja que he tomarnos mais descuidados do que aimda somos: polo que me a mim parece que por nhũa cousa se deue de comsemtir na paz com esta parede porque a tenho pola mais certa guerra que se nos pode fazer e em que mais credito se perde e nam tam soomemte pera se segurar dio nesta parede senam auia numqua de falar mas nhũa cousa forte se deuia nele de comsemtir: e pois o negocio está agora tam danado asy por esta parede que lhe luis falcão comcedeo como por outras cousas que de nouo pedem como he que nam faça v. s. caua a dio e que ele nam fara ha parede, e que as suas naos naueguem sem cartazes e as outras naos de cambaia não paguem os direitos na alfamdegua de dio e outras cousas que parecem mui desarrezoadas que quem isto pede parece craro que nhũa delas quer senam pera romper a paz mais a seu salvo e com muita perda nosa: pelo que v. s. deue dacudir com ho remedio que ao presemte parece mais necesario o qual he mamdar hum embaixador a el Rei de cambaya omem mui sesudo e de calidade que nam trate nem emtemda em outra cousa senam do estado del Rei noso senhor e da comservação da paz desta terra, e nam seja amtonio memdez por que parece que fara tudo o que el Rei de cambaia quiser pois semdo medianeiro nestas pazes e semdolhe feitas tamtas lembramças sobre se nam falar nesta parede ha comcedeo a el Rei de cambaia em tamto desseruiço del Rei noso senhor e perjuizo noso: e quem jsto fez nam creyo que deixará de fazer tudo comforme ao que el Rey quiser, e alem disto parece gramde desonor del Rey noso senhor jr por embaixador a cambaia hum omem que tem compradas quamtas mercadorias ha nesta cidade que parece que vai la fazer mais sua fazemda que hũ negocio tam importamte como este e em que tamto vay. 1548 Setembro 9

Quamto ao que mais pedem a v. s. que as naos del Rei navegem sem cartazes e que as outras de cambaia nam venham paguar os direitos a dio a sua alfamdegua a mim me parece que o mayor estado que el Rei noso senhor nestas partes tem he saberse em todo o mumdo que nom ha cousa segura nesta terra senão os que nauegu ão debaixo deste nome de seguro que os seus capitãis dão e nam auerá nao em cambaia que nam digua que he del Rei e comcederselhe isto parece que he comtrariar a priminemcia do estado del Rei noso senhor: e asy me parece que nhũa nao de cambaia que naueguão pera ho estreito deue deixar de uir paguar os direitos á al-

1548 Setembro 9 famdega de dio por que este he soo e o primcipal jmterese das pazes de cambaia.

Lembro a v. s. que em quamto neste negocio nam se acaba de tomar comcrusão, que deue de mamdar aos capitãis de dio, chaul, baçaim que nam mamdem nem dem nhũas licemças pera nhũs omems nem fazemdas pera cambaia por nam dar ocasião a lamçarem mão deste embaixador e de tudo que de la for nam lhe comcedemdo esta parede em que tamto se el Rei jmsiste e tão perjudicial nos he: e isto he o que me parece que v. s. deue de fazer e que mais cumpre ao seruiço del Rei noso senhor: em goa a IX de setembro de 548.

Nas costas: Asinado que dom framcisco de lima deu ao gouernador sobre as cousas de cambaia.

Treslado do Contrato que o Governador Garcia de Sá fez com a Rainha de Batecalá, sobre o pagamento de pareas, em Goa, a 17 de setembro de 1548

(Tombo do Estado da India, fol. 199.)

1548 Setembro 17 Em nome do mui altisymo e todo poderoso deos, saibão quantos este contrato de pazes e perpetua amizade virem, como a esta cidade de guoa ffoy envyado poca naique por embaxador da Raynha de batecalaa ao senhor gracia de saa, capitão geral e governador da India pelo mui alto e muito poderoso Reey dom João o terceiro d'este nome noso senhor, o qual depois de ver e eniximinar hũa ola que o dito embaxador lhe trouxe da dita Raynha, e depois de ter sobre as ditas pazes praticado, ffoy ffeito este contrato, a saber, que a Raynha de batecalaa se obrigaua de em cada hum ano paguar a elRey noso senhor as pareas que ela he obriguadas paguar pelo contrato sobre elas ffeyto; e que as *que* deue dos anos pasados se obrigua pagualas, não mostrando como as tem paguas aos officiaes do dito senhor; e que d'oje em diante das terras dos pondis, e calatore, e senhoryo de batecalaa, não sairão nem se armarão parós de ladrões, nem se recolherão. E sendo caso que os ladrões hay venhão de fora parte a vender algũas cousas, a dita Raynha lhas tomaraa pera sy, todo o que eles ahi leuarem, e não lho tomando, ela se obrigua a paguar toda a perda e dano que eles ffizerem aos portugueses e vasalos do dito senhor, e asy a entreguar todos os parós, que ahy em suas terras da dita Raynha estiuerem, dos pondis; e não consentiraa ffazerense mais outros alguns nem que sayão d'ay, e fazendose o contrayro, este contrato de pazes não averaa efeito nem se conpryraa, e cunprindo ela inteiramente, sem cautela, as cousas sobreditas, o dito senhor prometeo em nome delRey noso senhor, e pelos poderes que de sua Alteza tem, de em todo cunprir este contrato de pazes, e de o mandar guardar sem duuida algũa, com tal condição que a dita Raynha mande a sua senhoria outro taal contrato como este, asynado e afirmado por ela e pelos seus regedores e oficiaes, e chapado segundo seu custume, de sorte que o não posão contradizer, em que se obrigue cunprir todo o sobredito: e pera firmeza, mandou o dito senhor governador fazer este contrato de pazes, e asynou de seu nome, e mandou aselar com o selo das armas de sua Alteza: ffeyto n'esta cidade de guoa aos xbij dias de setenbro pelo licenciado francisco aluarez sacretaryo, ano do nacimento de noso senhor Jhesum Christo de jbᶜRbiij anos (1548). 1548 Setembro 17

Contrato das pazes, que se fizeram na cidade de Goa com o Mealecão em tempo do Viso Rey D. Pedro Mascarenhas, confirmadas em tempo do Governador Francisco Barreto

(Arch. Port. Oriental, fasciculo 5.°, n.° 153.)

Em nome de Deos amen. Sejão certos os que este contrato virem que no anno do nacimento dè nosso senhor Jesus Christo de mil quinhentos cincoenta e cinquo annos aos vinte e quatro dias do mez de abril nesta cidade de Goa nos apo- 1555 Abril 24–30

1555 Abril 24-30 sentos da fortaleza della, onde ora está o muito illustre senhor Dom Pedro Mascarenhas, do conselho delRey nosso senhor, e seu VisoRey nestas partes da India, estando ahy presente Sua Senhoria, e asy o Mealecão, verdadeiro socessor do estado do Ydalcão, por elle foi dito que o dito estado lhe pertencia como a filho legitimo que hera de Jufo Ydalcão, por seu neto Malucão, filho de Ismael, que no dito estado socedeo por falecimento do dito seu pay, por ser filho mais velho irmão delle Mealecão, fallecer sem legitimo erdeiro, e lhe tirar os olhos Ybraemo, que ora ho dito estado endevidamente pessue, por ser filho bastardo do dito seu irmão, que ouve em huma sua manceba, o qual como tirano desterrou a elle Mealecão, e lhe tomou suas rendas com receo dos grandes e principaes do estado o aceitarem por Rey e senhor, e que do desterro fora chamado por alguns delles pera lhe ser entregue seu estado, e vindo ter a esta cidade por fallecer o Acedecão, pessoa principal neste negocio, e no reino, não podéra aver effeito, e des então estava nesta cidade, posto que neste tempo os Governadores que forão, desejárão muito de aver conclusão neste caso, e tratassem muitas vezes de o efeituar sem chegarem a isso. E por ora nosso senhor, como justo juiz, mostrar caminho pera se lhe dar o seu, permetio estar o dito Ybraemo malquisto com os grandes do reino, que com elle trazem deferenças e guerras, e se offerecem a meter a elle Mealecão de posse do dito estado; e que por elles o não poderem fazer sem ajuda e favor de Sua Senhoria, que representava a pessoa e estado do dito senhor, cujo VisoRey hera, do qual elle Mealecão tinha recebido emparo, e muitas onras e mercês, e sostentamento de sua pessoa e casa em todo o tempo que nesta cidade resedio, que vay em treze annos pouco mais ou menos, lhe requeria de sua parte ouvesse por bem mandallo pôr em Pondá, que he huma das fortalezas do dito estado, que estão aquem do Gate, e lhe dar licença pera isso, e favor, e ajuda, que a Sua Senhoria bem parecesse pera poder ser restituido no seu; e que pera conhecimento deste tamanho beneficio e mercê, que esperava de lhe ser feita em no assy mandar poer no dito

Pondá, e por respeito das muitas que ja tinha recebidas, elle desdagora prometia a elRey de Portugal nosso senhor, e se obrigava de lhe manter verdade, e de comprir e guardar todos os seus mandados, que forem pera as cousas da jurdição das terras que lhe offerecia, e de ser amigo do estado de Sua Alteza, e dos que forem amiguos dos Portuguezes, e contrario de seus inimigos, aos quaes não daria nem dara favor nem ajuda alguma, antes os persiguirá em quanto suas forças abrangerem, e acudirá com sua propria pessoa a isso, sendo necessario. 1555 Abril 24-30

It. E que dá ao dito senhor doje pera todo o sempre pera elle e os successores dos Reinos de Portugal todo o direito que tinha e pode ter per qualquer via que fosse nas cidades, villas, e lugares, rios, e portos de mar que forão do senhorio desta cidade de Goa em tempo de mouros e gentios, as quaes terras de Goa começão do rio de Hetancora, da tanadaria de Sanviser, que he o extremo das terras de Canarás de Garçopá, e vão fenecer no rio de Tamboná, tanadaria de Salsy, que se chama Acherá, e des das agoas vertentes do Gate até o mar com todo o Conquão de Porbuly, fiquando e entrando tambem nesta demarcação Dabul com suas terras; e que todo ho sobredito dava e concedia com todallas villas, cidades, e fortalezas, lugares, portos, e alfandegas, rendas, foros, tributos, officios, jurdição, mero e misto imperio, que por qualquer via que seja lhe pertenção, ou possão pertencer aos direitos senhorios das ditas terras, com todollos portos do mar, rios, e todas as outras cousas que estão dentro das ditas demarcações, sem elle Mealecão, nem os seus sucessores do dito estado em tempo algum per nenhuma via que seja pertenderem ter direito, nem jurdição em todo ho sobredito, nem em cada huma das ditas cousas, e todo livremente deixar pessoir e aver ao dito senhor, e aos socessores dos Reinos de Portugal por seus governadores, capitães, e officiaes como cousa sua propria, e de sua coroa.

It. E avia por bem que o dito senhor, e Sua Senhoria e os governadores que nestas partes fossem, possão mandar fazer os baluartes que lhe bem parecer no alto do dito Gate,

1555 Abril 24-30 e nos passos delle pera segurança e guarda das ditas terras e povoações que estão delle para o mar, e nas ditas fortalezas e baluartes possão pôr os capitães e jente d'armas que ouverem por bem.

It. E asy avia por bem que os tratantes viessem com suas mercadorias, fazendas, e mantimentos das terras de seu estado ás que per este contrato ora concede ao dito senhor, sem lhe serem tolhidos os caminhos e passos em tempo algum doje pera todo sempre, sem lhes por isso levarem mais tributos nem direitos senão os que estão antigamente postos, e se levão.

It. E queria e avia por bem que as moedas douro, e prata, e cobre, e de toda a sorte corressem de suas terras pera as do dito senhor, e as dos Portuguezes pera as terras do seu estado, sem nas compras nem pagamentos aver nenhuma duvida nem embargo a se receberem, sô pena de quem as regeitasse encorrer nas penas que o direito dá a quem não recebe a moeda de seu Rey; e quando fossem faltas do verdadeiro peso que avião de ter, se satisfaria a valia do que mingoasse na moeda pela parte que com ella fizesse pagamento: e esto se entenderia e trataria asy em quoanto as moedas estivessem na valia em que ora estavão, porque abaixandose por alguns delles ditos senhores, ou pelos que lhes socedessem, averia nisso outra ordem.

It. E disse o dito Mealecão que elle se obrigava a não recolher em suas terras os Portuguezes e vassalos do dito senhor, que la fossem sem licença dos governadores e capitães de Sua Alteza.

It. E que os escravos dos Portuguezes que pera suas terras fugissem, e se acolhessem a quaesquer partes de sua jurisdição e estado, os não consenteria, e os mandaria entregar a seus donos; e tornandose mouros, os faria vender, e entregaria o dinheiro, que se nelles fizesse, a seus senhores.

It. E que os rendeiros e officiaes do dito senhor que por dividas que a Sua Alteza devessem se acolhessem ás terras delle Mealecão, se obrigava aos mandar prender, e entregar ás justiças de Sua Alteza quando lhe fosse requerido.

It. E asy prometeo elle dito Mealecão de nunqua em tempo algum demandar, nem pedir quoaisquer rendas occultas ou manifestas, presentes ou passadas dos tempos atraz, que fossem devidas ou obrigadas a se pagarem ao senhorio do Ydalcão os povos e limites daquellas terras e lugares atraz declarados, que ora ao dito senhor concedia, porque todas as alargava a Sua Alteza, que mandasse arrecadar e receber como cousa sua, asy as que até o presente forem devidas, como as que mais se deverem até com effeito se as ditas terras entregarem ao dito senhor. 1555 Abril 24-30

It. E se obrigou mais o dito Mealecão que depois de o Sua Senhoria ter posto em Pondá com a gente e favor que pera isso lhe fosse necessaria, se lhe quizesse dar alguma jente d'armas com hum capitão que a governasse, e huma bandeira de Sua Alteza que o ajudasse, e fosse com elle ao Ballagate, que lhe prazia, e era contente, e prometia dar para Sua Alteza a terça parte de todo ho dinheiro, ouro, prata, pedraria, e joias de qualquer thesouro que na dita conquista ganhasse, e ouvesse per qualquer via que fosse, e isto em quanto os ditos Portuguezes andassem em sua companhia, e o não desemparassem, por quanto os outros dous terços queria hum pera sy, e o outro pera os soldados e lascaris que o na guerra servissem.

It. E que aos ditos Portuguezes que com elle fossem ao Ballagate daria cavalgaduras compradas por seu dinheiro, e lhes daria de soldo o que se no dito Ballagate custuma dar á jente branqua, e Parseos, e Turcos, que andam na guerra.

It. E disse mais o dito Mealecão que se obrigava que sendo caso que depois de o Sua Senhoria ter posto em Pondá, e se por falta do favor de seus vassallos e amigos, que se lhe ora na terra offerecião, ou per qualquer outra via desistisse da empresa que ora começava, e se tornasse recolher a Goa, ou se fosse pera qualquer outra parte, e Sua Senhoria e os que o socedessem ficassem em guerra com o Ydalxá per esta causa de lhe ter dado licença e favor pera sua ida, que elle dito Mealecão com sua pessoa e fazenda se obrigava ao ajudar e a este estado pera a dita empresa todo o tempo que a

1555 Abril 24-30 contenda durasse: e a mesma obrigação fez Coje Semacedym de com sua pessoa e fazenda hajudar a Sua Senhoria e aos governadores que neste estado socederem.

It. E disse mais o dito Mealecão que por quanto se o nosso senhor ajudasse a ser restetuido em seu estado não podia escusar pera conservação delle, e pera o serviço de sua pessoa mandar trazer da Persia alguns cavallos em cada hum anno, que Sua Senhoria lhe permetise em nome de Sua Alteza doje para sempre depois delle ser metido de posse de seu estado, de lhe deixar tirar forros dos direitos que se costumão pagar nesta cidade a Sua Alteza cinquoenta cavallos em cada hum anno; e isto dos que elle mandasse trazer pera sua pessoa comprados por seu dinheiro, e feitorisados por criado ou feitor seu.

It. E que em cada hum anno podesse tambem das mercadorias que mandasse trazer das ditas partes ou d'outras quaisquer compradas do seu dinheiro, tirar d'alfandega desta cidade livres e forros dos direitos até contia de doze mil pardaos douro de emprego, dos quaes doze mil pardaos de mercadoria ho não obrigarião os rendeiros e officiaes da dita alfandega a lhe pagar os direitos que estava em costume levaremse a outras pessoas. E que estas liberdades dos cinquoenta cavallos forros, e doze mil pardaos de emprego pedia lhe fossem concedidos em cada hum anno que os mandasse trazer, porque o anno que lhe não viesse, não gozaria do dito interesse, nem pediria satisfação delle pera os annos vindouros, posto que lhe viessem os ditos cavallos e mercadorias em dobrada cantidade,

It. E que outrosy lhe concedesse Sua Senhoria que nos seus rendeiros e officiaes que o servissem na arrecadação das suas rendas depois delle dito Meale ser posto em seu estado, se por dividas que lhe devessem fogissem pera Goa, ou pera as terras do dito senhor, e dos socessores dos Reinos de Purtugal, se goardasse a ordem que no capitulo atraz hera declarado pera os rendeiros e devedores de Sua Alteza, e lhos mandasse entregar a elle dito Meale, ou a seus socessores quoando ho requeressem.

It. E que os escravos que lhe fugirem, e se acolhesem ás terras de Goa, ou a quaisquer outras do dito senhor, que outrosy fossem entregues e restituidos a seus donos; e fazendose christãos, fiquarião nas terras delRey nosso senhor, e se tornaria o preço per que fossem vendidos, aos ditos seus donos. 1555 Abril 24-30

It. E asy disse mais o dito Mealecão ha Sua Senhoria que nas tèrras e comarqua conteuda n'este contrato que ora dava pera a coroa dos Reinos de Purtugal, Sua Senhoria e os Governadores que o socederem não mandarião derribar as mesquitas e pagodes que ora tinhão feitas nas sobreditas terras, nem os costrangerião a deixar sua ley fazendolhes força alguma, senão receberião somente os que per sua vontade se quizessem fazer christãos.

It. E outrosy pedio que os gentios e mouros que nas ditas terras ficassem depois de Sua Senhoria ter tomado posse dellas, lhe não fossem tomadas suas erdades, ortas, e outras fazendas de raiz, pagando elles inteiramente os foros e trebutos que á sua Sua Alteza fossem obrigados, e gozarião de as pesoirem como até quy as tiverão em quoanto não cometessem delitos por que por direito merecessem perder seus bens.

It. E que sendo Sua Senhoria de todo o conteudo neste contrato satisfeito, e aceitasse, elle dito Mealecão lhe prazia para mais segurança do que asy nelle lhe prometia, de deixar suas molheres nesta cidade de Goa, e asy a suas filhas, e a hum dos seus filhos, os quaes não fossem fora da dita cidade até elRey nosso senhor ser empossado de todas as terras conteudas e declaradas neste contrato; e que depois de asy Sua Alteza ser satisfeito do que lhe asy prometia, elle dito Mealecão poderia mandar pelas ditas suas molheres e filhas, e Sua Senhoria lhe deixaria ir livremente, ficando nesta cidade o dito seu filho, o qual estaria em poder de Sua Senhoria e dos Governadores que o socedessem todo o tempo que elles Governadores ordenassem pera firmeza e mais segurança de sua paz e amizade.

E que do que asy prometia elle dito Mealecão e seus fi-

1555 Abril 24-30 lhos, a saber, Mamedecão, e Meadebul Cadil, jurarião no moçafo de o comprirem, e de em nenhum tempo, em parte nem em todo, hirem contra nenhuma das condições e clausulas prometidas e otorgadas por elles neste contrato; e que tendo os seus vassallos, ou os delRey nosso senhor antre sy algumas deferenças, ainda que antre elles entreviesse mortes, ou outros escandolos, que nem por isso sua amizade, que asy tinhão assentado, ficasse quebrada, antes fossem por elle dito Meale, e per Sua Senhoria castigados os culpados per justiça conforme a suas culpas, e as amizades per elles assentadas ficassem firmes e valiosas pera sempre.

E visto por Sua Senhoria todo ho sobredito, e como o Mealecão lhe tinha os dias passados estas cousas sobreditas requeridas e prometidas da maneira que lhas ora concede, ouve sobre isso conselho com letrados teologos, canonistas, juristas, e com os capitães e fidalgos, e os vereadores principaes cidadãos desta cidade de Goa, e com elles assentárão de dar licença ao dito Mealecão pera o que pedia, e o mandar poer em Pondá pera dahy com sua gente ir tomar posse de seu estado; e requerendolhe alguma ajuda de jente pera mais seu favor, daria Sua Senhoria aquella que lhe bem parecesse com aver o terço do thesouro que se na conquista ganhasse e aquerisse pela maneira sobredita, e ficarem livremente todas as terras, rendas, foros, e trebutos com as mais cousas que o dito Mealecão tinha neste contrato prometidas pera ElRey nosso senhor, e os socessores do Reino de Purtugal: e por lhe isto parecer cousa do serviço delRey nosso senhor e bem destas partes, o avia em nome de Sua Alteza asy por bem, e o otorgava, e pormetia asy, e pela maneira acima e atraz declarado de o comprir, e que o mesmo farião os V. Reys e Governadores que pelo tempo em diante nestas partes forem.

E logo ahy pelo dito Mealecão, e pelos ditos seus filhos Mamedecão, e Meadebidul Cadil, que presentes tambem estavão, foi dito que todo o conteudo neste contrato elles otorgavão e concedião, e prometião de o cumprir doje pera todo o sempre, renunciando de sy todo o direito, aução, senhorio, que nas terras, direitos, e cousas conteudas neste contrato tinhão e podião ter por qualquer via que fosse, e todo o concedião e trespassavão no dito senhor, e nos socessores dos Reinos de Portugal, e jurárão na sua ley e no seu mossafo de nunqua em nenhum tempo o contradizer, e de todas e de cada huma das ditas cousas cumprirem muy inteiramente. 1555 Abril 24–30

E estando asy pera asinar este contrato Ally Ydalcão e seus filhos, e o senhor V. Rey foi movido mais per condição necessaria pera cada huma das partes, que por quanto muitas vezes acontece serem agravados muitos Portuguezes, que com suas mercadorias ou a negocios vão ao Ballagate, e lhes tomão la suas fazendas, que o senhor V. Rey com os Governadores que o socedessem, acontecendose tal cousa, mandaria requerer a Ally Ydalcão, ou quem em seu lugar governasse, que mandasse fazer justiça, e entregar a fazenda que assy fosse tomada, e não lhe fazendo com brevidade entregar, Sua Senhoria e os Governadores que depois viessem, mandarião fazer embargo, e reprezaria em qualquer fazenda do Ydalcão, ou de seus vassallos, que em Goa, ou em qualquer das fortalezas de Sua Alteza que estivessem, até com effeito ser restituida á parte que estivesse desaposado do seu; e que nem por esta reprezaria e embargo deixarião de ficar valiosas e firmes suas pazes e amizades declaradas neste contrato: e a mesma ordem teria Ally Ydalcão quando seus vassallos se queixassem de lhe ser tomado o seu sem lhe quererem fazer justiça, mandado requerer.

E logo foi jurado per Sua Senhoria em hum missal que lhe apresentou ho Padre Baltezar Dias, Reytor do Collegio de Sam Paulo, em que o senhor Governador poz a mão, prometendo no dito juramento dos santos avangelhos de em todo o que lhe fosse possivel goardar e comprir os ditos contratos: e o mesmo juramento foi feito por Ally Ydalcão, Mamedecão seu filho, e por Meadebul Cadil, e outro seu filho, e logo puzerão a mão no seu mossafo segundo costume de sua ley, prometendo cada hum per sy de mui inteiramente goar-

1555 Abril 24-30 darem e fazer goardar todo o sobredito, e asy o jurou Coje Cemacedym Asedecão presente mym Rodrigo Anes Lucas, Secretario, que este contrato acabei de escrever, e forão presentes aos ditos juramentos Dom João Lobo, e Dom Antão, Fernão Martins Freire, Vasco da Cunha, o Padre Baltazar Dias, Coje Porcoly, Cosme Anes, Vedor da fazenda; e estes contratos lhe forão declarados per Christovão do Couto, lingoa, que tambem hera presente; e foi assignado nos aposentos de Banastarym, onde acabei de as escrever o derradeiro dabril da sobredita hera. — *O Visso Rey Dom Pedro — Dom João Lobo — O Padre Baltazar Dias — Fernão Martins Freire — Dom Antão de Noronha — Cosme Annes — Vasco da Cunha — Rodrigo Annes Lucas — Ally Ydalcão — Mamedecão* — e outro seu filho — *Coje Semasedym — Christovão do Couto.*

1555 Maio 2 Aos ij dias do mez de Mayo da era de 1555 annos, na fortaleza de Pondá, estando eu Rodrigo Annes Lucas, secretario, na dita fortaleza, donde fui com os capitães e fidalgos, e gente que o senhor Governador mandou acompanhar Alle Ydalcão, sabendo que estava em esta companhia e era vindo, me mandou chamar, e me disse que lhe escrevesse huma carta a Sua Senhoria, em que lhe dava conta da obediencia e amor, com que os seus vassallos o vinhão receber e visitar, sabendo que Sua Senhoria o tinha mandado pôr em sua liberdade com as mais onrras e mercês que nisto tinha feitas, as quaes elle dito Alle Ydalxá tanto estimava que desejava merecellas e servillas a ElRey de Portugal nosso senhor, e a seus Governadores todo o tempo de sua vida: e porque ao presente não podia como desejava, me dizia que se trazia os contratos que asynára em Benastarym, porque os queria ver, e eu lhos dey, e me mandou que fizesse per minha letra estas regras, nas quoais afirma e confirma tudo o que atraz no dito contrato he escrito, e o pormeteo de o comprir e guoardar muy inteiramente o que asy nelles he declarado, e espera de com muitas mais ventagens lhe reconhecer os muitos beneficios que lhe Sua Senhoria tinha feitos; e por me asy requerer o fiz, sendo presente seus filhos, e Dyanatacão, capitão de Pondá, e Coje Porcoly, e o capitão de Goa Gaspar de Mello de Sampayo, Martym Affonso de Miranda, Dom Francisco Mascarenhas, Gonçalo Correa, Francisco de Mello, Antonio Ferrão, Tanadar mor, e eu Rodrigo Annes Lucas, secretario, que este assento fiz por me asy dizer o dito Ale Ydalcão, porque queria ora, por ser em sua justa liberdade, confirmar tudo o que por elle hera asygnado nos limites da ilha de Goa; o qual contrato fiqua feito em duas folhas de papel e esta meya, em que Sua Alteza asynou com seus filhos, e os abaixo escritos no dia e era sobredita.—O sinal do dito Ale Ydalcão, e dos filhos. — *Gaspar de Mello de Sampayo — Martim Affonso de Mello — Dom Francisco Mascarenhas — Gonçalo Correa — Francisco de Mello.* 1555 Maio 2

Ao derradeiro dia do mes dagosto da era de 1555 annos na aldea de Belgão, termo das terras de Pondá, em a tenda do senhor Francisco Barreto, capitão geral e governador destas partes da India, estando hy Ale Ydalcão e seus filhos, Çalabatecão, e Catatacão, e o Acedecão, e Deanetecão, e outros, per sua Senhoria foi dito aos ditos capitães que pois elles erão vindos a serviço do Ydalcão Aly segundo se continha nas cartas de crença que lhe tinha enviadas Aynel Maluquo, que elle era contente de lhe entregar a pessoa do dito Ydalcão, o qual tinha posto avia dias em sua liberdade em Pondá, assy e da maneira que pelo V. Rey Dom Pedro, que Deos aja, estava assentado, e que elles todos per sy e em seu nome, e em nome do Ynel Maluquo, que os a isto enviou, jurassem no mosafo per seu verdadeiro Rey e senhor ao dito Ydalcão; e elles forão disso mui contentes, e o jurárão, e prometêrão de sempre obedecer e servir como a seu Rey e senhor que he, e o por tal o recebêrão e obedecêrão, e assy jurárão de obedecer a todos seus filhos e erdeiros, a que legitimamente pertencer erdar seu reino e estado, e que todalas terras e fortalezas que o dito Ynel Maluquo e elles tinhão aqueridas do seu estado, e que a elle pertence, que elles prometião de lhes entregar e pôr em sua obediencia, para 1555 Agosto 31

1555 Agosto 31 que dellas ordene o que fosse sua mercê, e assy de todallas que tem sogeitadas, e que em nenhum tempo elles, nem suas gentes desempararão o serviço e obediencia do dito Ydalcão, e compririão elles, e cada hum delles inteiramente, e o dito Ynel Maluquo, em cujo nome vinhão tambem obedecer; e que nenhum concerto e amizade farão, nem consentirão fazer com Ybraemo, que endevidamente tem o nome de Ydalcão, nem com o filho, neto, bisneto, nem pessoa outra alguma de sua geração, nem parcelidade, nem amizade alguma tratarão com cada hum delles, nem com outro nenhum principe nem Rey comarcão do dito estado, nem com outra nenhuma pessoa que seja em prejuizo do dito Alle Ydalcão sem seu expresso consentimento, e sem o fazerem a saber ao Governador da India que antão for; e asy prometião e juravão que nem per sy, nem per outrem, agora nem em tempo algum contrariarião, nem desfarião nos contratos, pazes, e amizades, e beneficios, e doações, que o dito Ale Ydalcão tem feitos e contratados com o Viso Rey Dom Pedro Mascarenhas, que Deos aja, e que ao diante confirmar e contratar asy com o senhor Governador, como quaisquer outros que ElRey nosso senhor tiver persidentes neste Estado, antes os confirmão e aceitão em seu nome, e dos ausentes agora e pera sempre. E loguo o dito Ydalcão Aly jurou e prometeo no mosafo de comprir e guardar muy inteiramente todo o que com o Viso Rey Dom Pedro tinha assentado no contrato atraz escripto, e que asy e da maneira que se nelle continha o tornava a confirmar, pera se muito mais conservar a amizade que elle tinha com o senhor Francisco Barreto, Governador que ora he, e que queria e desejava ter pera sempre com todollos Governadores que o muito alto e muito poderoso Rey Dom João o 3.º e os Reys de Portugal mandase residir neste Estado, e o asynárão, e os sobreditos capitães o jurárão perante mym Rodrigo Annes Lucas, Secretario, declarandolhe o acima escrito Christovão do Couto, lingoa do senhor Governador, sendo presentes o capitão de Goa Jorge de Mendonça, e os Vereadores em ella Matheus Fernandes, e Manoel Fidalgo, e Dom Antão de Noronha, Coje Porcolly, e Agostinho Fernandes, ouvidor geral, o Licenciado Amrique Jaques, desembargador da casa da sopricação, e Coje Porcoly morador em Goa, e eu Rodrigo Annes Lucas, que o escrevi na dita tenda, dia e era sobredita—*Francisco Barreto*—*Salabatecão*—*Tatecão*—*Anetecão*—*Jorge de Mendonça*—*Amrique Jaques*—*Agostinho Fernandes*—*Manoel Fidalgo*—*Matheus Fernandes*—*Christovão do Couto*. 1555 Agosto 31

Mando ao Chanceller e Desembargadores que em Rollação vejão este contrato que Mealecão fez com o V. Rey Dom Pedro, que Deos perdoe, e comigo retificou, e vejão se Coje Cemacedym per elle he em alguma cousa obrigado a Sua Alteza por respeito dos gastos e despezas que à custa de sua fazenda se fizerão, e se o deve por elle reter, e o mandar obrigar, e de tudo o que lhes parecer que devo fazer com justiça ponhão aqui seu parecer, sendo presente o procurador do dito senhor. Em Goa a 9 d'Outubro de 1556.—*Francisco Barreto*. 1556 Outubro 9

Satisfazendo ao mandado de V. S.ª parece, vista a forma do contrato, que em quanto não ouver guerra, a que se obrigou Coge Cemacedym pela maneira declarada no dito contracto, que não deve de ser reteudo nem requerido por agora a que pague cousa alguma por rezão de dito contrato. Em Guoa a 9 de Outubro de 1556.—*Francisco Alvres*—*Gonçalo Lourenço*—*Agostinho Fernandes*—*Tyntino Martins*—*Jeronimo Rodrigues*.

O qual contrato foy aqui tresladado do proprio de verbo a verbo como nelle hera conteudo sem borradura nem antrelinha, cousa que duvida faça, per mym Andre Ayres, escrivão dos contos, e o concertey com o Contador Alvaro Mendes Pereira, o que asy o certeficamos oje 8 de Abril de 1581.—*Andre Ayres*—*Alvaro Mendes Pereira*.

(Livro de registos antigos no Cartorio da fazenda, fol. 66.)

Contrato e assentamento de pazes de El-Rey de Bacalá Goa, 30 de Abril de 1559

(Arch. Port. Oriental, fasciculo 5.º, n.º 296.)

1559 Abril 30 Saibão quantos este estromento de contrato e assentamento de pazes e amizade virem que no anno de nacimento de nosso senhor Jesu Christo de mil e quinhentos cinquoenta e nove annos nesta cidade de Guoa aos trinta dias do mes de Abril do dito anno, na fortaleza da dita cidade, nas casas do aposentamento do Illustrissimo Senhor o Senhor Dom Constantino, Viso Rey da India, estando Sua Senhoria de presente, e bem assy Guanuu Bysuar, veedor da fazenda de ElRei Paramandaa Raj, Rei de Bacalaa, e Nematacão, seu embaixador, e loguo per Sua Senhoria foi dito perante as testemunhas ao diante nomeadas que o dito Rei lhe mandara os ditos embaixadores com sua carta de querença, pelos quaes lhe fora dito em nome do dito Rey, e por sua parte, que elle desejava muito ter pazes e amizade com este Estado de El-Rey nosso senhor, pera daqui em diante com sua ajuda, e favor, e amparo, os Portuguezes e outros mercadores poderem ir ao seu reino e portos com suas mercadorias e tratos, e elle tambem as mandar em suas naos ás fortalezas de Sua Alteza, e assy pera ser favorecido e ajudado dos Portuguezes, que la forem, contra os seus imiguos, e que por esta liança e amizade, e contratação queria paguar certas pareas a ElRey nosso senhor pera ajuda de suas despezas, e provimento de seus almazens e armadas; e visto per Sua Senhoria a dita embaixada, e vontade, e desejos que o dito Rey tinha de se cheguar ao emparo deste Estado da India, e por os ditos embaixadores trazerem seus poderes pera em seu nome assentar tudo o que lhes bem parecesse, lhes concedeo em nome d'ElRey nosso senhor a dita contratação de pazes, e as assentou com elles per esta maneira, e com as condições de huma parte e de outra ao diante decraradas pera em todo tempo se comprirem.

Item. Primeiramente lhe concedeo Sua Senhoria que elle

lhe abria a navegação do seu porto de Bacalaa, ou qualquer outro de seu reino, que o dito Rey pera isso ordenar, que mais conveniente for pera que a elle vão todas as naos e navios de Portuguezes que la quizerem ir com suas licenças, assy e da maneira que téguora hião ao Porto grande de Benguala, e aos outros portos daquella costa, de Paiguão até o porto de Bacalaa, com suas fazendas e mercadorias, não sendo defesas, e que nos ditos portos que ouver na dita costa de Paiguão ate Bacalaa não irá nenhum navio dos ditos portuguezes, nem nelles irá nenhum Portuguez fazer fazenda nenhuma, e assy o capitão mor que soya de ir ao dito porto grande de Benguala, e os mais navios de Portuguezes não irão la mais, e todos irão ao dito porto de Bacalaa, sob pena de qualquer delles que fizer o contrairo, e as pessoas que la forem fazer suas fazendas, perder o seu navio e fazendas pera ElRey nosso senhor, e elles serem castiguados como alevantados. E o porto que o dito Rey ordenar pera o dito trato sera tal e de maneira que os navios possão estar muito seguros. Posto que acima digna de Paiguão até o porto de Bacalaa, não será senão dos lemites de Benguala da costa do Porto grande. 1539 Abril 30

II. It. Com condição que os ditos Portuguezes e navios seus que forem ao dito seu porto, de suas fazendas que levarem e trouxerem lhe paguarão seus direitos, que serão aquelles que antigamente soyão de paguar no dito porto, e não lhes ennovarão os ditos direitos, nem se acrecentarão por via nenhuma.

III. It. Com condição que o dito Rey sera obriguado no dito porto a dar pera a cargua dos ditos navios que la forem todas aquellas fazendas e mercadorias que ouver em toda a dita costa de Paiguão até Bacalaa, pera os ditos navios não virem sem cargua, as quaes poderão comprar na terra, e fazelas ás suas avenças delles e dos mercadores que as trouverem, ou do dito Rey e seus oficiaes, se as ele tiver.

IV. It. Com condição que o dito Rey sera obriguado a não consentir em seu porto e terras fazer nenhumas tiranias nem semrezões ao capitão mor e mercadores Portuguezes que la

1539 Abril 30 forem, nem aver hy alevantamento antre elles, antes estarem sempre pacificos e amigos, e lhes fazer todo favor e ajuda, pera com milhor vontade poderem la ir os annos vindouros.

V. It. Com condição que Sua Senhoria sera obriguado a dar em cada hum anno ao dito Rey quatro cartazes pera poderem navegar quatro naos suas, a saber, duas pera esta cidade de Goa, onde paguará os direitos das fazendas que trouverem, e não podendo vir á dita cidade por caso do tempo ser curto, ou a monção guastada, ou por outro caso de versidade, então poderão tomar quoalquer outro posto de Goa para la. E porém os direitos das ditas fazendas que trouverem ficarão obriguados a paguar nesta alfandega, como se a ella viessem. E a outra nao para Urmuz, e a outra pera Malaqua, não indo nenhuma dellas a nenhum porto de nossos imiguos.

VI. It. Com condição que tendo o dito Rey guerra com os outros Reis, e senhores comarcãos, que ho capitão mor que la for com todos os Portuguezes lhe darão toda ajuda e favor que lhe for necessario contra os seus imigos, e o dito Rey sera obriguado a lhe fazer sua despesa em quanto andarem em seu serviço, e sera de maneira que tambem elles polo ajudarem não recebão perda em suas fazendas, e o dito Rey lhes dara guoarda a isso.

VII. It. Com condição que o dito Rey de Bacalaa sera obrigado a dar e paguar a ElRey nosso senhor de pareas em cada hum anno no dito porto estas cousas, a saber:

Cinquo mil candis darroz de carreguação pera provimento dos almazens e armadas de Sua Alteza, novo, bom, e de receber.

E cem candis de manteigua, boa, e enjarrada.

E cem candis dazeite da terra enjarrado.

E cem candis de breu engunados.

E cinquoenta fardos dasuquar branquo, bom.

E cinquoenta corjas de roupa serampuris.

E cinquoenta corjas de roupa traqueteás.

E cinquoenta corjas de roupa mazaguayns:

udo bom, e de receber de mercador a mercador. E tudo entreguarão ao capitão mor que la for, pera o trazer, ou a quem Sua Senhoria, ou o Veedor da fazenda da India pera isso ordenarem, e quando alguma das taes cousas não poderem dar polo não aver na terra, então dara a sua valia em outras cousas que lhe a pessoa que la for arrecadar isto requerer: e isto tudo dara posto na praya á sua custa do dito Rey, e sera dentro nos meses d'outubro e novembro de cada anno, pera que se embarque e se recolha nas embarcações em que ade vir a tempo que não perqua monção pera a India; e assy lhe mandará dar toda a ajuda de jente e embarcações que forem necessarias pera embarquar as taes cousas, e Sua Alteza lhes mandará paguar o custo que fizer da praya ate se embarquar debaixo da verga nos navios que as ande trazer. 1559 Abril 30

VIII. It. Com condição que querendo alguns Reis ou Senhores da dita costa de Paiguão até Bacalaa contratar pazes e amizades com Sua Senhoria, e pagarem outras pareas a ElRey nosso senhor pera irem navios a seus portos, que Sua Senhoria poderá fazer os ditos contratos sem quebrantar este, e poderá repartir os navios que pera la ouverem dir, segundo lhe couber, ao meio ou terços, limitando logo os que ande ir a este porto de Bacalaa, pera os outros irem aos outros portos. E porém o capitão mor irá ao dito porto de Bacalaa, asy como hia ao porto grande. E em quanto se não contratar com os ditos Reis e Senhores, os ditos navios e Portuguezes serão todos obrigados a irem ao seu porto de Bacalaa, ou aonde o dito Rey ordenar. E elle ficará sempre obriguado a paguar sempre as ditas pareas, posto que Sua Senhoria faça contracto com os outros Reis. E porém querendo elle dar o que derem os outros, então ficará tudo pera o seu porto, e com os outros se não fara.

A quoal contratação damizade com as ditas condições o Senhor Viso Rey em nome d'ElRey nosso senhor as concedeo ao dito Rey de Bacalaa, perante os ditos embaixadores jurou nos santos avangelhos em que poz a sua mão direita, e prometeo de em todo cumprir e guardar, asy e da maneira que nelle era decrarado, e os ditos embaixadores em nome do

1559 Abril 30 dito Rey de Bacalaa, seu senhor, tambem perante Sua Senhoria jurárão no seu moçafo, e prometêrão de em todo cumprir e satisfazer as obrigações do dito contrato, e pera isso obriguárão toda fazenda do dito Rey onde quer que fosse achada, e o seu porto e senhorios pelos poderes que elles trazião a tudo comprir e paguar sem engano nenhum, e pera firmeza de todo asynárão aqui com Sua Senhoria, e asy em outro trelado em portuguez que daquy sayo pera o elles levarem pera sua guarda, e outros dous que se fizerão em letra benguala deste teor, hum pera ficar com este, e o outro pera elles levarem com o terlado portuguez; e asy se obriguárão os ditos embaixadores a fazerem la jurar ao dito Rey este contrato pera o compir, e seria perante o capitão mor que la fose. Testemunhas que forão presentes. E Sua Senhoria obrigou a fazenda de Sua Alteza onde quer que for achada a cumprir este contrato. Testemunhas que forão presentes, João Valasques, camareiro de Sua Senhoria, e Cristovão do Couto, linguoa, e Fernão de Lima, e Francisco Pereira; e eu que o fiz escrever e sobescrevy. E o secretario de Sua Senhoria asinou com os embaixadores do dito Rey e testemunhas.—*Dom Constantino, VisoRey—João Valasques—Cristovão do Couto—Belchior Serrão—Fernão de Lima—Francisco Pereira.*—E tres sinaes dos embaixadores em letra morisqua.

O qual contrato foy aqui terladado bem e fielmente por mim Jorge Frolim, escrivão dos contos, e concertado com Domingos Ferreira, contador, em Guoa a 5 de Mayo de 1559.—*Domingos Ferreira—Jorge Frolim.* (Livro 3.º, fol. 81.)

Contrato de pazes que Jorge de Sousa Pereira, Capitão mór da armada que foi ás ilhas de Mamale, fez com Mamede Patydor e Habrão Patydor, Regedores das ditas ilhas, em 4 de fevereiro de 1560.

(Arch. Port. Oriental, fasciculo 5.°, n.° 330.)

Ano do nacimento de noso senhor Jesu Christo de mil e quynhentos e sesenta anos, aos quatro dias do mes de fevereiro do dito ano, vindo ter o senhor Jorge de Sousa Pereira, Capitão moor desta armada, que o senhor VisoRey Dom Constantino mandou ás Ilhas de Mamale, e dando ele na Ilha *Amene* saira em terra, e a destroira, e matara muita jente, e outra muyta tomara, e chegando a concerto de pazes e a partido com Mamede Patidor e com Habrão Patidor, Regedores da dita Ilha, em nome do povo dela, e por eles Regedores foy dito a ele senhor Capitão moor que eles se obriguavão a daar da dita Ilha por sy e mais sofreguanhas a ela, pela dita Ilha ser a principal patanaa, deles darem a ElRey noso senhor cada ano em pareas cento e cincoenta bares de cairo, de dezoito mãaos o baar, o qual cairo sera do que sempre fizerão ate o presente, o qual cairo eles se obriguárão a o levarem a Cochym á sua custa deles sem ElRey noso senhor nisso fazer gastos nem despesas nenhumas, o qual contrato ele senhor Capitão moor aceptou loguo em nome de ElRey noso senhor per conselho que sobre iso tomara com hos Capitães dos navios que em sua companhia vierão, com hos mais cavaleiros e fidalgos, que na dita armada vierão, e por todos a todos acordarem e asentarem no dito conselho que era bem que ele senhor Capitão moor aceptase as ditas pareas dos ditos cento e cincoenta bares de cairo de dezoito mãos o baar de cairo pera ElRey noso senhor posto á custa dos ditos Regedores em Cochim. E loguo pelos ditos Regedores foy dito que eles se obriguavão per sy e per suas pesoas como Regedores da dita Ilha e patena, e em nome do dito povo dela, e das mais Ilhas, a entreguarem o dito cairo em cada

1560 Fevereiro 4

1560 Fevereiro 4 hum ano por todo o mez de outubro de cadano em diante, e não no comprindo elles asy, de paguarem a ElRey noso senhor todas as perdas e danos, que ElRey noso senhor fizer e receber na armada que mandar a estas Ilhas arrecadar as ditas pareas, o qual contrato e obriguação eles ditos Regedores fizerão e aseytárão com ho dito senhor Capitão moor depois deles ditos Regedores estarem na dita Ilha postos em suas liberdades sem constrangimento, nem força alguma, que lhes pera yso fose feita, senão eles por sua propya, e boa, e livre vontade fazião e aceptavão em nome do povo o dito contrato pela maneira ja dita, e se avião por vasalos de ElRey noso senhor, e prometião, e se obriguavão de darem o baar dezoito mãos. E por asy elles ficarem por vasalos d'ElRey noso senhor prometêrão de não obedecerem a outra nenhuma pesoa, senão a ElRey noso senhor, e a seus Capitães, e de agasalharem os Portuguezes, que ás ditas Ilhas vierem ter, e delas não consentirem nenhuns ladrões, nem jente que de guerra esteja com ElRey noso senhor; e asy se obriguavão mais a dar conta de todos os Portugeses que ás ditas Ilhas vierem ter; e que pera mais abastança e segurança do dito contrato ser bom, e firme, e vallioso, elles se obriguavão a hirem a Cochym a darem fiadores abonados a eles comprirem o dito contrato asy e da maneira que nele vay decrarado. E diserão elles Regedores, e senhor Capitão moor que eles não poderão naveguar pera nenhuma parte, sem primeiro eles yrem tomar os cartazes a Cochim, e no dito Cochim lhos darão os Capitães de Cochim pera onde lhos pedirem, achando ser serviço de ElRey noso senhor daremlhos; e pellos elles Regedores asy aceitarem o dito contrato com ho dito senhor Capitão moor, asynárão aquy os ditos Regedores com ho senhor Capitão moor, e com hos Capitães da dita armada, e asy asinárão mais por testemunhas alguns Mouros do conselho, a saber, Ybrahem, e Muçaa, e Poquota. E eu Francisquo Gonçalves, escrivão darmada, que ho escrevi. E aquy asinárão mais por testemunhas Pedralvez da Nobregua, e Diogo Frasão de Vasquocomcelos (*sic*), e Gaspar Cardoso, e Francisco Fiuza, e Francisco Fernandes

Barba. E eu dito escrivão que ho fiz. E bem asy João Lourenço, linguoa, que ha tudo foy presente de o declarar pelos ditos Regedores não saberem falar português. E eu dito escrivão o escrevy. E asy poderão eles navegar tãobem conforme aos cartazes que lhe derem: pelo asy dizerem, asynaram aqui. E eu dito escrivão o escrevy. — *Jorge de Sousa* — *Habrão Patydor* — *Mamede Patydor* — *Ibrahem* — *Pacara* — *Musaa* — *Pedralvez da Nobregua* — *Gaspar Cardoso* — *Francisco Cabral* — *Fernão d'Affonsequa* — *Amador Galayo* — *Francisquo Rodrigues* — *Alvaro Nunes Sodré* — *Ambrosyo Pires* — *João Mourato* — *Dom João de Vasquocomsellos* (sic) — *Francisco Fiuza* — *Francisco Rebello* — *Dioguo Dias* — *João de Lourenço* (sic). 1560 Fevereiro 4

Assento da entrega, que os Regedores fizerão das Ilhas ao Capitão mor Jorge de Sousa Pereira

E loguo no dito mes e era atrás decrarado pelo dito Mamede Patedor e Habrão Patedor foy dito ao senhor Capitão moor que elles como Regedores de todas as Ilhas de Mamale, como principaes pesoas delas em nome de todo o povo elles entreguavão as ditas Ilhas todas a ele senhor Capitão moor em nome delRey noso senhor, o metião de pose delas, por quoanto eles não queriam ser vasallos de outro nenhum Rey nem senhor, nem a nimguem querião obedecer senão a ElRey noso senhor, e delle querião ser vasallos, por quanto eles esperavão de sostentar e soster, e outros (*sic*), por quanto eles nunqua foram sugeitos de seus antepassados a ninguem, e so o forão em algum tempo de Aberrajáo, eles doje por diante o não querião ser dele, senão obedecer a ElRey noso senhor, e que por tanto eles como Regedores e principaes pesoas em nome de todo o povo lho requerião, e pedião que ele tomase a dita pose por ElRey noso senhor, por quoanto eles não conhecião, nem querião conhecer outro senhor, senão a ElRey de Portugal e seus Viso Reis e Governadores e Capitães; e que per firmeza de tudo eles asy comprirem lhe

1560 Fevereiro 4 entreguavão loguo em presença dos capitães da dita armada, e cavaleiros, e fidalgos, lhe entreguavão em synal de paaz e obediencia hum ramo verde, o qual o dito senhor Capitão moor aceptou em nome de ElRey noso senhor, e do senhor Viso Rey, e pelo ele asy o ter, asynárão aqui com os ditos Regedores e Capitães, fidalgos, e cavaleiros, e eu dito escrivão o escrevy.—*Jorge de Sousa Pereira—Habrão Patidor—Habrão Patidor* (sic)—*Ambrosyo Pires—João Mourato—Francisco Cabral—Pedralvez da Nobregua—Alvaro Nunes Sodré—Francisco Fernandes—Dioguo Dias—Gaspar Cardoso—Francisco Fiuza—Dioguo Frazão de Vasquocomselos—Fernão d'Afonsequa—Amador Golaio.*

Requerimento que os Regedores das Ilhas fizerão a Jorge de Sousa, Capitão mor da dita armada

1560 Fevereiro 6 E depois desto aos seis do mes fevereiro do dito ano em esta Ilha de *Amene*, na galiota do senhor Jorge de Sousa, Capitão moor desta armada, perante ele senhor Capitão moor aparecêrão Mamede Patidor, e bem asy Habrão Patidor, e loguo per eles foy dito ao senhor Capitão moor perante mim escrivão abaixo nomeado, e persente os capitães dos navios darmada, que em sua companhia vierão, a saber, Amador Golayo, Fernão d'Afonsequa, e Alvaro Nunes Sodré, e Dioguo Dias, e Ambrosyo Pires, e João Mourato, e os mais cavaleiros e fidalgos, a saber, Francisco Cabral, Dioguo Frazão de Vasquocomselos, e Gaspar Cardoso, e Pedralvez da Nobregua, e Francisco Fiuza, e outras muitas pesoas, que lhe requerião a ele senhor capitão moor da parte d'ElRey noso senhor, de quem eles erão vasalos, que por quamto ele senhor Capitão moor estava de caminho pera ir ás mays Ilhas de Mamale, as quaes erão todas sofreguanhas a esta Ilha d'*Amene*, que por quanto eles estavão muyto temurisados da destruição, que ele senhor Capitão moor tinha feito nas duas Ilhas, que ele não vaa mais avante, por quoanto se eles obriguão a comprirem por todas as Ilhas e povo delas com as pareas, a que são obriguados, e que pera mais abastança e segurança de tudo eles se tornavão obriguar novamente a comprirem com ElRey noso senhor a lhe darem de pareas os ditos cento e cincoenta bares de cairo de dezoito mãos o baar, e que outrosy se obrigão a eles mandarem chamar os Regedores das duas Ilhas, pera que vão a Cochym, pera laa fazerem o contrato da maneira que atrás são obriguados, e que pera mais abastança e segurança eles se tornavão obriguar a comprirem o dito contrato, e darem fiança abonada a todo comprirem com ElRey noso senhor, de que ele senhor Capitão moor seja contente, o que visto pelo senhor Capitão moor, e requerimento que lhe os ditos Regedores fizerão, e a enformação que do caso tomárão com pesoas da terra, que as ditas Ilhas todas erão sofreguanhas a esta, e todos serem jaa vasallos do dito senhor, e com conselho que sobre iso tomara com as pesoas acima decraradas, e com os mais ser serviço de Sua Alteza não ir laa, nem pasar mais avante, visto como os ditos Regedores se obriguavão novamente a comprirem a ElRey noso senhor o dito contrato, o qual todo lhe foy decrarado per João Lourenço, lingoa, o qual tinha juramento de bem e verdadeiramente decrarar tudo pelo eles Regedores asy requererem ao senhor Capitão moor, e asynárão aqui, e eu Francisco Gonçalves, escrivão, que ho escrevy — *Habrão Patedor* — *Habrão Patedor* (sic) — *Dioguo Dias* — *Amador Golayo* — *Francisco Fiuza* — *Fernão d'Afonsequa* — *Pedralvez da Nobregua* — *João Mourato* — *Francisco Rebelo* — *Gaspar Cardoso* — *Diogo Frazão de Vasquocomselos* — *Francisco Cabral* — *João Lourenço* — *Antonio Pereira* — *Antonio Fernandes* — *Francisco Fernandes* — *Fernão Mendes* — *Francisco Gonçalves* — *João Fernandes* — *Pero d'Azevedo.* 1560 Fevereiro 6

Contrato, e fiança, e obrigação que os ditos Regedores das Ilhas de Mamalle fizerão com Jorge de Sousa Pereira, Capitão da Cidade de Cochim, em ausencia do Vedor da fazenda Aleixo de Sousa, por estar doente

Saibão quantos este estromento de concerto e contrato de fiança e obriguação virem que no ano do nacimento de noso 1560 Fevereiro 20

1560 Fevereiro 20 Senhor Jesu Christo de mil e quinhentos e sesenta anos, aos vinte dias do mes de fevereiro do dito ano, nesta cydade Santa Cruz de Cochym, dentro na fortaleza e pousadas do senhor Jorge de Sousa Pereira, Capitão da dita Cydade, estando ele haby de presente, e bem asy Antonio Gonçalves, contador delRey noso Senhor, que ora serve d'escrivão da fazenda, e pelo Senhor Aleixo de Sousa, Veador da fazenda, estar doente, faz por ele os negoceos da fazenda per sua comisão, e estando ahi de presente Habrão Paterre (*sic*) e Mamede Paterre (*sic*) Regedores e governadores das Ilhas de Mamale, e loguo pelo dito Capitão, e Veador da fazenda, e Regedores foy dito a mim Gomez Soarez, taballião pubriquo por elRey noso senhor em a dita Cydade, em presença das testemunhas ao diante nomeadas, que ele senhor Capitão per mandado do senhor Dom Constantyno, Viso Rey da India, fora com huma armada ás Ilhas de Mamale, e laa fizera hum contrato em nome do dito senhor com os ditos Regedores, per que elles se derão por vasalos delRey noso senhor, e o tomárão por senhor das ditas Ilhas, e se obriguárão a dar em cada hum anno cento e cincoenta bares de cairo, bom e de receber de mercador a mercador, e do peso das ditas Ilhas, posto nesta cydade de Santa Cruz de Cochym á sua custa deles por todo mes de outubro de cada hum ano, como se todo mais larguamente vera pelo dito contrato feito per Francisco Gonçalves aquy morador, que hia por escrivão da dita armada, feito a quatro dias do mes de fevereiro desta presente era, em que o dito Capitão, e Regedores, e Capitães dos navios darmada estão asynados com muitas testemunhas, e derão logo a ele senhor Capitão o dominio e senhorio, e posse das ditas Ilhas, que ele Capitão tomou e aceptou em nome do dito senhor, como se todo pelo dito contrato vera, o qual eles aprovão e rateficão asy e da maneira que se nele contém, e ho am por bom e firme, e vallioso doje pera todo sempre, e prometem e se obriguão em seu nome, e do povo das ditas Ilhas, per suas pesoas e fazendas asy o comprirem e guardarem. E porque no dito contrato se hobriguárão darem nesta cydade fiança a todo comprirem e guardarem, e paguarem as ditas pareas, que eles apresentavão, e de feito loguo ahi apresentárão per seus fiadores e principaes paguadores por tres anos somente a Chaudela Merca, mouro, mercador morador em Cochym de cima, e bem asy Ade Ramão, e Ale Poerá, e Coje Ame, mouros mercadores em o dito Cochym, e Coje Ame em Palliporto, em esta maneira, que sendo caso que os ditos Regedores não cumprão todos, e paguem as ditas pareas, que eles erão obrigados per suas pesoas e fazendas moves e de raiz a paguarem as ditas pareas dentro nestes tres anos, e comprirem todo como os ditos Regedores e povo das ditas Ilhas de Mamale são obrigados pelo dito contrato, pelos quaes fiadores, sendo todos presentes, foy dito ao dito Capitão e Veador da fazenda perante mim taballião e testemunhas, que a eles aprazia, como de feito loguo aprouve, ficarem por fiadores e principaes paguadores dos ditos tres annos pelos ditos Regedores e povo das ditas Ilhas em esta maneira, que sendo caso que eles não dem e paguem o dito cairo ao dito tempo pelo modo e maneyra atrás decrarado, que em tal caso eles se obriguão per sy e todas suas fazendas moves e de raiz, avidas e por aver, a loguo paguarem todo como fiadores e principaes paguadores sem mais terem de ver com hos ditos Regedores, se não quygerem os oficiaes delRey noso senhor, senão com elles, e outorguárão todo o paguarem a mor valia, e custas, e despesas, perdas, e danos, que ho dito senhor e seus oficiaes por elo fizerem e receberem, e outorguárão de serem por todo elo e parte dello cytados e demandados perante o ouvidor geral da India, e o ouvidor desta cydade, e perante quaesquer outros ouvidores, juizes, e justiças, que os por elo quigerem cytar e demandar, e ahy responderem, e des y fazerem em todo comprimento de direito e justiça, e pelos ditos Regedores foy dito que eles se obriguavão per sy e toda sua fazenda movel e de raiz, avida e por aver, tirar a paaz e a salvo da dita fiança os ditos seus fiadores sob pena de lhes paguarem tódo o que eles por elles paguarem com custas e despesas, perdas, e dannos, que por elo fizerem e receberem, e em testemunho de verdade, e asy o outor- 1560 Fevereiro 20

1560 Fevereiro 20 guárão, e mandárão dello ser feito este estromento de concerto e obriguação, e que pera sempre hão por bom e firme e vallioso, e o outorgnão e aprovão, e a dita fiança pelos ditos tres anos somente. Testemunhas que forão presentes João Pereira, capitão de Caranganor, e Francisco Cabral, fronteiro, e Simão Rodrigues, sirgueiro, e outros. E sendo caso que hos ditos Regedores não paguem e cumprão, como atrás são obriguados, que o dito senhor e seus officiaes darão toda ajuda e favor aos ditos fiadores pera bem darrecadação das ditas pareas, por quanto eles dizem que ho querem fazer á sua custa. E que os cartazes se lhe não darão senão nesta cydade pelo capitão della, e se defenderá que lhos não dem em outra nenhuma fortaleza, senão nesta. Testemunhas os sobreditos; ho que todo foy declarado aos ditos Regedores e fiadores por Marcos da Silva, linguoa da feitoria. E eu dito Gomes Soarez, taballiam, que esto em minhas notas notey, e delas aquy ho terlladar (*sic*) por licença que pera ello tenho, e ho concertey com ho proprio, e ho sobescrevy e asiney de meu pubriquo sinal, que tall he.—Pagou com nota nada.—No qual contrato estaa feito hum asento per Antonio Gonçalves, contador de ElRey noso senhor, que servia de escrivão da fazenda, que diz o seguinte: Fiqua lançado este contrato e fiança no Livro dos Registos da fazenda da India, que serve no negoceo da cargua do Reyno fol. 24, 25, 26, per mim: em Cochym xxij de fevereiro de 1560.—*Antonio Gonçalvez.*

O qual contrato e mais cousas conteudas nelle foy aquy terladado do proprio de verbo a verbo per mim Francisco Rodrigues, escrivão dos contos, sem borradura nem antrelinha que duvida faça, somente a antrelinha, que diz *se obriguarão.* E foy tudo concertado com ho contador Pero Francisco. Em Goa oje xxiv dabril de 561.—*Pero Francisco*—*Francisco Rodrigues.*

(Livro 3.º, fol. 135 v.)

Formão pelo qual o Rey, Principe e Grandes das Ilhas de Maluco cederam a El-Rey de Portugal e seus successores o direito e senhorio d'ellas, reservando o dominio util

(Torre do Tombo. — C. Chron., parte 1.ª, maço 106, doc. 119.)

Muito alto e muito poderoso Rei dom sebastião Rey de Purtugal, sabendo eu quachil aeiro Rey de maluquo e quachil Babu meu filho erdeiro e todos os grandes e principais de meu reino em quanto crecimento forão sempre todos os Reis que nestas partes da India e nas outras por onde se vossas bandeiras e insinias se estendêrão se achegárão á obediencia delRey dom Joam vosso avoo de gloriosa memoria e dos vossos antepassados, e que precurárão seu emparo e sua amizade em quanto com seu favor e ajuda dilatárão e estendêrão seus reinos e estados, e quão temidos e acatados forão de seus imigos e de todas as outras naçõis da terra, e vendo com quão serenisima vmanidade e amor os tratou a todos, e quantas honras e mercês cada dia delle recebiam, e finalmente que como filhos os andaua emparando e defendendo dos embates e mouimentos do mundo e vendo tãobem quão inteiramente gardaua os termos da justiça e que elle soo nesta vida, e se aqua pode auer se podia chamar ho seu verdadeiro adiministrador e exucutor por que omde ella por sy e polla malicia dos homens não podia chegar nem obrar seus afeitos a sustentava e apurava e conualecia com o beneficio e poder das armas tão conhecidas por esperiencia quão pubricadas por fama: que como outro sy conhecendo e entendendo meu pay Barano noci rolão isto lhe deu e ofereceo de sua propria vontade esta fortaleza que V. A. tem nesta Ilha e se meteo debaixo de sua proteição, donde e doutras cousas que depois polo tempo em diante socedêrão aquirio pera sy e seus decendentes dominio e senhorio nestes reinos de maluquo, e tendo nós por mui certo e sem duuida que vossa alteza não tão somente erdou delle com os reinos de purtugal juntamente todas estas eroicas virtudes 1564 Fevereiro 12

1564 Fevereiro 12 mas que ainda de sy obrara e lançara outras muito maiores com as quais nobrecera e esclarecera mais o tronquo donde procede e acrecentára seu real estado, e desejando muito de seremos dos primeiros que se acolhão e emparem debaixo das vossas abas, per todas as rezõis e causas acima ditas, e per outros muitos respeitos que nos a iso mouem hora nouamente tornamos com o parecer dos nossos principaes e naturais no nosso proprio moto e liure vontade e sem constrangimento de pesoa alguma determinamos e asentamos de vos dar e conceder e outorgar como de feito por este nosso formão damos, concedemos e outorgamos a V. A. e á coroa desses vossos reinos de purtugal pera sempre em feudo e pera todos os que de V. A. decenderem e pela maneira que os ditos reinos de purtugal andarem e socederem o direito dominio e senhorio destes reinos de maluquo com todas as maís Ilhas aderentes e adeacentes que ao dito Reino per direito antiguo pertence, ficando somente pera nós e pera todos os que de nós decenderem o senhorio e dominio utille do dito Reino, os quais nossos decendentes serão obrigados quando no dito reino socederem a requerer e pedir a V. A. ou ao vosso visorei ou governador que polo tempo em diante for a confirmaçom do dito Reino em nosso nome: e per este nos obrigamos dagora pera então e por elles de reconhecer a V. A. por verdadeiro e direito senhor destes ditos reinos e de conpriremos todas as condições de feudatarios e pera mais abastança pera V. A. logo ficar envestido encorporado na posee autual dos ditos reinos, eu e o dito quachil Babu meu filho erdeiro tornamos a renunciar realmente nas mãos damrique de saa fidalgo da vossa casa que ora serue de vosso Capitão nesta fortaleza de maluquo, o qual o recebeo e aceitou de nós en vosso nome e se ouve por emposado delles autoal e realmente e da sua mão os tornamos de nouo aceitar e receber polla maneira sobre dita: e pera firmeza e certeza de tudo tornamos a pasar este presente formão per duas vias por nós asynado e aselado com o selo e sinete das nossas armas reais a requerimento do dito amrique de saa capitão: em maluquo a doze de fevereiro de 1564.—*El-Rey de maluquo — Guichill Babu — Mole Guichill Dotuio guzarate — Manabo — Chaqua mole — Lisa — Mallist — Qutirange*[1]. 1564 Fevereiro 12

(Sello das armas do Rey em lacre escuro.)

Bras pirez ouvydor com allçada e juiz dos orfãos nesta ffortelleza de malluquo por elRey noso senhor &c. ffaço a saber a quamtos esta minha sertydam de justyfycação vyrem que a lletra deste formão atrás e synais sam dellRey de ternate e de seu filho babu e asy dos mais omrados e prymcipais omes deste Reino e jlhas de malluquo e a lletra he do espryvam que serve amte o dito Rey e ho sello asyma posto he das armas do dito Rey de malluquo que amte elle servem, ao que tudo se dara enteyra fee he credyto quanto de dyreyto se lhe deve dar: e pera serteza dello a requerimento de amrrique de saa fydallgo da casa delRei noso Senhor e capitam na dyta fortalleza de malluquo mandey aquy pasar a presente per mim asynada e asellada com ho sello das armas reaes que na dita forteleza servem: feita na dita forteleza de malluquo aos doze dyas do mes de feuereiro: diogo de proemça esprivam do judycyall a fez: ano do nacymento de noso senhor jhu. xpo. de mill e quynhentos e sesenta e quatro anos. — *Bras pirez.* — Pagou ao selo nichil. — Logar do sello das armas reaes. — *Bras pirez.*

O licenceado francisco marquez botelho do desembargo dell Rey noso senhor desembargador da casa da sopricação ouvidor gerall com allçada nestas partes da jmdia &c. faço saber aos que esta minha certidão de justificação virem que a certidão atrás de justificação he feita per diogo de proemça escriuão do ouuidor da *minha* ffortaleza de malluquo e o synall nela posto de bras pirez ouuidor do dito malluquo e isto segundo me comstou per testemunhas que perante mim se pergumtárão que poserão e jurárão ser a dita certidão feita per o dito diogo de proemça e asynada pelo dito bras pirez

[1] Estas mesmas assignaturas estão escriptas em arabe.

1564 Fevereiro 12 ouuidor que ffoi no dito maluquo e por me anrrique de saa capitão que ffoi do dito malluquo pedir a presente dizemdo lhe ser necesaria pera bem da justificação da doação e renunciação atrás e certidão lha mandey pasar per mim asynada e aselada com o sello das armas reais: feita nesta cidade de goa aos vimtacimquo dias do mes dabrill, diogo froes escrivão da ouvidoria gerall a fez, anno do nacimento de noso senhor jesu xpo. de mill quinhentos sesenta e sete annos: paga xx reaes e dasynar quatro. E não faça duuida o riscado que dizia *minha* que se fez por fazer verdade.—*Francisco marquez botelho.*

Contrato de pazes feito com El-Rey Idalxá no anno de 1571

(Arch. Port. Oriental, fasciculo 5.º, n.º 742.)

1571 Dezembro 13-17 Em nome de muy alto e todo poderoso Deos saibão quantos este contrato de pazes, e perpetua amisade virem como a esta cidade de Goa foi enviado pelo grande e poderoso Idalxá Melique Xaramir e Xaa Morado, por seus embaixadores nomeados pelo muy nobre senhor Morado Can, a quem erão concedidos os poderes necessarios e bastantes pelos formões de Sua Altesa pera tratar e assentar as ditas pazes com o Illustrissimo Senhor Dom Antonio de Noronha, VisoRey e Capitão Geral neste Estado pelo muito alto e muito poderoso Rey Dom Sebastião o primeiro deste nome, o qual depois de ver os poderes bastantes, que os sobreditos Embaixadores trazião do Idalxá, e depois de sobre as condições dellas terem praticado algumas vezes, se ordenou este contrato e capitulação na maneira seguinte, que se fez nesta dita cidade e fortaleza della, que serve de aposento do dito Senhor VisoRey, aos treze de Dezembro de 1571 annos do nacimento de Nosso Senhor Jesus Christo.

I. Promettêrão os ditos Embaixadores em nome do Idalxá, seu senhor, as cousas que se seguem. Primeiramente que as terras de Salcete e Bardez, que são delRey Nosso Senhor, e estão em nosso poder, estarião asy como estão, sem o Idalxá, seu senhor, estorvar nem impedir a possesão dellas, e termolas até vir recado de Portugal delRey nosso Senhor, a que o dito VisoRey escreverá nestas naos do que nisto fara, e quando não vier reposta, que o Idalxá mandará seu Embaixador a Portugal, e lhe dara o dito VisoRey passagem para se hir, e lho não impedirá. 1571 Dezembro 13-17

II. Prometêrão mais os ditos Embaixadores que asy aos contratadores da ribeira, como aos mais mercadores desta cidade, que forem ás terras do Idalxá comprar madeira, taboado, carnes, e mantimentos, e outras quaesquer cousas, lhes não sejão levados mais direitos daqui em diante que o que está no costume antigo, e antigamente se costumava levar, e lhe não farão nenhuns desaguisados, e que sobre isto mandarião, e farião passar chapas do Idalxá aos Tanadares e Capitães das suas terras.

III. Prometêrão mais os ditos Embaixadores que todolos Portuguezes, que de cá forem fogidos, ou doutra qualquer maneira para as terras do Idalxá, que nem o dito Idalxá nem os seus Capitães os recolherão, nem darão lugar, nem muxara, e antes os botarão fora de si, que se tornem para as fortalezas delRey Nosso Senhor.

IV. Prometêrão mais os ditos Embaixadores que vindo alguns nossos inimigos sobre nós com armada, asy per mar como por terra, quer seja Rumes, ou outros quaesquer imigos deste Estado, que o dito Idalxá, e seus capitães os não recolherão, nem darão lugar, nem muxara, e os botarão de sy, e de suas terras, sem lhe darem favor algum, mas os terão per seus proprios imigos, e os perseguirão até os lançarem fora de seus portos.

V. Prometêrão mais os ditos Embaixadores que os marinheiros que forem necessarios pera as armadas delRey Nosso Senhor, e pera as naos e navios de Portuguezes, não lhe serão tolhidos em nenhum tempo, e os deixarão vir das terras do Idalxá a servir, e fazer suas viagens, como sempre fizerão.

VI. Prometêrão mais os ditos Embaixadores que havendo

1571 Dezembro 13-17 algumas brigas e contendas entre alguns lascarins mouros com os Portuguezes, ou lascarins Portuguezes com os mouros das terras do Idalxá, que nem por isso sera quebrada esta amizade e contrato, que se ora novamente faz, mas que os levantadores das brigas serão castigados asy de huma parte como da outra, e a amizade estara como estava sem ter quebra alguma.

VII. Prometêrão mais os ditos Embaixadores que todolos escravos e escravas de Portuguezes e moradores de Goa, que fugirem, e forem ter ás mãos do Capitão de Pondá, e suas tanadarias, serão tornados a seus donos, salvo quando se fizerem mouros, porque em tal caso serão vendidos por sua justa valia, e o preço porque forem vendidos se entregará a seus donos, e porém por quanto os cafres e nobis (*sic*) são escravos de preço, e em Pondá não haverá quem os compre como elles valem, que ao menos se dara por cada hum delles vinte pardaos de ouro, tornandose mouro por sua vontade, e isto se fara dambalas partes, e assy da sua parte como da nossa, vindo ca alguns escravos; e nos que se tornarem christãos, se fara da maneira que se hade fazer aos que da sua banda se tornarem mouros; e tudo se cumprirá mui inteiramente.

VIII. Prometêrão mais os ditos Embaixadores que o Idalxá, seu senhor, sera sempre amigo muito leal deste Estado delRey Nosso Senhor, e imigo dos que forem contra elle, e sera amigo dos que forem amigos delle.

IX. Prometêrão mais os ditos Embaixadores que os capitães do Idalxá, e todos seus Tanadares, que estão nesta visinhança, não entenderão nem bulirão nas cousas de Salcete e Bardez, nem consentirão que entrem nas ditas terras ladrões moradores nas suas terras, nem outros alguns malfeitores, e que fazendo o contrario, serão por isso castigados.

X. Estas cousas contheudas e declaradas atraz pedio o senhor V. Rey aos ditos Embaixadores, as quaes lhe elles promettêrão e concedêrão em nome do Idalxá, seu senhor, pelos poderes, que elles do dito Morado Can tem; e as cousas contheudas e declaradas ao diante pedirão o dito Melique Xaramir, e o dito Xa Morado, Embaixadores, ao dito Dom Antonio de Noronha, V. Rey, que lhe concedeo em nome del Rey Nosso Senhor, como seu General que he nestas partes da India, e pelos poderes que tem de Sua Alteza, que são as que se seguem. 1571 Dezembro 13-17

XI. Concedeolhe o senhor V. Rey que como o tempo der lugar mandará logo Feitor e Escrivão a Dabul, o qual feitor não fara agravo algum a alguem, e dara cartazes pera navegarem os mercadores de Dabul e moradores por toda esta costa, e para Ormuz, e trabalhará por se enobrecer Dabul, e povoar.

XII. Concedeolhe mais licença para seis cartazes, forros em cada hum anno para o Idalxá, para onde elle quizer, a saber, quatro que ja tinha, e ora lhe acrecenta o mais na maneira acima, porque quatro lhe davão até agora, os quaes cartazes se lhe darão, mandandoos o Idalxá pedir por sua carta.

XIII. Concedeolhe que o feitor delRey Nosso senhor, que ouver de estar em Dabul, arrecade ahy os direitos das naos que ahy entrarem conforme os cartazes,

XIV. Concedeolhe que as naos do Idalxá que por cartaz forem forras de direitos, e forem a outros portos por caso fortuito, ou por outra qualquer via, não pagarão direitos.

XV. Concedeolhe que não estando o dito senhor V. Rey em Goa, que o capitão que for da cidade possa dar os ditos cartazes ás ditas naos somente do Idalxá.

XVI. Concedeo que o Idalxá possa em cada hum anno mandar levar desta cidade vinte e cinco cavallos forros de direitos, a saber, quinze que ja tinha, e dez que lhe ora mais concede S. Senhoria, os quaes se lhe darão mandando o Idalxá pedilos por sua carta.

XVII. Concedeolhe mais que possa mandar cada hum anno tirar desta cidade fazendas que valhão seis mil pardaos d'ouro forros de direitos dellas, a saber, tres mil que tinha d'antes, e os tres mil lhe concede ora S. Senhoria, as quaes

1571 Dezembro 13-17 fazendas lhe hão de ser despachadas, e dadas, mandandoas pedir por suas cartas.

XVIII. Concedeolhe que a pessoa que mandar a fusta dos rendeiros da alfandega, que andar em guarda do porto de Bandá, não tolherá aos mercadores, assy malavares como quaesquer outros que andarem de paz, que vão tratar, e os deixará passar, e hir com seus navios; somente olhará pelos direitos que lhe deverem.

XIX. Concedeolhe que huma das seis naos que o Idalxá tem forras pelos cartazes, poderá vir cada hum anno a Dabul de Ormuz com cavallos, e pagará os direitos delles, descontando os vinte e cinco cavallos, que tem livres de direitos; que poderá vir nella a Dabul, pondose as verbas e declarações necessarias.

XX. Que poderá o Idalxá mandar neste anno que vem sessenta candis de gengivre para a outra costa nesta primeira monção somente, e para os annos seguintes mandando pedir o Idalxá por sua carta, que o senhor V. Rey, e os que forem pelo tempo em diante, lhe darão aquella cantidade de gengivre que lhes parecer bem.

XXI. Que lhe concedeo que as naos que navegarem sem cartaz, e se acolherem aos portos do Idalxá, e hy forem tomadas, ainda que sejão tomadas pelos vassallos do Idalxá, e ainda que as ditas naos sejão dos vassallos do Idalxá, que visto como são de presa, se fara partilha dellas, ametade para ElRey Nosso Senhor, e a outra para o Idalxá; e que isto se cumprirá asy de huma parte como da outra.

XXII. Concedeolhe o Senhor V. Rey que todolos rendeiros e pessoas que deverem dinheiro ao Divão, ou a ElRey Nosso Senhor, que vierem das terras do Idalxá, ou forem das nossas terras para as suas, serão entregues de huma banda e da outra, e os não deterão em nenhuma das partes.

XXIII. Concedeolhe que tendo o Idalxá necessidade de algum enxofre, e mandando por sua conta pedilo, se lhe dara lugar que possa levar aquelle que parecer bem ao V. Rey.

XXIV. Concedeolhe que as armas mouriscas se possão

levar para as terras do Idalxá pelos mouros que as trouxerem. 1571 Dezembro 13-17

XXV. Concedeolhe mais o senhor V. Rey que todalas pessoas que forem tomadas de presa depois de agora serem as pazes pregoadas, que se tornarão, não sendo tornados christãos.

XXVI. O qual contrato e capitulação, e cousas nelle conteudas, e esta amizade, que se ora novamente faz, os ditos Embaixadores Melique Xaramir, e Xa Morado prometêrão em nome do Idalxá, seu senhor, de o comprir, e guardar, ter e manter em todo como nelle se contém; o dito Idalxá, seu senhor, não comprindo e guardando, ElRey Nosso Senhor haver pela fazenda do Idalxá todalas perdas e despesas, e danos, que se causarem por se não cumprir .e guardar, e manter esta amisade, que se ora novamente faz, e todo o conteudo neste contrato em nome delRey nosso senhor, por sy, e por V. Reys, e Governadores que ao diante forem; e que causandose por sua parte, ou dos V. Reys, que pelo tempo forem, não se cumprir e guardar, que pela fazenda delRey Nosso Senhor se satisfara ao Idalxá todalas perdas, despesas, e danos, que causarem por se não cumprir; o que tudo os ditos Embaixadores aceitárão em nome do Idalxá, seu senhor; e para firmeza de tudo jurou o dito senhor V. Rey em hum missal, em que poz a mão, e que tudo prometia cumprir e guardar em nome delRey Nosso Senhor por sy, e pelos V. Reys e Governadores, que succederem, como neste contrato e capitulação se contém, e assy tambem jurárão o dito Melique Xaramir, e Xa Morado em hum mossafo de sua ley, que o dito Idalxá, seu senhor, compriria e guardaria este contrato e capitulação da maneira que se nelle contém.

XXVII. Declarárão mais os ditos seus Procuradores, e o dito Senhor VisoRey, em nome dos Reys, em cujo nome contratavão, que pera as ditas pazes serem mais firmes, querião que se puzesse declaradamente a pena, em que ficava obrigado quem as quebrasse, e disserão os ditos Procuradores que quebrandose estas pazes e contratos por parte do senhor

1571 Dezembro 13 - 17 Idalxá, Sua Alteza fizesse todalas perdas e danos, que ElRey Nosso Senhor e este Estado recebesse, pela fazenda do dito Divão, e os VisoRey e Governador, que fosse a esse tempo, podesse fazer presa e embargo nas naos que tem forras de direitos, posto que viessem com os cartazes, e se entregassem nos direitos da Alfandega, e cavallos forros, que o Idalxá tem pelo dito contrato, até ser satisfeito das perdas que recebesse; e que quebrandose as pazes por parte deste Estado da India, se podesse por parte do Idalxá lançar mão de todalas fazendas, que em seus portos e reino se achassem de quaesquer Portuguezes e mercadores nossos, è de tudo o mais que pudesse achar, até ser entregue e satisfeito de suas perdas.

E acceitado em todo pelos capitulos atraz escritos este contrato de paz, que os Embaixadores atraz nomeados promettêrão guardaremse pera sempre pelo Idalxá, seu senhor, e seus successores, e o dito Senhor VisoRey per sy, e pelos que pelo tempo em diante governarem este Estado, e assinárão todos de seus proprios sinaes e chapas. Testemunhas que fôrão presentes o Bispo de Maláca, que em suas mãos tomou hum missal, em que o Illustrissimo Senhor Dom Antonio de Noronha, VisoRey, jurou de comprir em todo este contrato por sy, e pelos Governadores, que ao diante forem, e Simão Ferreira, lingua Parsea neste Estado, deu per sua mão o juramento aos ditos Embaixadores ja nomeados.

E neste dito contrato pelos capitulos por que se assentárão são contheudos nas pazes velhas, que se fizerão entre o senhor Idalxá e o Governador Francisco Barreto, que forão tresladados e lançados de verbo ad verbum neste, e assym acceitado e consentido pelo Senhor VisoRey Dom Antonio de Noronha, e os ditos Embaixadores; e o que diz que lhe mais acrecentárão das duas naos, e dos dez cavallos, e tres mil pardaos em gengibre, tudo foi concedido pelo dito Governador Francisco Barreto, e neste confirmado. E Luiz de Mello da Silva, e Luiz Freire de Andrade, e o capitão de Goa Dom Pedro de Sousa, e Lopo Vaz de Sequeira, e os officiaes da camara desta cidade, e o Veedor da fazenda Vicente Dias de Villalobos, que todos aqui assinárão aos 17 de Dezembro da sobredita era declarada.— *O VisoRey.* 1571 Dezembro 13-17

(Livro grande das pazes, fol. 2[1].)

Assento de paz com o Idalxá no anno de 1575

(Arch. Port. Oriental, fasciculo 5.°, n.° 779.)

Em nome de muy alto e poderoso Deos. Saibão quantos este contrato de pazes e perpetua amisade virem, como a esta cidade de Goa foi enviado pelo muy grande e poderoso Idalxá, Coração Can, seu secretario, por seu Embaixador com poder para tratar e assentar as ditas pazes com o Illm.° Senhor Antonio Moniz Barreto, Governador e Capitão Geral neste Estado da India pelo muy alto e muy poderoso Rey Dom Sebastião, o primeiro deste nome, por carta do Idalxá assinada com sua chapa, de que o treslado he a seguinte: 1575 Maio 30

Muito alto e poderoso Senhor, que descende de muy grande geração, escolhido na ley do Messias, leão do mar, grande em estado, o Senhor Antonio Moniz Barreto, Governador da India, cuja vida e estado nosso Senhor encaminhe para bem. Não posso encubrir a Vossa Senhoria como os meus desejos por respeito de Vossa Senhoria sejão que a minha amisade e conservação *(conversação)* de dia em dia vão em mais crescimento, por que assy como estes desejos tem Vossa Senhoria no seu peito e coração, assy o tenho eu tambem, e desejo de conservar esta amizade de maneira que não haja nunca quebra nella, por mais mexericos e

1 He copia tirada no anno de 1681 por mandado do Secretario do Estado Luis Gonçalves Cotta, e posta em lugar da outra mais antiga, por estarem rotas e apagadas as folhas, em que a dita copia estava lançada. *(Rivara.)*

1575 Maio 30 mais *(mâ?)* vontade que ahy aja, e por respeito disto que digo mando la o muito honrado e magnifico Corção Cão, que tem sinal dos grandes do meu reino, e he homem de muita descrição e prudencia, que folga de conservar a amizade dos Reis comarcãos, como a Vossa Senhoria he ja notorio, e mo ter na conta dos seus, e por elle ser este, o escolhi, e o mando a Vossa Senhoria para effeituar esta amizade, que fique sempre fixa, e de minha parte declare a Vossa Senhoria esta vontade e amizade que tenho, e tambem para que informe a Vossa Senhoria da paz e amizade que temos feita, e se ordene para que fique fixa, e eu tenho por muy certo que como Coração Cão chegar a Vossa Senhoria, que nas cousas que com elle tratar que Vossa Senhoria folgue de fazer o que lhe elle disser de minha parte, tenha Vossa Senhoria por muy certo que no que tratar o muito honrado Coração Cão com Vossa Senhoria nesta amizade, que se cumprirá tudo sem duvida nenhuma, e que nisso não haverá nenhum engano. E assy como eu pretendo esta amizade de Vossa Senhoria, assy queria que cada dia nos visitassemos per cartas, com que esta amizade fosse em mais crecimento, e que se publique por todo o mundo; e por que sey que Vossa Senhoria da maneira que lhe o muito honrado Coração Cão disser acerca desta nossa amizade, que o fara; portanto não farei esta mais larga. Nosso Senhor a vida e estado de Vossa Senhoria seja sempre acrescentando.

A qual carta vinha escrita em parsio com a chapa do Idalxá, e foi lida perante Balthazar Pacheco, lingoa deste Estado, que a declarou em lingoagem portuguez da maneira sobredita, que eu Matheus Pires, Secretario deste Estado, tresladei, e tenho em meu poder o treslado assinado pelo dito Balthazar Pacheco, e o Senhor Governador despois de ver o poder bastante que pela dita carta o dito Coração Cão trazia do Idalxá, seu senhor, para por elle assentar as pazes entre o Idalxá e este Estado, e depois de sobre as condições dellas terem praticado algumas vezes, se ordenou que se fizesse este contrato na maneira seguinte:

Que o grande e poderoso Idalxá, e o Senhor Governador

Antonio Moniz Barreto sejão amigos de amigos, e inimigos de inimigos, com tal declaração que havendo o Senhor Idalxá de quebrar com algum amigo deste Estado, seja com mui licita causa, e antes de com elle quebrar, o mandará fazer saber ao Senhor Governador, para ver a causa que a isso o move, e sendo justa, o ajudar e favorecer com tudo o que puder, e o mesmo fara o Senhor Governador para o Senhor Idalxá o ajudar, e dar todo o favor que puder, e o contrato das pazes que he feito com o VisoRey Dom Antonio de Noronha, se cumpra como se nelle conthem, porque para mais Eliança desta amizade mandou o Idalxá seu Embaixador a ElRey Nosso Senhor, o qual contrato de amisade, que se ora novamente faz, e por que se confirma o passado, o dito Coração Cão promette em nome do Idalxá, seu Senhor, de cumprir e guardar, ter e manter em todo como se nelle conthem, o dito Idalxá, seu Senhor, e não cumprindo, ElRey Nosso Senhor aver pola fazenda do Idalxá todas as perdas, despesas, e dannos que se causarem por se não comprir. E o dito Senhor Governador o acceitou em nome d'ElRey Nosso Senhor, e prometteo outrossy de cumprir e guardar, e manter esta amizade que se ora novamente faz, contheudo neste contrato em nome d'ElRey Nosso Senhor, por sy, e polos VisoReys e Governadores que ao diante forem, e que causandose por sua parte, ou dos Viso Reis que pelo tempo forem não se cumprir e guardar, que pela fazenda d'ElRey, Nosso Senhor, se satisfara ao Senhor Idalxá todas as perdas, despesas, e dannos que se causarem por se não comprir: o que tudo o dito Coração Cão acceitou em nome do Idalxá, seu Senhor. 1575 Maio 30

E para firmeza de tudo jurou o dito Senhor Governador em hum missal em que poz a mão, que promettia cumprir e guardar em nome d'ElRey Nosso Senhor por sy e pelos VisoReys e Governadores que succederem, como neste contrato se conthem. E assy tambem jurou o dito Coração Cão em hum mossafo de sua ley que o dito Idalxá, seu Senhor, cumprirá e guardará este contrato da maneira que se nelle conthem.

1575 Maio 30 E acceitado este contrato de paz e amizáde, que o dito Coração Cão prometteo guardar o Idalxá, seu Senhor, e seus successores, e o dito Senhor Governador por sy e pelos que pelo tempo em diante governarem este Estado, o assinárão de seus proprios sinaes e chapas. Testemunhas que forão presentes, Dom Gaspar, Arcebispo da India, que em suas mãos tomou hum missal, em que o Illm.º Senhor Antonio Moniz Barreto, Governador, jurou de cumprir em todo este contrato por sy e pelos Governadores, que ao diante forem, e Balthazar Pacheco, lingoa Parsia deste Estado, deu por sua mão o juramento ao dito Coração Cão, Secretario e embaxador do Idalxá, e Dom Henrique de Tavora, Bispo de Cochim, e Bertholameu da Fonseca, Inquisidor da India, e Diogo Velho, Vedor da Fazenda, e Frei Gaspar de Mello, Vigario Geral da Ordem de São Domingos, e Frei Manoel da Serra, e Diogo Pereira, Vreador desta cidade, e Affonso Delgado, outrosy Vereador, e Fernão Gomes Cordovil, e eu Matheus Pires, Secretario deste Estado, que este contrato escrevi por mandado de Sua Senhoria a xxx de Mayo de 1575 — *Antonio Moniz Barreto* — A chapa do Idalxá — *O Arcebispo Primaz — Bispo de Cochim — Bertholameu da Fonseca — Frei Gaspar de Mello — Frei Manoel da Serra — Diogo Velho — Diogo Pereira — Fernão Gomes — Affonso Delgado — Matheus Fernandes — Matheus Pires — Balthazar Pacheco.*

(Por copia no Livro grande das pazes, fol. 6.)

Contrato das pazes feitas com o Idalxá por seu Embaixador Zaerbeque, que veio do Reino, governando este Estado Antonio Moniz Barreto, no anno de 1576

(Arch. Port. Oriental, fasciculo 5.º, n.º 786.)

1576 Outubro 22 Em nome do muy alto e todo poderoso Deus. Saibão quantos este contrato, assento, determinação das cousas contheudas em huns apontamentos, que o muito honrado

Zaerbeque, Embaxador do poderoso Senhor Idalxá, apresentou no Reino a ElRey Dom Sebastião nosso Senhor sobre a ratificação das pazes, que são feitas por contrato entre o dito Senhor Idalxá e este Estado, virem, que no anno do nacimento de nosso Senhor Jesus Christo de 1576 aos 22 de Outubro nesta cidade de Goa, na casa em que se faz Relação, que está nos aposentos do muy Illustrissimo Senhor Antonio Moniz Barreto, do conselho delRey nosso Senhor, e Governador nestas partes da India, sendo com Sua Senhoria juntos muitos fidalgos, e todos os Prelados dos Mosteiros desta cidade com alguns Religiosos dos ditos Mosteiros, e o Inquisidor, e outros letrados, Vereadores, Cavalleiros, e alguns Cidadões antigos desta Cidade, que por Sua Senhoria forão mandados chamar a conselho, foi visto o treslado dos ditos apontamentos, assinado por ElRey Nosso Senhor, e enviados a estas partes para nelles se tomar assento e detreminação, conforme a huma carta de Sua Alteza, que vinha no fim dos ditos apontamentos, e lidos todos em alta voz por my Matheus Pires, Secretario deste Estado, se assentou que por serem muitos os que presente estavão, que avião de votar, e muitos os apontamentos, em que se havia de responder, se causaria muita detença, e se despenderia muito tempo, Sua Senhoria tomasse seis fidalgos e cinco Religiosos, e cinco Letrados, e o Vedor da fazenda, e hum Vereador, que abastarião pera com elles dar despacho a tudo com brevidade necessaria, sobre que Sua Senhoria mandou logo tomar votos, e por elles assentou serem os seis fidalgos, e cinco Religiosos, e cinco Letrados, e o Veedor da fazenda, e hum Vereador declarados no assento, que eu Secretario disso fiz no Livro dos acordos fol. 44, e com os ditos eleitos foi Sua Senhoria continuando per alguns dous ou tres dias que forão juntos, aos quaes forão tornados a ler os ditos apontamentos cada hum por sy, e os treslados das determinações, e assento que se tomárão sobre cada hum, são os seguintes: 1576 Outubro 22

I. Pedio o dito Embaixador que as naos do Idalxá e seus vassalos, que pelas armadas do Estado forem achadas navegando com cartazes dos Governadores e VisoReis, e capitães,

1576 Outubro 22 lhe não fação aggravo algum, nem lhe tomem peita nem dadiva, nem escravo, nem escrava, nem por isso as detenhão sob graves penas, e achandolhes alguma cousa contra forma dos seus cartazes, as mandem a Goa, ou ás fortalezas do dito Estado, com tal que sendo individamente mandadas e detendas perdendo por isso suas viagens, a fazenda de Sua Alteza seja obrigada a lhes satisfazer toda a perda e dano, que por ella ouverem e receberem.

No que o Senhor Governador assentou e lhe concedeo, e ha por bem que se não dee trabalho alguns ás naos que navegarem com cartazes, nem lhe tomem os capitães das armadas de Sua Alteza peita alguma, nem escravos e escravas contra forma do sancto concilio, e quando as naos forem trazidas a Goa pelos capitães das ditas armadas sobre alguma duvida dos cartazes, se farão justiça e execução em quem tiver culpa, assy pelos capitães e suas fazendas, como pela fazenda de Sua Alteza, quando ouver culpa na eleição dos taes capitães, ou em não lhe dar o castigo que merecerem, e tendo mercê de Sua Alteza, a saber, provido de fortalezas, ou quaesquer outras mercês, serão presos, e perderão as ditas capitanias e mercês.

II. Pedio o dito Embaixador que se não leve hum por cento que acrecentou aos mercadores polla saida para suas terras, nem lhe sejão tomadas suas armas commuas, nem suas mulheres e filhos, e escravos e escravas, e os deixem livremente desembarcar, e hir pagando os direitos acustumados, e os favoreção como sempre foi:

No que Sua Senhoria assentou conformandose com o medo que se teve em pôr o direito de hum por cento, como hora corre, que o dito hum por cento se não leve de saida para as terras do Idalxá do que por terra se ouver de levar, e do que por mar ouver de sair que se pague, e nisto he razão que o Idalxá consinta, pois he para as despesas das armadas, que se fazem para a guarda de toda a costa, de que tambem recebe proveito na guarda de suas naos; e quanto ás armas, as commuas, e que forem de suas pessoas, lhe deixarão passar livremente.

III. Pedio mais o dito Embaixador que em Ormuz lhe deixem carregar suas naos, que conforme ao contrato hão de ser primeiras, sem por isso lhe levarem peita nem dadivas, nem os constrangerem a comprarem por isso os cavallos, nem lhe tomem seus escravos e escravas aos mercadores e pessoas que nellas forem e vierem. 1576 Outubro 22

Assentou Sua Senhoria, e ha por bem que os favoreção, e livremente carreguem suas naos como as outras, sem por isso lhe levarem peitas, nem lhe tomem seus escravos e escravas contra forma do concilio, nem os constranjão a comprar os cavallos, nem outra nenhuma fazenda, e sendo o capitão da fortaleza nisto culpado, seja desapossado da fortaleza, e mandado para o Reino, e riscado dos livros de Sua Alteza, e alem disso pagarão todo o dano que as naos receberem.

IV. Pedio mais o dito Embaixador que se não levem de direitos por cada cavallo pola saida para as terras do dito Idalxá mais que quarenta e dous pardaos patacões, como sempre foi, porque o dito Idalxá por favorecer os Portuguezes, e á sua petição tirou sessenta pardaos, que tinhão de direitos por cada cavallo polla entrada em suas terras.

Assentou Sua Senhoria, e respondeo ao dito Embaixador que nestes direitos se não fez acrecentamento algum, mas fezse conta do que se montava pelas moedas antigas, por que se pagavão nas moedas d'agora; e a esta razão correm estes direitos assy como nas terras do Idalxá pagão os gancares.

V. Pedio mais que mande Sua Senhoria que se não leve polla chapa das pessoas que passão para a terra firme por cada huma mais que seis bazarucos, como sempre foi, e elle dito Idalxá quer livremente tirar a tanga que cada christão lhe paga pola saida de suas terras.

Assentou Sua Senhoria que se não levasse da chapa asy em papel, como no braço, que o capitão desta cidade dá a cada pessoa para a terra firme, mais que dous pequeninos, como antigamente se levava, conforme a huma sentença que se deo na Relação a 27 de Janeiro de 556, fundada no Re-

1576 Outubro 22 gimento, que Diogo Lopes de Sequeira, Governador que foi deste Estado, deixou a Ruy de Mello, capitão desta cidade, em huns autos, que estão em poder de Fernão d'Arias, escrivão dos feitos da fazenda de Sua Alteza, e que usandose desta antiguidade, o Idalxá mande que se não leve a cada christão polla saida de suas terras a tanga que ora se leva, os quaes dous pequeninos podem ser pola moeda dagora meio bazaruco.

VI. Pedio mais o dito Embaixador a Sua Senhoria que désse licença para mandar o enxofre, chumbo, e cobre, que lhe pelo contrato está concedido para sua defensão, serviço, e uso, pois elle dito Idalxá deixa trazer de suas terras a madeira para os navios, o salitre para a polvora, o aço, o ferro, os marinheiros para as armadas, os pelouros de pedra e lastro para as naos, as carnes, o trigo, arroz, lenha, carvão; os grãos para os cavalos, a palha, as orteliças, as fruitas, e outras muitas cousas, que tambem são contra a defesa de sua ley, e consente por cumprir a paz, e a conservar.

Assentou Sua Senhoria que o chumbo, e o cobre se lhe désse conforme a como se lhe dá o enxofre pelo modo declarado no contrato das pazes, que he feito, quando o Idalxá mandar pedir por sua carta.

VII. Pedio mais que Sua Senhoria mandasse, se forem por caso fortuito de tromenta suas naos, e de seus vassallos acolher aos portos das fortalezas do dito Estado, os officiaes dellas as recolhão, e agazalhem, e lhe dem o que lhe for necessario por seu dinheiro, vindo desaparelhadas, e lhe não fação aggravo algum, nem lhe levem nenhum direito em todo tempo que esperando para poderem fazer sua viagem ahi estiverem.

Assentouse que se faça o que pede, levando estas naos cartazes, e não trazendo mercadorias, ou cousas defesas, e pagando os direitos que forem obrigados, vendendose as mercadorias, e das que não venderem não pagarão.

VIII. Disse mais o dito Embaxador que as cousas todas que pede são as da obrigação do contrato, e não innova cousa alguma, somente pede em nome do Idalxá mande se lhe cumprão e guardem sob graves penas e castigos, e que sejão suas cousas e de seus vassallos pollos de Sua Alteza guardadas e favorecidas, emparadas e socorridas, pois pelo contrato das ditas pazes está o Estado da India e elle dito Idalxá obrigado hum ao outro socorrer e ajudar com todo o que puder, e favorecer contra seus inimigos, o que o dito Idalxá atégora sempre tem feito. 1576 Outubro 22

Assentou Sua Senhoria que o Embaxador puzesse a pena que quizese para se cumprir este contrato, o qual disse que estava a pena dos contratos passados, de que neste adiante se faz menção.

IX. Disse mais o dito Embaxador que hora de novo se obriga para mais certeza e firmeza da paz e amizade que tem, e daqui em diante quer ter com o Estado da India, dar para ajuda e socorro quando lhe for necessario, dez mil homens de cavallo, e toda a gente de pee, que ouverem mister, com suas armas e mantimentos á sua custa.

Respondeo Sua Senhoria que da parte d'ElRey de Portugal, seu senhor, acceitava este offerecimento, e o agradecia muito, e tem confiança no Senhor Idalxá de fazer muito mais, e tambem pede que a gente de suas terras, que quizer vir a Goa ganhar soldo, a deixe o Senhor Idalxá vir, porque dara a ElRey de Portugal, seu senhor, muito gosto, e do Estado se lhe dara ajuda, quando por sua parte lhe for pedida.

X. Disse o dito Embaixador que todas as cousas que aponta, de que athe ora sempre pedio satisfação aos V. Reys e Governadores, que conforme a direito pelas condições dos ditos contratos de paz lhe erão obrigados pagar e satisfazer, elle dito Idalxá para bem da paz, que ora de novo quer retificar com o dito Estado da India, livremente renuncia d'oje para sempre toda a aução e direito que por bem do dito contrato tenha contra a fazenda d'ElRey de Portugal, e não quer mais fallar nisso.

No que Sua Senhoria assentou e acceitou por parte d'ElRey de Portugal, seu senhor, e da sua parte disse que renuncia todas as perdas que o Idalxá e o Izamaluco convocado por

1576 Outubro 22 elle causárão com as guerras do cerco de Chaul e Goa, e guerras que lhe fizerão.

XI. Disse mais o dito Embaixador que se obriga que de Chaul the Barcelor, que são noventa e tantas legoas de costa, os Malavares não terem colheita em suas terras e portos, nem comercio com capitão seu, nem vassalo, antes sejão pelos ditos seus capitães desbaratados, e destrohidos como inimigos, porque desta maneira faz tanto serviço a ElRey de Portugal que com as armadas do dito Estado o segurem por mar como fazem, e por terra os capitães seus e vassallos os tomarem, e matarem, e captivarem, quando se acolherem a seus portos, serão em breve tempo assolados e destroidos.

E sobre isto assentou o senhor Governador, e respondeo que aceitava este offerecimento em nome d'ElRey, seu senhor, e o agradeceo muito, com pedir que se pozesse isto em effeito, porque toda a paz e amizade, que o senhor Idalxá quer ter com este Estado, consiste em se cumprir este offerecimento, por quão necessario he para conservação de ambos estes Estados, assy por parte do senhor Idalxá, como pela d'ElRey de Portugal, seu senhor, por serem amigos de amigos, e inimigos de inimigos.

XII. Disse mais o dito Embaixador que para firmeza da dita paz e amizade, que o senhor Idalxá tem e quer ter para sempre com este Estado da India d'ElRey de Portugal, e se não possa innovar cousa alguma que a perturbe, pede elle Zaerbeque em nome do dito Idalxá, seu senhor, a Sua Senhoria haja por bem mandar que neste Estado com Sua Senhoria, ou com outro Governador, ou V. Rey, que depois for, possa ter hum vassallo seu para requerer suas cousas, sendolhe necessario, e que os ditos V. Reys possão ter outro vassallo d'ElRey de Portugal na côrte do dito Idalxá para o mesmo effeito. No que Sua Senhoria assentou que haja hum homem por sua parte que resida neste Estado, o qual seja mouro, e la se mandará outro que seja christão.

XIII. Disse mais o dito Embaxador que do assento e detreminação, que nestas cousas se ouver de tomar, fique disso hum treslado neste Estado, e outro se mande ao Reino, e outro ao Idalxá, assinado pelo senhor Governador e o dito Embaxador. E o senhor Governador assentou assy e da maneira que o dito Embaxador pedia. 1576 Outubro 22

XIV. Pedio mais o dito Embaixador que désse Sua Senhoria licença para virem as naos de Mecca a esta cidade, como d'antes vinhão com suas mercadorias, pagando seus direitos, não lhe tomando seus escravos, e lhos deixem assim livremente trazer e levar para onde quizessem.

Sobre o que Sua Senhoria assentou que os mouros e gentios mercadores, que nas naos de Mecca virem a este Estado, ou de qualquer outra parte por terra, os escravos e escravas que trouxerem para seu serviço, e assy suas mulheres e filhos que dellas tiverem, que nenhuma pessoa os tomarão nem forçarão para os fazer christãos por força, somente aquelles que por suas vontades quizerem ser christãos, que o sejão.

XV. Foi mais determinado e assentado por Sua Senhoria que os parós que fossem ter aos portos do Idalxá, e fossem tomados pelos Portuguezes com ajuda da gente da terra, fosse a tal presa repartida, ametade para o Idalxá, e a outra ametade para este Estado, com tal declaração que a artilharia que se achar com as armas d'ElRey nosso senhor, que seja para o Estado, e que o que ella valer outro tanto hajão pela parte do senhor Idalxá em outra qualquer fazenda dos parós, por quanto disse o Embaixador que não havia artelharia do Idalxá para esperar partilha equivalente, mas que todavia se fosse achada alguma, que em tal caso lhe ficaria da maneira que ficasse ao Estado.

XVI. Mais se determinou que os capitães mores, e quaesquer outros capitães d'ElRey nosso senhor, que andarem em suas armadas, e acertarem tomarem de presa alguns vassallos do Reino do Idalxá, que estes taes não serão levados a Portugal, somente trasidos a Goa, para ahi se fazer o que for justiça, e não sendo culpados, se entregarem aos Tanadares do Idalxá. E todo o capitão que o contrario fizer, encorrerá nas penas contheudas neste contrato no capitulo que trata de que não avexem as naos do Idalxá, que navegarem com cartazes.

1576 Outubro 22 E depois de tomadas as ditas determinações, e escritas no dito livro, pedi eu Secretario ao dito Embaxador o poder e credito, que tinha do Idalxá, para aceitar as ditas determinações, que forem tomadas sobre os seus apontamentos, e fazer contrato de pazes e amizade com o senhor Governador, e por elle me foi dada huma carta do Idalxá escrita em Parseo, e tresladada em lingoagem portuguez per my Secretario conforme a declaração de Baltezar Pacheco, lingoa deste Estado, na qual está hum capitulo, de que o treslado he o seguinte:

«Que todo o que Zaerbeque Embaxador assentar com Sua Alteza acerca desta paz e amisade, fique assentado como por sua propria pessoa do Idalxá, e as palavras que o dito Embaxador disser, sejão como se as dissesse o Idalxá por sua propria bocca, e todos os assinados que Zaerbeque der, elle os cumprirá, e não lhe porá nenhuma duvida.»

E não diz mais o dito capitulo, que está em parseo na dita carta com a chapa do dito Idalxá, e no treslado e lingoagem portuguez assinado por my Secretario, e por Baltazar Pacheco lingoa, perante o qual eu Secretario ly todo o atraz declarado ao dito Embaxador, e por virtude do dito poder foi por elle acceitado por parte do senhor Idalxá todo o sobredito, por serem algumas cousas conforme aos contractos das pazes, que erão feitas, e outras concedidas novamente em nome do dito senhor Idalxá e de seus successores, e o senhor Governador Antonio Moniz Barreto em nome d'ElRey de Portugal, seu senhor, promettêrão serem amigos de amigos, e inimigos de inimigos conforme aos contratos passados, que sobre as pazes são feitos, e querem que se cumpra o que nelle se contém, assy o que he feito pelo senhor Antonio Moniz Barreto, como os outros que são feitos pelos V. Reys e Governadores passados, e por esta declaração os confirmão, como dito he, sob as penas nelles declaradas, e os tornavão a aceitar o dito Embaixador em nome do dito Idalxá, e o senhor Governador em nome d'ElRey de Portugal, seu senhor.

E para firmeza de tudo jurou o senhor Governador em

hum missal, em que poz a mão, que tudo prometia cumprir e guardar per sy e pelos VisoReys e Governadores que succederem, como neste contrato e nos passados se contém. E assy tambem jurou o dito Zaerbeque em hum muçafo da sua ley em nome do dito Idalxá, que o dito Idalxá, seu senhor, tudo cumprirá, e guardará este contrato e os passados da maneira que se nelles contém. 1576 Outubro 22

E aceitado este contrato, e os que ja são feitos de paz e amizade, que o dito Zaerbeque prometteo guardar o Idalxá, seu senhor, e seus sucessores, e o dito senhor Governador Antonio Moniz Barreto por sy, e pelos que ao diante governarem este Estado, o assinárão de seus proprios sinaes, para os treslados delle assy assinados serem levados hum ao Reino a Sua Alteza, e outro ao Senhor Idalxá, a quem o Senhor Governador mandou seu Embaixador em companhia do dito Zaerbeque, e o outro ficar neste Estado. Testemunhas que forão presentes, o Licenciado Andre Fernandes, Vigario Geral, que em suas mãos tomou hum missal, em que o Illm.ᵒ Senhor Antonio Moniz Barreto jurou de cumprir em todo o contheudo neste contrato e nos passados per sy e pellos Governadores que ao diante forem; e Balthazar Pacheco, lingoa Parsea deste Estado, deo por sua mão juramento a Zaerbeque, Embaixador do Senhor Idalxá, em que jurou de cumprir todo o contheudo neste contrato e nos passados em nome do Idalxá, seu senhor, e seus successores; e o Doutor Bertolameu da Fonseca, Inquisidor, e Manoel de Sousa, capitão desta Cidade, e o Padre Frey Gaspar de Mello, Vigario Geral da Ordem de São Domingos, e o Padre Frey Domingos, Presidente do Mosteiro de São Francisco desta Cidade, e o Licenciado Antonio Borges Coutinho, Ouvidor Geral, e o Doutor Diogo Lopes de Haro, Provedor mor dos defuntos, que hora serve de Chanceller, e outros muitos fidalgos, que presentes estavão, que assinarão adiante com Sua Senhoria. E eu Matheus Pires, Secretario deste Estado, que este contrato fiz escrever, e sobescrevy.

O Governador Antonio Moniz Barreto — Manoel de Sousa — Andre Fernandes — Bertolameo da Fonseca — Nuno

1576 Outubro 22 *Rodrigues — Gomes Vaz — Francisco Paes — Gaspar Fialho — Diogo Lopes de Haro — Antonio Borges — Frey Estevão da Assumpção — Diogo Vaz de Galisteo — Antonio Coelho — Diogo Lopes de Sequeira — Frey Gaspar de Mello — Diogo Corvo — Dom João Lobo — Frey Domingos de Jesus — Tristão Vaz da Veiga — Manuel de Saldanha — Frey Anselmo a Paradiso — João Fernandes — Dom Paulo de Lima Pereira.*

(Por copia no Livro grande das pazes, fol. 7.)

Doação que o Rey de Ceilão fez dos Estados d'aquella Ilha aos Senhores Reys de Portugal

(Torre do Tombo, Livro das Ilhas, fol. 238.)

1580 Agosto 12 Em nome de Deos. Amen. Saibam quantos este pubrico estromento de doação virem como no anno do nascimento de noso senhor jhu. xpo. de mil e quinhentos e oytenta annos, aos doze dias do mes dagosto do dito anno, nesta cidade do Columbo e sua fortaleza da Ilha de Ceilam no apousento do muito alto Principe Dom Joam per graça de Deos Rey de Ceilam Perea Pandar, estando ahi o dito senhor Rey de presente disse a mim Antonio Ribeiro tabaliam pubrico das notas por elRey nosso senhor nesta dita cidade, em presença das testemunhas ao diante nomeadas, que elle dito senhor Rey socedera nestes Reynos de Ceilam por falescimento delRey Bonegabao seu senhor e avoo que lhos deixara por nam ter filhos e lhe pertencerem como a seu neto que he e pello ter ja perfilhado em sua vida por filho e herdeiro seu com autoridade do senhor Rey de Portugall Dom Joam terceiro deste nome que sancta gloria aja e elle dito Senhor Rey ouuera a posse destes seus Reynos e os possuira todos sem falta alguma assi e da maneira que os possuio o dito Bonegabao seu avo tendo seu assento na sua Real cidade da Cota metropolitana cabeça do Reino que ora está despejada, e que despois por diuersos casos o Madume Pandar Rey de Suita auaca e o Rajuu seu filho lhe tinhão tiranicamente e per vias illicitas occupado e tomado todos os ditos seus Reynos auia ja certos annos sem lhe ficar delles mais que esta cidade e fortaleza do Columbo que os senhores Reys de Portugal por seus visoReys e Capitães deffendiam pugnando sempre pello tornar a restituir em os ditos seus Reynos, o que attegora nam pôde ter effeito por outras guerras e trabalhos que os ditos visoReys tiuerão, e pello estado da jndia estar gastado e pobre e por elle dito senhor Rey se ver em jdade e não com boa disposição em sua real pessoa e sem filhos e herdeiros que lhe de direito socedam per seu falescimento em estes seus Reynos, e uendose muito obrigado aos senhores Reys de Portugall pellos muitos beens e mercês que delles sempre recebeo especialmente por suas boas diligencias e amoestações que lhe fizeram per suas cartas e pello que encommendárão aos padres da ordem de sam francisco veo elle dito senhor Rey a ter lume e conhecimento da nossa sancta fee catolica, e se abraçou e conuerteo a ella que mais estima que todas as cousas do mundo porque espera por jsso mediante a graça de misericordia de nosso senhor Deos saluar sua alma e mais lhes he em obrigação de o sempre sostentar em seu real estado sendo tratado de seus visoReys e capitães e mais vassallos com toda honra e acatamento como se faz a suas propias pessoas tratandose a guerra com os jmigos Madume e Rajuu pella restauração destes seus Reynos com todo o rigor com muito enfindo gasto de suas fazendas e mortes de muitos capitaens fidalgos e portugueses: e por todas estas cousas e por outros respeitos que a jsso o mouiam elle dito senhor Rey de seu propio moto boa e liure vontade lhe aprazia de fazer doaçam pura e perfeita de todos os ditos seus Reynos e senhorios ao senhor Dom Henrrique Rey que ora he dos Reynos de Portugal e a seus socessores como de ffeito disse que pella presente lhos daua e doaua e em elle os punha e trespassaua com todo o direito senhorio e aução que nos ditos Reynos tem e podia ter pera que o dito senhor Rey de Portugal Dom Henrrique e

1580 Agosto 12

1580 Agosto 12 seus socessores o ajam depois de seu falescimento perpetuamente e os pessuam e logrem assi e da maneira que elle dito senhor Rey os pessuio ouue e herdou do dito Rey Bonegabao seu senhor e avoo cujos foram e milhor se o milhor puderem auer e possam fazer delle como de cousa sua propia que he por virtude desta doação tirandoos pera jsso de poder dos ditos imigos que oje em dia os tem e pessuem individamente sem nenhum direito nem justiça pera o que lhe poderám licitamente fazer guerra por terra e por mar atte de todo estarem senhores de todos os ditos Reynos e suas antigas demarcações e senhorios que tem como tiuerão os Reys da Cota sobre os outros Reys desta jlha que lhes he e foy sempre diuida. E disse mais o dito senhor Rey de Ceilam que esta sua dadiua e doaçam queria que se comprisse em todo e por todo sem contradição alguma, e se alguma minguoa ou deffeito tiuer, elle de seu real poderio o supre e ha por suprida e manda que esta se cumpra e valha por ley sem embarguo de todas e quais quer leis foros e direitos costumes e outras quaes quer cousas que em contrario ouuer, por quanto disse e declarou esta ser sua mercê e vontade declarando logo que a huma sua cedula de testamento que atrás desta sua dita doação em este meu liuro de notas tinha feito per mim dito tabaliam se lhe dê jnteira fee e credito e lha cumpram e guardem e façam comprir e guardar assi e tam jnteiramente como se nella conthem e milhor se milhor ser puder sem embargo desta dita sua doação por quanto todo e em ella contheudo manda fazer pera bem de sua alma e descargo de sua consciencia por tudo achar ser muito seruiço de Deos nosso senhor e ficar ainda muito atrás do que era obrigado por caso do pouco que ao presente pode, e que por tanto pede muito por mercê ao dito senhor Rey de Portugal Dom Henrrique e a seus soccessores que a dita sua cedula de testamento lhe mandem per suas justiças e todas outras quaes quer pessoas a que o tal cargo pertencer cumprir e guardar e fazer comprir e guardar em todo e por todo assi e da maneira como se nella contém por quanto assi disse que era sua mercê e vontade, e queria que se lhe cumprisse e guardasse pello assi auer por bem por respeito do acima dito sem a cousa alguma dello nem todo nem parte dello lhe ser posto duuida nem embargo alguum mes *(mas)* que antes conforme a direito como confia que seja lha ajam por solenne pera por ella se fazer sua vontade como nella vay declarado e aqui declara auer por bem que se faça. 1580 Agosto 12

E disse mais elle dito senhor Rey que pedia com toda a humildade e reuerencia deuida como filho obediente á sancta see appostolica de Roma e ao Papa nosso senhor que aja esta doaçam por boa e mande por sua autoridade appostolica que se cumpra depois de seu falecimento assi e da maneira que aqui he decrarado. E pera fee e firmeza de tudo isto mandou a mim dito tabaliam que esta escritura de doaçam fizesse e em minhas notas onde a escreui e o dito senhor Rey assinou nella de seu real sinal: testemunhas que pera jsso foram chamadas e roguadas o padre frey Sebastiam de Chaues guardiam que ora he do conuento do mosteiro de sancto Antonio desta dita cidade, e o padre Manuel luiz vigario em ella, e Esteuam figueira viuuo ouuidor que aqui foy, e Pero jorge franquo juiz ordinario e Antonio Lourenço ambos casados e moradores nesta dita cidade e Dom Esteuão modaliar do dito senhor Rey de Ceilam e seu camareiro mor e regedor de seus Reynos, e Dom Antam fidalgo de sua casa, e Andre Bayam e Dom francisco Anrriquez seus mudaliares que aqui assinárão com Dom fernando mudaliar do dito senhor Rey e seu linguoa que tudo isto declarou sem embargo de elle saber falar e entender a linguoa portuguesa e Lourenço fernandez sacretario do dito senhor Rey e juiz de sua jurdição e o capitão Manuel de Sousa Coutinho fidalguo da casa delRey nosso senhor que presente estaua aceitou esta dita doaçam em nome do dito senhor Rey nosso senhor: e eu dito tabaliam que o escreui e notei em minha nota que em meu poder fica onde o dito senhor Rey de Ceilam e testemunhas ficam assinadas e della aqui o tresladey bem e fielmente e concertey com o propio e como pessoa pruuica estipulante e aceitante que a tambem aceitey em nome delRey nosso se-

1580 Agosto 12 nhor e de seus sobcessores e me asinei aqui deste meu pruuico sinal que tal he como se segue. E pello dito Capitam manoel de Sousa Coutinho me requerer lhe passasse mais dous tirados afora outros dous que lhe ja tinha passados pera por quatro vias mandar esta dita doação a os Reynos de Portugal ao dito senhor Rey Dom Henrrique nosso senhor ou a seus socessores a seu requerimento lhos passey na verdade com autoridade do ouuidor que ora he nesta dita cidade per elRey nosso senhor Antonio guerreiro que o assi mandou a mim dito tabaliam que o escreui. A qual scriptura de doação foi mandada a esta torre do tombo per mandado del-Rey nosso Senhor e se lançou na gaueta das doações e se traslladou aquy de uerbo ad uerbum e foi concertada pello doutor jorge de cabedo guarda mor da dita torre do tombo e per elle assinada comigo cristouão de benauente escriuão de seu cargo: em lisboa aos seis de abril de jbᶜlxxxij.—*Jorge de Cabedo — Cristouão de benauente.*

Assento que se fez com os Embaixadores do Idalxá por mandado do Conde de Villa d'Orta, Viso-Rey da India, sobre o comprimento das pazes, feitas anteriormente pelo Conde de Atouguia com Mostafacão, em 29 de janeiro de 1582.

(Arch. Port. Oriental, fasciculo 5.º, n.º 818.)

1582 Janeiro 29 Aos 29 de Janeiro de 582 nas pousadas de mym João de Faria, Secretario deste Estado da India, por mandado do Illustrissimo Senhor Dom Francisco Mascarenhas, Conde de Villa d'Orta, V. Rey da India, sendo presentes Abdul Melique e Coje Fartadim, Embaxadores do Idalxá, e Manoel de Moraes, que ora o dito senhor Conde manda a Dabul, e Baltazar Pacheco, lingoa do Estado, e Coje Abrão, Judeu, e as testemunhas abaixo assinadas, pelos ditos Embaixadores foi dito que elles estavão prestes em nome do Idalxá, seu senhor, pelos poderes que lhe tem concedidos, para cumprirem e satisfazerem *no* contrato das pazes o que nelle estava por cumprir, e que o Conde Dom Luiz d'Attaide, V. Rey da India, tinha assentado com Mostafacão e Zaerbeque por meyo de Manoel de Sousa, capitão que foi desta cidade; e por mym secretario lhe foi lido o dito contrato, e declarado o que nelle estava por cumprir, a saber, derribar-se a fortificação de Dabul, entregar toda a artelharia que nelle, e em todos os seus Reinos houvesse, e assy alguns navios que ficavão por entregar, e pagar todas as dividas aos Portuguezes, e direitos de cavallos, que per boa conta se achasse que se devião á fazenda de Sua Magestade, e fazerem vir as náos dos mercadores de seus portos a esta cidade: e depois de lido, e pelo dito lingoa lhes foi declarado, disserão que quanto a se derribar a fortificação de Dabul, que elles se obrigavão a se derribar no mais breve tempo que pudesse ser, fazendo nisso todas as diligencias com mandar a gente do serviço do dito Dabul toda a que ahy estiver, e se poder ajuntar para o dito effeito; e assy a se entregar toda a artelharia grossa e miuda, que no dito porto de Dabul, e em seu Reino ouvesse, que for d'ElRey nosso senhor; e assy alguns navios que se acharem, ou todos que se acharem em seus portos, que fossem do dito Senhor, e dos Portuguezes e vassallos de Sua Magestade; e tendo alguns seus d'esporões, os converterão em navios de carga, e havendo algumas naos de mercadores, as farão vir carregar a esta cidade, não lhe sendo feito aggravo nenhum; e para tudo isto cumprirem mandavão hum Maldar d'ElRey com suas cartas em companhia de Manoel de Moraes, que pelo dito Senhor Conde foi eleito pera este effeito, e estar presente ao derribar da dita fortificação, entrega da artelharia, e navios, e mais cousas acima contheudas: e que quanto ás dividas, que se devião aos Portuguezes, e direitos de cavallos á fazenda de Sua Magestade, que elles estavão nesta cidade estantes e prestes para contrebuir com tudo, tanto que se fizesse conta, e para este effeito, e mais condições acima declaradas, que elles prometêrão cumprir, obrigárão suas

1582 Janeiro 29

1582 Janeiro 29 pessoas e fazendas, e molheres e filhos, que nesta cidade tinhão, e não sahirião della sem tudo ser comprido com effeito; e satisfazendo elles com tudo, prometeo o dito Senhor Conde de cumprir em nome de Sua Magestade o dito contrato de pazes, que estava feito e assentado pelo Conde de Atouguia: de que se fez este assento, em que Sua Senhoria assinou com os ditos Embaxadores, e pessoas nomeadas acima. Testemunhas que mais forão presentes, Bertolameu Velho, Manoel Coelho, escrivães dante mym Secretario: e eu João de Faria o fiz escrever, e sobescrevy. — *O Conde Dom Francisco Mascarenhas — João de Faria — Baltezar Pacheco — Bertolameu Velho — Manoel Coelho — Coje Fartadym — Abdul Melique — Coje Abrão.*

(Livro grande das pazes, fol. 12.)

Capitulações que o Capitão mor André Furtado de Mendonça fez com o Samorim

(Couto, dec. XII, liv. IV, cap. II.)

1599 Dezembro Capitulações do que o Samorim prometeo.

Obrigouse a dar em refens da gente que se pozesse coelle da sua banda pera assaltar a fortaleza do Cunhale os principes de Tanor, e Chale, e Carneves seu regedor mór, Varer e Coilo principes e senhores das terras alem de Panane, Pudure, e Talape Naires seus regedores, Menas, e Mena Cherare, irmão de Vniare Cherare ambos sobrinhos do Samorim, e Vnire Gase, Ithe Arachea, e Com Gaachem, Ite Proferare e Nambandre todos principes e senhores de terras. Estes refens em quanto o cerco durasse e o nosso arrayal estivesse nas terras do Samorim e Arioles, estarião na cidade de Cochim donde não sairião a te de todo se recolher o nosso arrayal e armada.

Obrigouse mais pellos ditos refens, que segurava toda a

gente, artelharia e mais cousas que se pozessem em suas terras, e dos Arioles pera o effeito d'aquella guerra. 1599 Dezembro

Que daria a todo o tempo que se ouvessem mister, mil trabalhadores pagos á sua custa pera trabalharem no serviço do campo e cerco.

Que traria á sua custa quinze alifantes no dito serviço em quanto o cerco durasse.

Que daria á sua custa toda a sorte de madeira que fosse necessaria pera o effeito da guerra, pagando o capitão mór os carpinteiros e ferradores.

Que daria todos os carpinteiros, serradores, e ferreiros que fossem necessarios, pagandolhe o capitão mór seu jornal.

Que teria de assistencia no nosso arrayal e cerco do imigo cinco mil naires d'armas. E deste numero estarião dous mil sogeitos ao que lhe o capitão mór mandasse, e pera assistirem na parte que lhe ordenasse: e que obedecerião aos capitaens a que fossem entregues.

Que daria coatro manchuas esquipadas de marinheiros e lascarins pera andarem no rio vigiando e inquietando os imigos, ou onde parecesse milhor ao capitão mór. E que assi daria mais trinta jangadas de almadias esquipadas de marinheiros pera o mesmo effeito.

Que daria duzentas enxadas, e mil cestos pera o serviço do cerco.

Que se se não desse fim ao imigo ate vinte de Ianeiro que era o tempo em que elle Samorim avia de ir á sua festa da Mamanga, lhe mandaria vir de Cochim o principe de Tanor, e Carneves seu regedor mór pera os deixar com todo o poder em seu lugar assistindo no governo do seu exercito: e que em lugar dos sobre ditos mandaria seus sobrinhos Vniare Cherare, e outro herdeiro de Talapuchem senhor de cinco mil naires.

Ao que se obrigou Andre Furtado de Mendoça ao Samorim, he o seguinte.

Que lhe daria por refens estes tres capitães Dom Pedro

1599 Dezembro de Noronha, Ieronimo Botelho, e outro capitão, Antonio Matoso embaixador, e dous padres da companhia de Iesu que assistirião sempre com o Samorim.

Que daria em Cochim apousentos aos refens delle Samorim, e todo o necessario a seus proprios gastos e de seus servidores em quanto residissem naquella cidade. E que estes serião capazes de poderem fazer nelles suas cerimonias, que farião diante dos guardas que lhe pozessem. E que do dito apozento e sitio não sairião sem a mesma guarda. E que as cerimonias se entenderia no comer e lavar o corpo, e outras não.

Que tomandosse a fortaleza de Cunhale se derribaria logo, e não querer nada d'aquelle sitio. E de dar ao Samorim ametade de todo o dinheiro, peças, fazendas, artelharia, e navios que se achassem: e que as mais armas serião de quem as tomasse.

Que avendo alguma briga ou desconcerto antre os soldados e naires, cada hum castigaria os seus subditos conforme ás culpas que tivessem: e que os do numero dos dous mil, que não obedecessem aos mandados do capitão mór, e capitães que lhe propozessem, serião pella mesma maneira castigados.

Prometeo o capitão mór de se fazer igreija em Calecut, e de se assentar ali feitoria, e de ter coelle o estado e commercio que tem os mais Reys amigos: e que inteiramente se compririão os capitolos das pazes, que dom Luis da Gama tinha feitos com elle, e que estavão confirmados pello Conde Almirante.

Estes apontamentos jurárão assi o Samorim, como o capitão mór com os capitaens e regedores que se achárão prezentes, e todos se assinárão nelle. E logo se fizerão de parte a parte a entrega dos refens promettidos: e os da nossa se passárão á parte do Samorim, e os seus se embarcárão na galé muito a seu gosto, e se levárão a Cochim.

Capitulo das pazes e assento da Relação sobre a feitoria de Calecut

(O Chronista de Tissuary, vol. 4.º, pag. 48.)

Capitulo das pazes que se fizerão com o Samorim

Obriga-se o Estado a aver sempre Igreja e padres em Calecut, e assi pôr ahi feitor, officiaes, e feitoria, e favorecer a todos os Portuguezes e christãos que ahi quizerem morar, e fazer povoação, pera a qual dará o Samori lugar particular junto da feitoria. 1605 Março 15

Assento da Relação

Assentou-se em Relação perante o Senhor Viso-Rey, e os Desembargadores abaixo assignados, que avendo respeito a estar obrigado o Estado pelo capitulo de pazes acima a fazer povoação na feitoria de Calecut, e se ter por muito necessario o aumento della, que voluntariamente não poderá ser na forma que convem, se degradassem para a dita feitoria e povoação os degradados cazados, que conforme a seus delictos merecessem ser degradados para a conquista de Ceilão, por comprir ao serviço de Sua Magestade que com suas molheres e familia vão morar na dita povoação, o que se entenda só nos cazados. Em Relação aos 15 de março de 605 annos.— *Cardozo — Simões — Pinto — Campos — Mesquita — Salazar — De Vilar.* (Livro vermelho da Relação, fol. 237.)

Capitulos das pazes que se fizeram entre os vassallos de El-Rey Jahanguir e os Portuguezes, por Nauabo Mucarreb-Xhan e Gonçalo Pinto da Fonseca

(O Chronista de Tissuary, vol. 3.º, pag. 260.)

Porquanto se tem entendido que os Inglezes e Hollandezes com capa de mercadores vem a estas partes para nellas fazerem assento, e conquistarem terras, em que se estendão por 1615 Junho 7

1615 Junho 7 viverem na Europa apertados e pobres; e sua visinhança na India seria de muito damno a todos, como já o tempo tem mostrado na occasião de guerra que derão entre Mogoles e Portuguezes: assentárão os ditos deputados das pazes que El-Rey Jahanguir e o V. Rey do Estado da India não terão commercio algum com as ditas nações, nem em seus portos serão recolhidos, nem providos de mantimentos, nem de outra alguma cousa; antes o V. Rey, e os que lhe sucederem serão obrigados a deitallos do mar do Guzarate dentro em tres mezes contados do dia que a elles chegarem, e acontecendo que se mettão no poço de Surrate, como fizerão este anno, dá o dito Rey licença para os Portuguezes desembarcarem em terra a artelharia necessaria pera os baterem, e tirarem dali, e dará todo mais favor, que pera isso for necessario. E os Inglezes, que de presente estão nas terras e senhorios do dito Rey, se sahirão com as fazendas que hoje tem, por via de Massulapatão.

2. Item. Que por bem da paz e concordia se porão em esquecimento os desgostos, perdas, e damnos, que por mar e terra recebêrão Mogoles e Portuguezes, e outrosim os vassallos de parte a parte por causa da guerra que até agora durou, sem jamais se poder pedir, nem tomar alguma satisfação por armas, nem sem ellas, e d'hoje em diante continuarão em sua antigua amizade e commercio, e os Portuguezes poderão ir livre e seguramente por mar e por terra aos portos e terras d'El-Rey Jahanguir, e contratar sem algum impedimento, e da mesma maneira o poderão fazer os vassallos do dito Rey nos portos e terras d'El-Rey de Portugal.

3. Item. Que El-Rey Jahanguir mandará pôr em liberdade todos os vassallos d'E-Rey de Portugal, que se acharem captivos em suas terras, e não forem tornados mouros. E da mesma maneira o V. Rey do Estado da India mandará soltar e pôr em liberdade todos os vassallos d'El-Rey Jahanguir que os Portuguezes tiverem captivos, não sendo feitos christãos.

4. Item. Que das fazendas dos vassallos d'El-Rey de Portugal, que estão retidas nos reinos d'El-Rey Jahangir, poderá

elle mandar tomar setenta mil xerafins em satisfação do coral que se tomou na nao que vinha de Mequa, e o resto das ditas fazendas mandará restituir inteiramente a seus donos, aos quaes o V. Rey da India mandará satisfazer os ditos septenta mil xerafins. 1615 Junho 7

5. Item. Que o V. Rey da India dará dous cartazes repartidos por dous annos somente para duas naos irem de Surrate pera Mequa forras de direitos, o que se entenderá alem do cartaz ordinario, que em cada hum anno se costuma dar por outro contracto para huma nao fazer a dita viagem: e assy dará mais por huma vez somente dous cartazes para duas naos forras de direitos irem de Surrate a Ormuz, pagando porém em Ormuz os direitos que naquella alfandega se costumão pagar; e assy dará mais o V. Rey á Rainha mãy d'El-Rey hum casco de huma nao vasio em satisfação d'outro que os soldados lhe queimárão em Goga.

6. Item. Que por os Malavares serem piratas, que vivem de furtar, não serão recolhidos nos portos de ambos os Reys, e que entrando nelles, serão entregues, ou será licito aos Portuguezes entrar nos portos e rios, onde os Malavares estiverem, e tomallos sem pessoa alguma os defender, nem se haverem por isso estas pazes por quebradas.

7. Item. Que por estas pazes se não entenderá aver alteração alguma no direito que El-Rey de Portugal tem requerido de lhe pagarem direitos na alfandega de Dio as naos e embarcações, que costumão navegar com fazendas pela enseada de Cambaya, antes lhe ficará todo seu direito neste particular salvo e inteiro, assy como dantes o tinha, sem mais obrigação que de hum cartaz cada anno para huma nao ir de Surrate a Mequa forra de direitos, e os quatro cartazes que por huma vez somente por este contracto se promettem.

E com estas condições acima e atraz referidas o dito Nauabo em nome d'El-Rey Jahanguir, e o dito Gonçalo Pinto da Fonseca em nome do V. Rey da India, cada hum pela commissão e poderes que tem, ouverão por feitas e acabadas as pazes entre o dito Rey, e El-Rey de Portugal, e seu V. Rey, e vassallos d'ambas as partes, para d'hoje em diante se po-

1615 Junho 7 derem tratar e aver como verdadeiros amigos, entrando e saindo segura e livremente com suas pessoas e fazendas pelas terras dos ditos Reys: ordenando que logo fossem estas pazes publicadas para virem á noticia de todos, obrigando-se o dito Nauabo a dentro em cinquoenta dias aver confirmação dellas por hum formão d'El-Rey Jahanguir, e obrigando-se o dito Gonçalo Pinto da Fonseca que no dito termo averia confirmação dellas por huma provisão do V. Rey da India Dom Hieronimo de Azevedo: e de como assy o assentárão, e promettêrão, mandárão fazer estes Capitulos de pazes, em que se assinárão, e pozerão suas chapas em septe de junho do anno de mil seiscentos e quinze.

Conforme com o original que se mandou a Cambaya, pelo qual se apregoárão ali as pazes.—*Jeronymo Xavier*—*Gonçalo Pinto da Fonseca.*

Passou-se provisão de confirmação, e apregoárão-se por outra provisão, que tambem se passou para isso.

(Livro 1.º de pazes, fol. 1.)

Assento e contrato de paz e amisade com El-Rey Nizamoxá, por intervenção de El-Rey Idalxá, sendo Viso-Rey D. Jeronymo de Azevedo

(O Chronista de Tissuary, vol. 4.º, pag. 6.)

1615 Outubro 9 Aos 9 de outubro de 1615 annos nesta cidade de Nauraspôr, nos paços d'El-Rey Ibraime Idalxá, estando elle presente, e o Nababo Xanavascan com o Embaxador do Estado Antonio Monteiro Corte Real, e o Embaxador d'El-Rey Nizamoxá Cassi Pandito, apresentou o dito Embaxador d'El-Rey Nizamoxá hum formão chapado com uma chapa de Melique Ambar, feito em 18 de setembro de 615, como governador e regedor daquelle reino, pollo qual dizia em um capitulo delle que as pazes, que El-Rey Ibraime Idalxá e o Nababo Xanavascan tinha assentado com o Senhor Viso-Rey, elle as assinasse, porque elle se obrigava assinar, cumprir, e guardar tudo aquillo que elle fizesse; e por o Embaxador do Estado foi apresentado hum alvará do Senhor Viso-Rey Dom Jeronymo de Azevedo, feito em 13 de maio de 615, em que o Senhor Viso-Rey lhe dava poder e commissão para assentar estas pazes, e se obrigava a cumprir e guardar tudo aquillo que elle fizesse. 1615 Outubro 9

E assentou Sua Alteza Ibraime Idalxá e o Nababo Xanavascan que as pazes ficassem feitas entre Sua Magestade e El-Rey Nizamoxá assi e da maneira que estavão feitas no tempo d'El-Rey Murtuzá Nizamoxá, acrescentando mais que não agazalhará em seus portos nem terras Ingrezes nem Holandezes, nem lhe dará favor nenhum, as quaes pazes se fizerão o anno de 1571; e os ditos Embaxadores as aceitárão, e se obrigárão pollos poderes, que tinhão, as cumprirem, e guardarem assi e da maneira que se nellas contem, e as chapárão hoje 9 de outubro de 615. E deste theor se fizerão quatro, dous de letra endu (*sic*), e dous em portuguez, para o Embaxador que for ao Senhor Viso-Rey levar dous, e o Embaxador que for a El-Rey Nizamoxá levar outros dous; o que tudo foi declarado e lido pollo lingoa Matimia Bandarim Duabassi Rao, que servia neste tempo de lingoa. Testemunhas que se achárão presentes da parte d'El-rey Nizamoxá Coji Nurão, Embaxador de Mulla Mamede, e Massaliscan, fidalgo da casa de Sua Alteza, e da parte de Sua Magestade Nicolao Paes de Bulhões, e Bertolameu Cardoso.

E feito assy o dito assento e contrato da paz, passou o dito Embaxador Antonio Monteiro ao Reino do Deccão, para o Rey Nizamoxá juntamente com o seu capitão geral e governador Melique Ambar, o assinar e jurar, e antes de o fazer, assentou mais o dito Embaxador com El-Rey Nizamoxá e o governador Melique Ambar, sendo tambem presente Bafacan, Embaxador d'El-Rey Idalxá, que por atalhar a novas differenças e discordias entre os moradores de Chaul, e os vassallos d'El-Rey Nizamoxá e seus officiaes sobre as ortas e

1615 Outubro 9 palmares, nomeasse El-Rey duas pessoas, e o Senhor Viso-Rey outras duas para que todos quatro vissem os titolos dos palmares e ortas, que os Portuguezes e vassallos de S. Magestade possuem nas terras d'El-Rey Nizamoxá; e aos que não achassem bons titolos, os excluissem logo das ortas e palmares, e aos que os mostrassem bons, os restituissem, e mettessem logo em posse dos seus palmares e ortas, com declaração que querendoas El-Rey Nizamoxá, e pagandoas a seus donos, os obrigarião a lhas vender, e os ditos Deputados julgarião o valor das taes ortas e palmares para se dar satisfação a seus donos, e se fez disto assento assinado por El-Rey Nizamoxá e o governador Melique Ambar com o Embaxador do Estado Antonio Monteiro Corte Real, e Bafacan, Embaxador d'El-Rei Idalxá.

1617 Janeiro 18 Em Goa aos 18 dias do mez de janeiro de 617, nos aposentos do Ill.mo Sr. D. Jeronimo d'Azevedo, do conselho de S. Magestade, seu Viso-Rey e capitão geral do Estado da India, sendo presente Cassi Pandito e Xamxercan, Embaxadores do muito poderoso Rey Nizamoxá para verem assinar e jurar a S. Senhoria Illustrissima este assento de paz acima e atraz escrito, o mandou o dito Senhor Viso-Rey ler por mim secretario em presença das pessoas abaixo assignadas, e ouvido por S. Senhoria todo o conteudo no dito contrato e assento de paz, o aceitou e jurou em hum missal, em que pôs as mãos, de assi o cumprir e guardar como no dito assento e contrato se contém, e prometteo que o mesmo farião os Viso-Reys e Governadores que lhe sucedessem por todo o tempo que El-Rey Nizamoxá e os Reys seus sucessores o cumprissem e guardassem. Testemunhas que forão presentes, o Illustrissimo Arcebispo Primaz Dom Frey Christovão de Lisboa, Fernão d'Alboquerque, do conselho de S. Magestade, Dom Diogo Lobo, capitão desta cidade, o Doutor Amador Gomes Raposo, chanceller do Estado, Pero da Silveira de Menezes, Dom Anrique de Noronha, Ruy de Mello de São Payo, o Doutor Diogo da Cunha de Castelbranco, ouvidor geral do crime, e outros muitos ministros, e fidalgos, e cavalleiros que se achárão presentes a este acto, posto que não assinárão mais que os nomeados. E eu o secretario Affonso Rodrigues de Guevara o fiz escrever.— *Viso-Rey — Fr. Christ. Arcebispo Primaz — Dom Diogo Lobo — Amador Gomes Raposo — Pero da Silveira de Menezes — Dom Anrique de Noronha — Ruy de Mello — Diogo da Cunha de Castelbranco, ouvidor geral do crime.* 1617 Janeiro 18

E n'este acto servio de lingoa Azunaique, que hora faz o officio de lingoa do Estado. — *Affonso Rodrigues de Guevara.*

(Livro 1.º de pazes, fol. 6.)

Segue-se o original em letra hindú (maratha), a fl. 8, e a fl. 11 o proprio, que foi assignado pelos embaixadores d'El-Rey Nizamoxá, e seu original maratha.

Assento sobre os palmares e ortas

Assento, que se tomou conforme as licenças d'El-Rey Melique, Melique Ambar, e do Senhor Viso-Rey, que estando juntos Agi Acute Estamboly, Veedor da fazenda do Concão, Abascan, Dom Manoel d'Azevedo, capitão da fortaleza de Chaul, e Luis d'Almada, Veedor da fazenda no Norte, e outras pessoas de credito, assi da parte d'El-Rey como dos Portuguezes, todos assentados no campo grande abaixo da arvore, sobre se tratar dos limites da fortaleza de Chaul e de Chaul de cima, e praticado antre todos os sobreditos no anno Sursana Sanasaba asar e alafa em vintanove da lua do mes Jamadilacar dos Mouros, e em o primeiro do mes asar dos gentios, que tudo vem a ser por nossa conta no anno de 1617 a 16 de junho, se assentou que sobre se averigoar o limite de Tigão até Ragaçaim se escreverá ao presente a Melique Ambar e o Senhor Viso-Rey, e com a reposta que de la vier, se cumprirá assi como elles ordenarem, e em tanto se sobrestará com isto. Desta maneira fica isto assentado e concertado; de que se fizerão coatro treslados deste assento, dous em letra hindú, dos quaes ficárão dous, hum em portuguez, e outro em hindú ao capitão, que logo lhos derão, e 1617 Junho 16

1617 Junho 16 outros dous como estes se derão da letra portugueza e hindú ao Havaldar, que he Agi Acute, com os sinaes abaixo de todos os coatro deputados.

(Dito Livro, fol. 18; e o de letra hindú com as assignaturas, fol. 19.)

Provisão do Viso-Rey D. Jeronymo de Azevedo sobre o cumprimento de um capitulo das pazes feitas com o Mogor no anno de 1615; feita em Goa, a 22 de janeiro de 1616

(Arch. da India, Livro 2.º de Alvarás, fol. 338.)

1616 Janeiro 22 Dom Jeronimo de Azevedo &c. Faço saber aos que este alvará virem que para bem de se dar cumprimento ao contrato das pazes feitas com Cambaya, e não haver quebra nellas, mandei por meu alvará feito em 3 de outubro de 615 que nenhum Portuguez, de cujas fazendas se houvessem os setenta mil xerafins, que por hum capitulo do dito contrato se concedeo haverem-se de tomar das que se acharem de Portuguezes nas terras do Mogor, fosse ousado de tomar satisfação nas fazendas que viessem das ditas terras aos portos deste estado, e que pera não perderem o que assi se lhes tomasse, apresentando certidões justificadas nesta alfandega de Goa, e nas de Dio e Ormuz do que a cada hum se houvesse tomado, se lhes fizesse pagamento nos direitos das que apresentassem, e porque he necessario, e convem que haja ordem nos ditos pagamentos pera se saber e constar a certeza da quantia que se paga, e não haver conluyos de modo que se descaminhe a fazenda real, e venha a pagar mais do que está obrigada, hey por bem, e mando que na caza dos contos se faça hum livro, numerado, que esteja em poder do escrivão do despacho em seu cartorio, no qual se registarão todas as certidões que se apresentarem polos portuguezes, a que se houver tomado dinheiro á conta dos ditos setenta mil xerafins, nas quaes certidões depois de registadas se passarão mandados na fazenda pera averem pagamentos nos officiaes que eu ordenar, com declaração que será com se pôr verba no registo da tal certidão, e que sem certidão della se não leve em conta, e quando vier aos contos, se correrá a ementa com o dito livro, e terá cuidado o provedor mor de advertir que não passe a quantia dos ditos setenta mil xerafins; e este se registará no rosto do dito livro, e na fazenda. Notifico-o assy ao vedor da fazenda deste Estado, ao provedor mor dos contos, mais ministros, officiaes, e pessoas a que pertencer, e lhes mando que assy o cumprão e guardem, e fação inteiramente cumprir e guardar este alvará como se nelle contém sem duvida nem embargo algum. Gaspar da Costa o fez em Goa a 22 de janeiro de 1616. Eu o secretario Affonso Rodrigues de Guevara o fiz escrever.— *Viso-Rey*. 1616 Janeiro 22

Apontamentos das mercês que pede ao Viso-Rey da India Jaeda Rana, Rey de Sarceta, por seus Enviados Chrisna Boto e Jassagi Dalvi

(O Chronista de Tissuary, vol. 4.º, pag. 22.)

1. Primeiramente que vindo contra elle algum inimigo ou inimigos seus, seja da parte deste Estado elle favorecido, e ajudado com Portuguezes casados e soldados com suas armas, polvora, e monições, e o mais de que ouver necessidade, o qual socorro assistirá com elle o tempo que durar a guerra; e querendo elle hir com sua gente contra quem lhe parecer he necessario, e chamando-os elles neste tempo, tambem acodirão, irão, e o acompanharão pera bem de se restaurar do que lhe tiverem tomado de suas terras, de maneira que se acharão com elle assi na sua defensão, como quando ordenar offender aquelles que elle quizer, pera bem de sua honra e quietação. 1617 Janeiro 26

2. Que a serra de Sarceta se estime, e fação conta della

1617 Janeiro 26 como da fortaleza de Damão, e quando seus inimigos vierem pera a tomar, os Portuguezes e toda a gente da cidade de Damão venha á dita serra para o ajudarem, e dar nos ditos inimigos, fazendo nella a detença que para isto for necessaria; e que da mesma maneira será elle obrigado hir á fortaleza de Damão quando for necessario para bem da guarda e serviço della.

3. Que o Estado e elle sejão amigos dos amigos, e inimigos dos inimigos.

4. Que o Estado não consinta meterem os Bagulos, que he gente do Vergi, o seu pé em Damão, nem lhes dê entrada, nem ajão com elles nenhuma comunicação, pois a não ouve até agora, e por isso cumpre não lhe darem ahy lugar.

5. Do negocio do Berba, e do seu chouto, de tudo está bem informado o doutor Gonçalo Pinto da Fonseca, Veedor da fazenda, e ouvidor geral do Norte; por onde informandose V. S. delle, me fará mercê mandar-me dar o dito chouto, em que os Bagulos querem entender sem lhes pertencer nada, a quem he necessario mandar V. S. que se não metão no que não he seu, e a mim mandar-me dar a posse, para o que mando apresentar o papel assinado pela molher e filho do Berba, que me passárão, para V. S. o ver por elle, e por o dito Berba já defunto ser meu tio, e por o dito chouto ser dado desta casa pelos meus antepassados, me pertence agora ser tornado a mim; e assy peço a V. S. o mande, por me fazer mercê, e ter justiça de minha parte.

6. Que os choutos das terras de Damão mande V. S. que paguem conforme o rendimento que ha nas aldêas, e os foreiros arrecadão dos lavradores e povo dellas per moeda de mamudes chaparis. Da mesma maneira he justo que os Pateis dellas me paguem, sem os Vasadares, cidade, e o capitão se entremeterem nisso, e que elle os peça aos Pateis, e elles lhos paguem como he rezão sem falta nenhuma; e que elle tambem será obrigado nesta parte a querer o que he justiça, sem usar de nenhuma semrezão; e usando, me vão á mão.

7. Já digo acima que os Portuguezes foreiros das aldêas

arrecadão dos seus curumbins o rendimento por mamudes chaparis, e pagão o foro del-Rey por mamudes chalanis, e da mesma maneira o chouto, por onde fazendo-me V. S. justiça nesta parte, he tambem proveito que receberá a fazenda de Sua Magestade. 1617 Janeiro 26

8. Que os Portuguezes moradores de Damão não declarão o rendimento de suas aldêas na verdade, nem o deixão fazer aos seus Pateis, dando pancadas nelles, e tratando-os mal, e aos seus recebedores, os ameação que matarão, e por outra parte dizem que darão alguma peita para não averiguarem. Como nunca se sabe o justo, não o querem dizer, nem pagão; e aldêa, que rende mil mamudes, feita a conta pagão a elle da quarta parte, usurpando as outras tres, nem deixão entrar nenhum homem em sua aldêa para saber da gente, nem fazer diligencia: por onde peço a V. S. me faça mercê ordenar para isto huma pessoa honrada, e de credito, Portuguez, de boa conciencia, que não tome peita, o qual he necessario hir a Damão fazer o foral das ditas terras, e por elle mandar pagar o chouto, porque como huma vez pagarem com esta verigunção, dahi por diante sempre pagarão o certo, e não averá differença, nem elle terá que fallar, nem averá falta na amizade; eu ficarei contente, Sua Magestade será servido, e receberá proveito a fazenda de Sua Magestade no foro, que ficará acrescentada, e não diminuida, no que elles fazem em levar das aldêas mais, e pagar menos, e elle receberá o seu chouto, como é justo; por onde torno a lembrar a V. S. mande este homem Portuguez a Damão para effeito do dito foral; doutra maneira dão-me muito trabalho na arrecadação, nem pagão o que me devem justamente.

9. Os mandovins e imposições novas pagão á fazenda de Sua Magestade, e aos foreiros, e a mim não me pagão o meu chouto, que V. S. me fará mercê mandar que me paguem.

10. Peço a V. S. me faça mercê mandar dar em Danú lugar para mandar ahi fazer humas casas, e residirem nellas meus homens fazendo mercancia, e tratando na madeira que de ca mandarem levar, e fazer naos, e avendo-se mister a dita madeira para Sua Magestade, me pagarão conforme

1617 Janeiro 26 como a vender aos de fora, pagando-me a dinheiro de contado, sem aver nenhuma força nem embargos; e que nossa gente poderá usar de costumes da minha ley sem ir ninguem á mão, mas antes favorecidos do capitão mor, e ouvidor, e que os não agravem em nada

11. De cada capitulo destes acima e atraz peço a V. S. me faça mercê mandar passar provisão com boas declarações, e que todas se cumprão e guardem inteiramente por muitos annos, e inda que passe o tempo de muitos V. Reys e capitães, que sempre ellas tenhão força e vigor. Digo isto, por que as provisões, que V. S. me fez mercê, não nas querem comprir por nenhum caso os de Damão, e o mesmo fizerão ao alvará de Sua Magestade, que do Reino veio em meu favor, que tudo tenho guardado sem poder ajudar-me das ditas mercês do Reino, e de V. S. por onde peço que as que agora V. S. mandar passar sejão de maneira que todos as guardem sem impedimento, como fico confiado que V. S. mandará fazer pela grandesa de V. S. e a mim fazer mercê; e as provisões sejão com as penas que V. S. for servido. Em Goa, a 26 de janeiro de 1617.—*Chrisna Boto*—*Jasagi Dalvy.*

Treslado do assignado da mulher e filho do Berba, que diz o seguinte:

1615 Novembro 8 Ao grande Rey Jaeda Rana, a quem damos este escrito nós ambos Hansaigi e Bimaba, filho de Berba Torato, por esta maneira, que o nosso grasso, que he chouto, que temos nas terras de Damão, e assi a ogua, que temos nas aldêas, o que tudo damos para sempre com seus costumes e lagimas a v. m., a saber, sete aldêas que pagão o grasso, que são estas: Humbarsary, Palari, Calain, Palassana, Calagão, Humbargão, e Cotala; e assim a ogua de seis Parganãs, Puari, Calana, Naer, Loaśsa, e Danú, [1] esta ogua de seis Parganãs, e assi costumes e lagimas damos a v. m. na verdade sem nenhum estorvo; e este escrito passamos de nossa boa von-

[1] Estão nomeadas só estas cinco. *(Rivara.)*

tade, e com primeiro o comunicar com Aigi Putuba Baigi e Bagi, o que he na verdade. Feito no anno de mil e seiscentos setenta e dous em dous do mez dos gentios chamado Maguasir, em domingo; conforme a isto parece ser em 8 de novembro de 1615 annos. Com as testemunhas que de presente estavão os abaixo assignados, e com huma chapa á ilharga, e sinaes, que dizem, Hansaigi, Bimaba Rana, filho do Berba, e Canacaigi. 1615 Novembro 8

Dêm-se estes papeis ao Secretario do Estado: em 9 de março de 1617.—*Viso-Rey.*

Parecer do Doutor Gonçalo Pinto da Fonseca

1. Mandou-me V. S. que visse a replica, que os enviados do Rey de Sarceta fizerão do assento que se tomou em conselho do Estado, e que dissesse por escripto o modo em que se pode satisfazer ás duvidas movidas, sem encontrar a substancia do dito assento, nem de outro que V. S. tomou, estando em Baçaim, de que estes homens se agora querem valer, por ser mais favoravel a seu Rey: e o que no caso me parece he o seguinte.

2. Temem estes homens que o quartáo, que se lhe pede em reconhecimento de vassalagem, o ajão de mercê os capitães de Damão, e que por elle peção hum tal quartáo, qual nunqua pario egoa, e venhão a levar por elle mil cruzados; e porque seu temor não carece de fundamento, parece que basta reconhecer seu Rey a Sua Magestade com tributo de dous falcões, ou de dous açores primás, entregues cada anno em Damão, e com obrigação mais de acudir á defensão daquella cidade, e suas terras, todas as vezes que cumprir, com duzentos de cavallo, e quinhentos de pé.

3. E que ha de ter sua casa em Danú ou Nargol perá nella morar, e residir com sua familia, e ha de ter outras casas dentro na cidade de Damão para ir estar nellas quando ouver festas, ou quizer visitar o capitão, para com esta communi-

1617 cação se criar amor em elle e seus vassallos com os moradores daquella cidade. E estas casas poderão tambem servir para em caso que sobrevenha guerra, metter nellas sua familia, e ficar com mais liberdade para a defensão das terras, assy nossas como suas.

4. Que cumprindo estas condições, o tomará o Estado debaixo de sua protecção como a vassallo, e acudirá á defensa da sua serra, e das terras que ora possue, com o poder da fortaleza de Damão.

5. Que por evitar as differenças que todos os annos resultão de averiguar o rendimento das aldêas, para se lhe pagar o direito que chamão chouto, se ordenará que entre as maiores e menores novidades, que costumão dar as aldêas, se tome hum meio e quantidade que se aja de pagar cada anno, sem accrescentamento nem diminuição, ou as aldêas rendão muito ou pouco; de que se fará foral por hum ministro enviado desta corte com regimento pera o caso, e com poderes pera obrigar as partes pera virem neste acordo, por ser de bem commum.

6. Que estando o dito Rey em posse de levar o dito direito de alguns mandovins das terras de Damão, será conservado em sua posse, reduzindo-se o dito direito a quantia certa, como se ha de fazer no das aldêas; mas não se lhe pagará este direito dos mandovins de que até agora se lhe não pagou.

7. Que este direito de chouto se cobrará das aldêas, ou de seus Pateis, via executiva, na forma em que se arrecada e cobra o foro de Sua Magestade; e se lhe pagará em dinheiro de contado, e não em outra alguma cousa; e o ouvidor daquella cidade, sendo para isso requerido, fará esta execução na forma referida, sob pena de suspensão de seu cargo, e de mil pardaos applicados para o accusador e captivos.

8. Que o ministro que for fazer o dito tombo levará ordem para mandar notificar o Rey Vergy, que a certo termo mande apresentar o titulo e rezão que tem para levar o direito do chouto, que foi do Verba; e o dito ministro ouvirá os procuradores do dito Rey e do Rey do Sarceta, e determinará a qual delles pertence o dito direito, da qual sentença po-

derá apellar, ou aggravar pera a relação desta cidade de Goa a parte, que se sentir aggravada. E não querendo o Rey Vergy mandar requerer sua justiça diante o dito ministro, se fará embargo, e porá em deposito o dito chouto em mão de pessoa abonada até o dito Rey obedecer, e mandar requerer sua justiça. 1617

9. Que estando o dito Rey nas terras de Damão, poderá das portas a dentro fazer seus ritos e costumes sem impedimento algum.

10. Parece que na madeira se não deve tratar, nem alterar no que até agora se fez acerqua della. — *Gonçalo Pinto da Fonseca.*

O secretario do Estado passe provisão na forma deste parecer do Doutor Gonçalo Pinto da Fonseca, visto differir pouco do que se assentou em conselho. Em Goa 14 de março 617. — *Viso-Rey.* (Livro 1.º de pazes, fol. 24.)

Contrato das pazes feitas entre El-Rey de Candia e o de Portugal, pelo Capitão Geral da conquista de Ceilão, D. Nuno Alvares Pereira, no anno de 1617

(Arch. da India, livro 4.º de copias de ordens regias, fol. 339, v.)

Tresiado dos papeis que se fizerão nesta ilha de Ceilão, sobre as pazes que se fez conforme a elles, que o Rey de Candea mandou pedir por seus Embaixadores ao Capitão Geral desta conquista, D. Nuno Alvares Pereira, os quaes são os seguintes.

Termo feito por mandado do Capitão Geral D. Nuno Alvares Pereira do que se assentou na junta que se fez para se resolver se convinha ao serviço de Sua Magestade e bem commum de toda esta ilha deferir-se ás pazes que o Rey de Candea lhe mandou pedir por seus Embaixadores

Aos dous dias de mez de julho de 1617 annos, em esta cidade de Columbo, nas pousadas do capitão geral Dom Nuno Alvares Pereira, aonde por seu mandado se ajuntárão o ve- 1617 Julho 2

1617 Julho 2 dor da fazenda Manoel d'Oliveira de Azevedo, e o capitão desta cidade Lançarote de Seixas, e os juizes, e vereadores, e mais officiaes da camara da dita cidade, e os prelados de todas as religiões, que nella assistem, e alguns capitães velhos de experiencia, que tem servido nesta conquista; e presentes todos lhe disse o capitão geral em como já pelo primeiro recado e embaxada, que teve do Rey de Candea em 10 de maio os ajuntara assim como estavão presentes, e lhes propuzera se convinha ao serviço de sua magestade, e ao bem commum desta ilha deferirse ás pazes ao Rey de Candea, como elle por seus embaixadores lhe mandava pedir; e depois das boas rezões que todos sobre isso lhe derão, assentárão que convinha tratarse das ditas pazes, e concederlhas, se o dito Rey as aceitasse, com as condições que convinhão ao serviço de sua magestade, para o que pareceo mandarse pessoas de boa consideração para tratar de negocio tão importante, as quaes se elegêrão, e levárão os apontamentos, e condições de paz, que da nossa parte se lhe devião conceder, e estavão já no dito reino de Candea, e os tinhão declarado ao dito Rey, que a todos elle respondeo com outros que enviou ao capitão geral, os quaes elle mandou ler em a mesma junta, pedindo que depois de bem vistos e praticados, resolvessem o que se devia responder ao dito Rey, porque elle estava prestes para seguir o que se assentasse acerca da dita paz, sendo em honra e credito, e serviço de sua magestade, e melhor quietação desta ilha, ou proseguir a guerra, com que de presente estava, continuandose, e vendose e considerandose na dita junta os ditos apontamentos, com que o Rey de Candea respondeo aos que lhe forão propostos da nossa parte, se emendárão, e acrescentárão o que pareceu convinha ao serviço de sua magestade, e assentárão que com a dita emenda se concedessem as pazes ao dito Rey, e quando na forma dos ditos apontamentos, as não quizesse o capitão geral, mandasse com resolução recolher as pessoas que la tinha mandado, e tambem despedisse as do dito Rey de Candea, que estavão nesta cidade; e de como ordenárão e assentárão assim, e da maneira que aqui se contém, se assinou o capitão geral, e todas as mais pessoas, que se achárão na dita junta, comigo Manoel Bocarro, escrivão da fazenda desta ilha de Ceilão, e os apontamentos acima referidos, em Colombo no dito dia, mez, e era atraz declarada.—*Dom Nuno Alvares Pereira—Manoel d'Oliveira d'Azevedo—Lançarote de Seixas—O Padre Manoel Rodrigues, reitor da companhia de Jesus—Fr. Sebastião de Lima, vigario de S. Domingos—Fr. Diogo Façanha, guardião e commissario da Ilha—Fr. Luis Gomes Pinto—Bento de Sá Tinoco—Miguel Ferrão de Navaes—Felippe de Oliveira*—Os officiaes da cidade—*Victorino de Abreu—Lourenço Ferreira de Macedo—Balthezar Monis—Francisco Carvalho—Thomé Ferreira—Gaspar Pereira—João Nunes.* 1617 Julho 2

Condições com que se faráõ as pazes, em nome de Sua Magestade, a El-Rey de Candea, que as pede

1. Primeiramente que o dito Rey o será de Candea, visto haver sido cazado com a Rainha Dona Catharina, da qual tem tres filhos legitimos, os quaes lhe succederão no reino conforme a seus costumes, ficando sua magestade obrigado a favorecer o dito Rey succedendolhe guerras ou necessidades, e a mesma obrigação terá o dito Rey e seus descendentes a todas as occasiões, que se offerecerem nos reinos de baixo governados pelos geraes de sua magestade. 1617 Junho 30

2. Que o dito Rey será vassallo de sua magestade, e seus legitimos descendentes, pagando de tributo em cada hum anno quatro elefantes de cinco covados para riba, postos na Malvana, e mil amonões de areca, e duzentos bares de canella, o que se poerá na rua nella (*sic*).

3. Que a fortaleza de Balané se tornará a fazer, e entregar com a artelharia, monições, e Portuguezes, que nella estavão, provida de mantimentos para hum anno, e se entregarão os Portuguezes que estavão em Suffragão, com todas as armas, e monições que tinhão.

4. Que entregará a cabeça do levantado, como prometeo

1617 Junho 30 ao geral desta ilha Dom Nuno Alvares Pereira, ou dará todo o favor e ajuda necessaria para que o tomemos, entregando outrosi os levantados, que neste alevantamento se forão para seus reinos, e todos os mais que ao diante se forem por qualquer delicto que cometerem, e o mesmo se entenderá nos mouros, aos quaes ElRey não admittirá de novo no seu reino.

5. Que nos seus reinos não consentirá Olandezes, Francezes, Inglezes, e nenhuma outra nação inimiga nossa, mas será amigo dos amigos, e inimigo dos inimigos.

6. Que dará toda a ajuda e favor para que se fação as fortalezas nos portos de mar, que parecerem necessarias.

7. Que não impedirá a nenhum vassallo seu fazerse christão, querendoo ser, antes lhe dará seu favor e ajuda, e sitio, em que os religiosos possão fazer igrejas.

8. Que não consentirá que se vão Portuguezes para seus reinos sem licença expressa do capitão geral, e hindo algum sem ella, será obrigado a mandalo preso a bom recado ao dito capitão geral; e esta declaração se faz por se evitarem desordens, que os soldados costumão fazer nas terras.

9. Que entregará toda a artelharia, que foi tomada aos Portuguezes em qualquer guerra e tempo que fosse, e assim mais todos os captivos, que neste levantamento se tomárão, e estiverem em seus reinos, e lhes dará liberdade.

10. Que dará de refens hum dos seus filhos pelos primeiros tres annos, e sendo de pouca idade, quatro pessoas principaes, naturaes do reino de Candea, quaes apontarmos.

Malvana a 30 de junho de 617.—*Dom Nuno Alvares Pereira.*

Condições com que El-Rey de Candea fara as pazes, que pedio, em reposta das que lhe forão mandadas

1617 1. Primeiramente será Rey de Candea, visto haver sido casado com a Rainha Dona Catharina, rainha legitima dos reinos de Candea, e ter da dita rainha tres filhos, os quaes lhe succederão no reino conforme seus costumes, ficando sua magestade obrigado a favorecer ao dito Rey, e mais Reis, que legitimamente lhe succederem, e a mesma obrigação terá o Rey de Candea, e seus descendentes em todas as occasiões que se offerecerem nos reinos de baixo, governados pelos geraes desta ilha. 1617

2. Diz mais ElRey de Candea que pagará de vassalagem em cada hum anno dous elefantes de cinco covados cada hum, postos na Malvana, por honra de ElRey de Portugal, porque ElRey de Portugal não ha mister dinheiro senão honra.

3. Diz mais ElRey de Candea que será amigo de nossos amigos, e inimigo de nossos inimigos, nem terá contrato com elles, e que vindo algum fallar com elle, lhe dirá que he amigo dos Portuguezes, e que os não pode consentir em seus reinos.

4. Diz mais ElRey de Candea que todos os Portuguezes, que vierem a seu reino de Candea sem licença dos capitães geraes, os mandará entregar aos ditos geraes, e que tambem entregará todas as mais pessoas da terra captivos, e culpados, se acaso vierão para o reino de Candea, e que tambem os capitães geraes serão obrigados a todos os seus, que sem sua licença se forem para os reinos de baixo.

5. Diz mais ElRey que sabendo adonde o levantado estiver, será obrigado a mandar dar nelle primeiro que nós, avisandonos para o ajudarmos tambem.

6. Diz mais ElRey de Candea que toda a gente dos reinos de baixo, que neste alevantamento se vierão para o seu reino de Candea, mandará que vão povoar suas aldêas, e sendo alguns culpados, que lhes perdoará o senhor capitão geral em nome de sua magestade, e se lhes darão suas paravenias (*sic*).

7. Diz mais ElRey de Candea que entregará todos os Portuguezes que tomou em Balané com todas as munições, artelharia, e armas, e tambem os Portuguezes de Sofragão, mas que as armas, que as tomou a gente da terra, que dellas as pode arrecadar; e assim mais entregará dous barcos que se tomárão de huma galiota que deu em Maturé á costa, por ser em seu tempo.

1617 8. Diz mais ElRey de Candea que dará os refens, que hirão e virão pela ordem que elle mandar, por não estarem sempre huns fora das suas casas, e que serão pessoas de credito, posto que bastava sua palavra real mais que duzentos refens; e que por refens de baixo basta hum Padre de S. Francisco, qual elle apontar, com huma igreja, honrando os christãos que neste reino houver; e assim dará liberdade a toda a pessoa dos seus reinos que se possão fazer christãos, querendo ser por sua livre vontade, tirando os captivos pelos muitos inconvenientes que pode haver entre os Padres e os donos dos captivos, e para isso consentirá os religiosos que parecer.

9. Diz mais ElRey de Candea que jurandose as pazes, se jurarão para sempre em nome de ElRey de Portugal, ficando elle, e o princepe, e seus descendentes Reis de Candea com todas as terras que pertencerem ao dito reino, e ElRey de Portugal as terras que pertencerem aos reinos de baixo.

Os apontamentos acima, que me forão enviados, eu com as pessoas que forão presentes na junta que ordenei, assentámos se concedessem assim e da maneira que se nelles declarão. — *Dom Nuno Alvares Pereira.*

Outro termo

1617 Julho 18 Em Columbo a 18 do mez de julho de 1617 annos, nos aposentos do senhor capitão geral Dom Nuno Alvares Pereira, sendo elle presente com os Religiosos, e mais pessoas abaixo declaradas e assinadas, que a todos o dito capitão geral mandou chamar, e lhes propoz perante mim Manoel Bocarro, escrivão da fazenda de sua magestade, que tendo enviado a Candea embaixador com reposta ao Rey sobre as pazes que cometeo e pedio, levando os apontamentos que declarárão com parecer de pessoas que ao fazer delles se achárão, viera ora ultima resolução do dito Rey, que he a que se contém nos apontamentos assinados por elle, os quaes o dito capitão geral tomou na mão, e com elles disse ás pessoas, que presente estavão, que da parte de sua magestade lhe requeria e pedia encarecidamente os vissem, e conforme a elles dessem seus pareceres, e se resolvessem no que melhor conviesse ao serviço de Deos e de sua magestade, paz e quietação de seus vassallos, e segurança desta ilha, e o que elles assentassem daria á execução, estando sempre mui prompto para a administração da guerra para se achar com a sua pessoa nella, e continuação da conquista, para o qual o enviara o dito senhor a esta ilha; os quaes apontamentos forão por mim lidos em alta voz, e sobre a sustancia de cada capitulo se ventilou tudo o que pareceo conveniente, e se assentou por todos se concedessem as ditas pazes com as mesmas condições contheudas nos ditos apontamentos visto cumprir ao serviço de Deos e de sua magestade fazeremse, e que no que toca á repartição das terras, que nos pertencem, se determinaria as que são por pessoas, que da nossa parte apontariamos por louvados, e o Rey outras pela sua delle, e o que elles determinassem se cumpriria sem duvida alguma, estando humas e outras em lugar livre, para que na dita determinação fação verdadeiramente e sem temor o que lhes parecer, e nesta conformidade mandou o dito capitão geral se fizesse este assento, em que se assinou com as ditas pessoas; e eu Manoel Bocarro escrivão da fazenda o fiz no dito dia, mez, e era acima.—*Dom Nuno Alvares Pereira*—*Lançarote de Seixas*—*Manoel d'Oliveira de Azevedo*—*Lourenço Caldeira*—*Dom Constantino Barreto*—*Bernardo da Costa*—*Pero d'Almeida Cabral*—*Paulo Carvalho*—*Bento de Sá Tinoco*—*João Vaz de Araujo*—*Felippe de Oliveira*—*Fr. Diogo Paçanha, guardião e commissario*—*Fr. Sebastião de Lima, vigario de S. Domingos*—*O Padre Manoel Rodrigues, reitor do collegio da companhia de Jesus*—*Fr. George de Santo Agostinho, prior do mesmo convento*—Os officiaes da cidade, *Balthezar Moniz*—*Victorino d'Abreu*—*Francisco Carvalho*—*Gaspar Pereira*—*João Nunes Ferreira*—*Thomé Ferreira.*

1617 Julho 18

Outro termo

1617 Julho 30 Aos 30 dias do mez de julho de 1617 na cidade de Columbo, nos aposentos do capitão geral Dom Nuno Alvares Pereira, sendo elle de presente, e o capitão desta fortaleza Lançarote de Seixas, e o vedor da fazenda de sua magestade Manoel d'Oliveira d'Azevedo, e os officiaes desta cidade, e os prelados das religiões della, e alguns capitães de boa experiencia, propoz o dito capitão geral que lhe fora dada huma carta de Diogo de Sousa da Cunha, embaixador que estava em Candea para a resolução das pazes, que o Rey tinha mandado pedir e requerer, na qual se continha que se mandasse a ultima conclusão para o effeito dellas, ou desengano de se não conceder, denegandose ao dito Rey a concessão do porto de Baticalou, em que elle assiste, em caso que na repartição e determinação das terras haja alguma duvida sobre o dito porto nos não pertencer por qualquer via que seja, como melhor se contém na dita carta, que foi lida em voz alta a todos os desta junta, com o que o dito capitão geral em sua proposta declarou ás ditas pessoas que elle tinha mandado ao Rajá cinco juizes para a repartição das terras com ordem e commissão para as determinarem conforme os apontamentos, que o dito embaixador levou, e que havendo duvida em o porto de Baticalou ficar ao reino de Candea, ou a nós, se largasse ao dito Rey o dito porto, com tanto que passaria huma ola, por que se obrigasse a dar ajuda e favor para se fazer huma fortaleza nelle: dizendo mais que por rasão da dita carta do dito embaixador, na qual com instancia pedia brevidade e concrusão, em caso que ElRey não concedesse o acima declarado, e insistisse, se lhe concederia, ou negaria, continuandose com a guerra, para a qual estava mui prompto, e deliberado a seguir em todo e por todo o que elles assentassem, e melhor parecesse convinha ao serviço de Deos, e de sua magestade, paz e quietação deste povo, e com sua pessoa, poder, e authoridade faria o que elles neste caso ordenassem; e com este presupposto lhe requereo da parte do dito senhor, e da sua lhes pedia encarecidamente dessem seus pareceres, porque elle estava prestes e deliberado, e sempre com o inteiro animo para com sua pessoa, e tudo o mais da obrigação do lugar, em que está, de geral desta ilha; e sendo assim, mandou aos vereadores da camara desta cidade, procurador, e juizes della, votassem primeiro, os quaes disserão que elles em nome de todo o povo erão de parecer que visto o trabalhoso estado, em que todos estavão com as guerras, e pela nova conjuração dos da terra contra nós, conforme o dito embaixador affirmava por suas cartas, se concedessem as pazes, e se largasse o dito porto ao dito Rey em caso que insistisse nelle, por quanto de todo o modo convinha ao serviço de Deos, e de sua magestade, quietação e remedio de todos os desta ilha fazerse: nesta mesma conformidade votárão os mais, e forão todos uniformes. Eu Manoel Bocarro, escrivão da fazenda de sua magestade nesta ilha de Ceilão, que este termo fiz por mandado do dito capitão geral, feito no mesmo dia, mez, e era.—*Dom Nuno Alvares Pereira—Lançarote de Seixas—Manoel de Oliveira de Azevedo—Bernardo da Costa—Pedro de Almeida Cabral—Manoel Cabral de Mello—Dom Constantino Barreto—João Vaz de Araujo—Manoel Corrêa de Brito—Paulo Carvalho—Miguel Ferraz—Felippe de Oliveira—Fr. Sebastião de Lima, vigario de S. Domingos—O Padre Manoel Rodrigues, reitor do collegio da companhia de Jesus—Fr. Diogo Façanha*—Os officiaes da cidade, *Balthezar Moniz—Gaspar Ferreira—Thomé Ferreira.* 1617 Julho 30

Outro termo

Em Columbo a 17 do mez de agosto de 1617 annos, nos aposentos do senhor capitão geral Dom Nuno Alvares Pereira, sendo elle presente, e o capitão desta fortaleza de Columbo Lançarote de Seixas, e o vedor da fazenda de sua magestade Manoel d'Oliveira de Azevedo, e os vereadores e mais officiaes da camara desta cidade, e os prelados das religiões della, e alguns capitães velhos e experimentados, 1617 Agosto 17

1617 Agosto 17 disse o dito capitão geral que Diogo de Sousa da Cunha, embaixador, que estava em Candea, lhe enviara os capitulos das pazes, que ElRey de Candea tem pedido, assinados por elle, sobre os quaes se haverem de fazer, e elle dito capitão geral tinha representado em conselho, que fez, todas as razões contheudas nos assentos, que se fizerão, nos quaes se resolvêrão que se fizessem com effeito, como delles consta mais claramente, e que ora com os ditos apontamentos, e com hum escrito do dito Rey, em que se obriga, e dá sua palavra de assinar e jurar, tornou a propôr a materia, e lhes mostrou huma carta do Dissava e capitão das sete Corlas Luis Teixeira de Macedo, em a qual lhe avisava tinha por nova certa como estavão grão copia de levantados juntos, fazendo muita gente por ordem do Rey de Jafanapatão, que os incitava movessem novo alevantamento em as terras, e para isso lhe dava toda ajuda e favor, dandolhe gente para conseguirem o dito alevantamento em as terras; e assim lhes disse mais em como tinha por certo estarem tres naos olandezas em o porto de Baticalou com mais gente e fazendas, para poderem mais facilmente ganhar e attrahir a si a vontade dos inimigos, fazendo as fortalezas que pertendem; e lhes pedia que sobre isso que tinha manifestado, e acima referido considerassem, vissem, e apontassem o que milhor parecesse se devia fazer; e com este presupposto se alevantou, sahindose para outra casa, para que elles com mais livre vontade votassem, e dessem seus pareceres, averiguando com effeito na materia que presente tinhão, e assim lhes requereo da parte de sua magestade, e da sua pedio com muita instancia o fizessem, porque elle para tudo que melhor conviesse, e elles determinassem, estava muito prompto, prestes, e deliberado para com sua pessoa, poder, e authoridade, e tudo o mais da obrigação de lugar que tinha e cargo, seguir, e dar á execução o que milhor fosse, e cumprisse ao serviço de Deos e de sua magestade, e quietação desta ilha, ficando as ditas pessoas acima nomeadas sem a presença do capitão geral, praticárão as cousas referidas acima e atraz, e vendo claramente que do negocio já tratado se podia conseguir, e

acontecer huma trabalhosa guerra, que causasse mui grande 16:7
perdição, e desinquietação em esta ilha, e que outrosi pela Agosto
gente da terra estar com palavra passada de todos se alevan- 17
tarem, como consta do termo atraz feito, e finalmente por outras muitas razões, e pela restituição de muitas mil almas, que estão perdidas em aquelle reino, assentárão todos entre si jurasse o dito capitão geral as ditas pazes com effeito na forma dos capitulos delle, de que aqui vai o treslado dos proprios assinados pelo dito Rey, que ficão no cartorio da fazenda, e assim tresladou o escrito do dito Rey que se obriga a juralas; e no fim e encerramento se assinárão todos com o dito capitão geral. E eu Manuel Bocarro, escrivão da fazenda de sua magestade nesta ilha de Ceilão, o fiz.—*Dom Nuno Alvares Pereira—Lançarote de Seixas—Manoel d'Oliveira de Azevedo—Jeronimo Ferreira—João Vaz de Araujo—Paulo Carvalho—Felippe de Oliveira—Dom Constantino Barreto—Pero de Almeida Cabral—Bento de Sá Tinoco—O padre Manoel Rodrigues, reitor do collegio da companhia de Jesus—Fr. Sebastião de Lima, vigario de S. Domingos—Fr. George de Santo Agostinho, prior do mesmo convento*—Os officiaes da cidade, *Lourenço Teixeira de Macedo—Victorino de Abreu—Balthezar Moniz—Francisco Carvalho—Thomé Ferreira—João Nunes Ferreira.*

Escrito do Rey de Candea

Eu ElRey de Candea dou minha palavra real que se ElRey 1617
das terras de baixo conceder os apontamentos que leva o Agosto
padre Fr. Gaspar, de jurar as pazes sem falta nenhuma, 10
como me avisarem os meus embaixadores que ElRey das terras de baixo jurou. Hoje 10 de agosto de 617.

(Signal de ElRey de Candea.)

Condições com que El-Rey de Candea fará as pazes, que pedio se lhe concedessem em sua vida

1617 1. Primeiramente que era elle Rey de Candea, visto haver sido cazado com a rainha Dona Catharina, rainha legitima do reino de Candea, por onde será obrigado sua magestade favorecer ao dito Rey de Candea, e a mesma obrigação terá ElRey de Candea aos geraes, que succederem nos reinos de baixo.

2. Diz mais ElRey de Candea que será amigo de nossos amigos, e inimigo de nossos inimigos, não terá contrato com elles, e que vindo algum fallar com elle, lhe dirá que he amigo dos Portuguezes, e que os não pode consentir em seu reino.

3. Diz mais ElRey de Candea que pagará de vassalagem em cada hum anno dous elefantes de cinco covados cada hum, postos na Malvana, por conta de sua magestade, por que sua magestade não ha mister dinheiro senão honra.

4. Diz mais ElRey de Candea que sabendo adonde o levantado estiver, será obrigado a mandar dar nelle primeiro que nós, avisandonos para o ajudarmos tambem.

5. Diz mais ElRey de Candea que todos os Portuguezes que vierem ao seu reino de Candea sem licença dos capitães geraes, os mandará entregar aos ditos geraes, e que tambem entregará todas as mais pessoas da terra captivos, e culpados, que para o dito reino de Candea se acolherem, e que tambem os capitães geraes serão obrigados entregar todos os seus, que sem sua licença se forem para o dito reino de baixo.

6. Diz mais ElRey de Candea que toda a gente do reino de Candea mandará que vão povoar suas aldêas, e sendo alguns culpados, lhes perdoará o senhor capitão geral em nome de sua magestade, e lhes darão suas peravenias, e os que não quizerem ir, ficarão.

7. Diz mais ElRey de Candea que entregará todos os Portuguezes que tomou em Balané, com todas as munições, ar-

telharia, e armas, e tambem os Portuguezes de Sofragão, e assim mais entregará dous barcos. 1617

8. Diz mais ElRey de Candea que dará os refens, que hirão e virão pela ordem que elle mandar, por não estarem sempre huns fora das suas cazas, e que serão pessoas de credito, posto que bastava sua palavra real mais que duzentos refens, e que por refens debaixo basta hum padre de S. Francisco, que elle apontar, com huma igreja curando os christãos que no seu reino houver, e assim dará liberdade a toda a pessoa de seus reinos que se possão fazer christãos, querendoo ser por sua livre vontade, tirando os captivos, pelos muitos inconvenientes que pode haver entre os padres e os donos dos captivos, e para isso consentirá os religiosos que parecer.

9. Diz mais ElRey de Candea que jurarão as pazes em nome de sua magestade, ficando elle com as repartições das extremas para dentro, sem haver desconcertos nos capitães geraes, e não haver desconcerto nenhum no reino de baixo.

Estas são as extremas de Candea

Panavá, extrema Galhia Balavai, Velavava, Valavé extrema, Cosgama extrema, Una extrema, Idelgassina, Bulatigama, extrema Bogará, Bevilaley, Ambolouavai extrema, Deigashirai extrema, Musamgamana extrema, Galavana, Bucalavai extrema, Balané extrema, Milavangarai extrema, Nuara Calavia. Estas são as extremas que chegão até o porto de Cotrar, e Baticalou até Panavá.

Por estes apontamentos e extremas jurarão as pazes em nome de sua magestade, e virá assinada sem haver falta nenhuma; e com isso haver jurado e assinado, jurará ElRey de Candea, e assinará sem haver falta nenhuma.

(O signal de ElRey de Candea.)

Juramento

Eu Dom Nuno Alvares Pereira, capitão geral desta Ilha de Ceilão e conquista della, juro aos santos evangelhos, e pro- 1617 Agosto 17

1617 Agosto 17 metto guardar inteiramente as pazes, que estão feitas e concedidas a Encrasbandar (*sic*) Rey de Candea na forma contheuda nos capitulos das condições dellas, que em voz alta forão lidos pelo escrivão da fazenda de sua magestade Manoel Bocarro, em presença dos embaixadores do dito Rey de Candea, e das mais pessoas que a este acto de juramento se achárão, as quaes pazes prometto em nome de sua magestade e do seu V. Rey da India guardar, manter, e sustentar em todo e por todo tão fielmente como sou obrigado, devo, e posso fazer do poder, authoridade, e preheminencia que tenho, e represento no lugar de capitão geral, e os que me succederem fazerem o mesmo, para o que mandei se fizesse este assento de juramento, no qual hei por expressas e declaradas as circunstancias, e mais palavras devidas, e necessarias para que tenhão seu verdadeiro effeito sem fallencia alguma. E eu Manoel Bocarro, escrivão de fazenda, o fiz, e me assinei com o dito capitão geral, e as ditas pessoas acima declaradas, em Columbo aos 17 de agosto de 1617 annos.— *Dom Nuno Alvares Pereira — Manoel Bocarro — Lançarote de Seixas — Manoel d'Oliveira de Azevedo — Jeronimo Taveira — João Vaz de Araujo — Paulo Carvalho — Felippe de Valladares — Dom Constantino Barreto — Pedro de Almeida Cabral — Bento de Sá Tinoco — O padre Manoel Rodrigues, reitor da companhia de Jesus — Fr. Sebastião de Lima, vigario de S. Domingos — Fr. George de S. Domingos, reitor* (sic) — Os officiaes da cidade, *Lourenço Teixeira de Macedo — Victorino de Abreu — Balthezar Moniz — Francisco Carvalho — Thomé Ferreira — João Nunes Ferreira.*

1617 Agosto 24 Aos 24 de agosto de 1617 annos Encrasbandar Rey de Candea jurou as pazes na forma do seu rito, e prometeo de as guardar, manter, e cumprir assim e da maneira dos seus apontamentos e nossos, que atraz vão tresladados, e de estar em todo o tempo mui fielmente pelas mesmas condições, e por assim me constar por olas suas, fiz este termo por mandado do senhor capitão geral, em que me assignei com elle: feito aos 30 de agosto de 1617 annos. — *Dom Nuno Alvares Pereira* — *Manoel Bocarro.* 1617 Agosto 24

Os papeis atraz eu Manoel Bocarro, escrivão da fazenda de Sua Magestade nesta ilha de Ceilão, e seus districtos, fiz aqui tresladar dos proprios, que estão em meu poder no cartorio desta fazenda, por mandado do capitão geral desta conquista, sem accrescentar, nem diminuir cousa que duvida faça, e vão concertados por mim com os proprios originaes por cinco vias, de que esta he a quinta. Mathias Pinto o fez a 12 de setembro de 1617.— *Manoel Bocarro.*

O qual treslado do contrato das pazes eu Antonio Bocarro, chronista, e guarda-mor da torre do tombo deste estado, fiz aqui tresladar de copia authentica, que em meu poder fica no livro das mesmas pazes, que serve nesta torre do tombo, bem e fielmente, sem accrescentar, nem diminuir cousa que duvida faça, por ordem do Conde de Aveiras, V. Rey deste estado da India Oriental, para bem do serviço de Sua Magestade. Goa 27 de abril de 1643 annos. E declaro que anda a dita copia no dito livro ás folhas 151.— *Antonio Bocarro* [1].

[1] A copia destas pazes, que achámos na secretaria do governo da India, está no Livro 4.° de copias de ordens regias, a fl. 339 v. tirada por escrevente pouco entendido, e por isso desconfiâmos em varios lugares de sua correcção. Pode porém confrontar-se, e corrigir-se pela outra copia authentica, que deve ser uma das vias subscriptas pelo proprio chronista Antonio Bocarro, e se acha entre os papeis da correspondencia diplomatica do 1.° Marquez de Niza, na Bibliotheca publica Eborense, cod. $\frac{\text{CVI}}{2-2}$, com outros papeis sobre Ceilão, cujo indice se pode ver no *Catalogo dos Manuscriptos* da mesma Bibliotheca, Tom. I, pag. 388. *(Rivara.)*

Descendencias dos Imperadores e Reys da ilha de Ceylão [1]

(Arch. da India, livro 4.° de copias de ordens regias, fol. 350 v.)

Vemalá Damassoria Adassin foi o primeiro Rey, que havia em Ceilão. Os Chingalás, os quaes são os moradores naturaes da ilha, testificão pelos seus livros antigos, e elles achárão tambem no mesmo serem procedidos dos Chinas, que lá erão chegados com huma nao, ou junco, os quaes os moradores interpretárão (vendo fora disso de serem perdidos por ser quebrada a sua nao), que seus sobremaiores, ou cabeça era o filho do Sol, a quem os Chingalás então adoravão, e foi a causa porque os Chingalás esse mesmo cabeça tomárão por seu Rey, e lhe derão o nome de Sima Vemalá Darmassoriá, ou bem amado filho do Sol, que nunca está quieto. Lanquau Pati Mahadassin foi o filho de Vemalá Damassoriá Adassin. Lanquau Singa Mahadassin foi o filho de Lanquau Pati Mahadassin. Marasinga Mahadassin filho de Lanquau Singa Mahadassin.

Desse ficárão dous filhos.

Lanquau Pati Mahastana, sendo irmão maior.

Radgora Adassin, sendo irmão menor.

Destes ambos de dous Reis são procedidos muitos filhos e filhas.

Marandona Radgora, sendo filho maior de Lanquau Pati Mahastana.

Marandona Mahastana, sendo filho maior de Radgora Adassin.

[1] Este papel está na Secretaria do governo, liv. 4.° de copias de ordens regias, fol. 350 v. É escripto por um natural da ilha de Ceilão, e cheio, como delle se vê, de muitos barbarismos, aos quaes accrescem incorrecções de copia, que em parte nos não foi possivel emendar. Com tudo mesmo assim nos pareceo curioso, por dar muita luz ás transacções diplomaticas dos Portuguezes em Ceilão, e poder servir para ajudar a entender bem outros documentos. *(Rivara.)*

Isso tinhão alguns annos guerras, até que no cabo fizerão huma paz e alliança com o cazamento seguinte:

Manebanda Balandega, sendo filha maior de Marandona Radgora.

Isser Balende Radgora, sendo filho maior de Marandona Mahastana.

Procedeo desse cazamento acima muitas filhas, e só hum filho, chamado Vemalá Darmassoriá Adassin.

Vemalá Darmassoriá Adassin, unico filho da Rainha Mane Balandega, e do Rey seu pai Isser Balende Radgora, era herdeiro legitimo de toda a ilha, e fez que lhe obedecessem todos, e cazou-se com huma sua prima, chamada Roqueta Bandega, e teve com elle muitos filhos e filhas, de donde procedêrão depois muitos pequenos reis e princepes das terras. Estava ainda em vida quando os senhores Portuguezes no anno de 1505 chegárão primeiramente na ilha de Ceilão.

Mahadasinga, o filho de Vemalá Darmassoriá, herdeiro legitimo de toda a ilha, era o pai de D. Catharina, a qual das muitas guerras, que lhe fez Radjasinga Adassin, no cabo era forçado, sendo com elle em batalha, de fugir, aonde perdeo todo o seu thesouro que tinha, somente escapou, mas até de lá nunca mais pureceo.

Radjasinga acima nomeado reinou em Ceitavaca, e conquistou toda a ilha, tirando os fortes de Columbo e Galle. Sendo filho de hum rei, e primo de ElRey de Cota, os senhores Portuguezes dizem que elle foi hum barbeiro; e foi sempre esse dito rei grande inimigo delles, perseguindo-os onde podia.

Vimalamantra, pai de D. João, de que depois trataremos, sendo a segunda pessoa de Mahadassin, foi feito governador de Radjásinga em todas as terras de baixo, como tambem em Candea em lugar de ElRey seu senhor Mahadassin. Mas dalli a pouco tempo se levantou por industria dos moradores de Candea, e lhe foi dado delles o nome de Vemalá Darmassoriá, e fez muitas guerras contra Radjasinga, o qual vendo quão pouco sobre elle podia ganhar, começou de outro modo de tratar com elle com manhas, fazendo hum concerto, em que lhe prometteo de dar todo o thesouro apanhado de Mahadassin, quando elle se havia obedecer.

Vimalamantra, pai de D. João acima dito, deu credito em isso, e foi por *(para)* Ceitavaca, o que os de Candea desejavão de impedir. Em chegando alli foi logo prisioneiro, e como dizem, enterrado vivo. Feito isto, foi o Radjasinga Adassin para Candea, e conquistou-a em fazendo grandes tiranias aos moradores, e tomou prisioneira a mulher e filhos de Vemalá Darmassoriá. Os de Candea estando deste modo, conselhárão-se que já que não podião com forças de se livrar destas tiranias, em que estavão, de contratar com os Portuguezes, como tambem fizerão, e entonces os Portuguezes vendo este era meio de poder entrar em Candea, e assim ficar dono de toda a ilha, terem enviado huma grossa armada debaixo do commando do admiral Dom André Furtado para dar em Jafanapatão, que sem ter feito isso, não podião facilmente hir para Candea, o que tambem assim foi effeituado sob certas condições. Os de Candea, ouvindo isso, ficárão com grande receio, porque ainda não tinhão feito concerto com os Portuguezes. Entendendo isso o dito Furtado, resoluto de enviar para Candea hum primo de D. Catharina, e D. João, ambos Chingalás, nascidos na terra, e filhos dos Reis, e criados na fé catholica romana, D. Phelippe por Rey, e D. João por mestre de campo, deixando a D. Catharina em Manar, ainda que ella era a legitima herdeira da terra, sendo filha de Mahadassin, mandárão logo avisos para Candea, acertárão, e contratárão com os Portuguezes. O Rei Radjasinga Adassin, entendendo isso, foi logo por caminho de Jafanapatão para impedir a entrada de Candea aos Portuguezes, o que não podia.

Dom Phelippe feito por rei em Candea, e D. João por mestre de campo dos Chingalás, com promessa que havião de cazar com nação Portugueza. E D. João simulou com isso, sendo muito gastado *(agastado)* porque teve feito conta que elle mesmo seria feito rei: todavia andou para tomar pago disso quando houvesse occasião, assim com peçonha, e outras cousas. O dito D. Phelippe falleceu dahi pouco tempo;

com isso Dom João alcançou muita gente e moradores, que cahirão á sua banda. Os Portuguezes mandárão então correios para Manar, pedindo socorro; e que viesse logo outra vez o capitão João de Mello, que por isso era hido. D. João tomou tanto tento por todos os caminhos, donde podia vir socorro aos Portuguezes, e mandou saber dos moradores se elles lhe querião tomar por Rey ou Emperador, que entonces daria muita liberdade; o que elles acceitárão, e declarárão a elle Emperador e Rey das terras, dando-lhe o nome de seu pai, Vemalá Damassoriá; e sendo assim declarado, mandou logo aos Portuguezes avisos, que estavão em Ganor, que se tirassem de lá, e de toda a sua terra, o que elles fizerão, vendo que não vinha socorro nunca. O Radjasinga Adassin de Ceitavaca juntou toda a sua gente, e foi para caminho de Candea; entendendo isso D. João que seu inimigo fosse chegado, e já estava nas quatro Corlas aparelhou-se com todo o seu poder de lhe resistir, de modo que encontrárão hum a outro, e derão batalha, e ficou a victoria á banda de D. João, e o Radjasinga escapou fugindo, e do gastamento *(agastamento)* tocou com o seu pé contra hum bambú, e como não quiz deixar curar, ficou cada dia peor, do que emfim falleceo, e então D. João, entendendo a morte delle, juntou todo o poder para querer conquistar todas as terras.

Xavir Bandar, sendo secretario de Radjasinga Adassin, chamado Rajú, ouvindo isso, depois de já ter tomado todo o thesouro de seu amo, se fez Rey em Ceitavaca, e vendo que elle não era bastante contra D. João, contratou com os Portuguezes, e se juntou com elles, os quaes mandárão logo aviso para Goa pedindo socorro, porque com essa occasião podião conquistar toda a Ilha. Os de Goa enviárão huma grossa armada debaixo do commando de Pero Lopes de Sousa com 1250 Portuguezes naturaes, fóra de mestiços e Indianos. Chegando esse poder na ilha de Ceilão, se juntárão com gente dos Reis alliados, e forão-se para Candea contra D. João, que estava em Balané, aonde derão batalha; mas na terceira vez perdeo, e escapou fugindo para os matos, aonde algum tempo passou sua vida com muita pobreza.

Os Portuguezes ganhárão então toda a terra sem resistencia alguma, e cuidando já todo ser ganhado; mas os moradores Chingalás pedirão seu soberano em pratica (*sic*), ou Rainha D. Catharina, filha de Mahadassin, sendo legitima herdeira de toda a Ilha, e que foi guardada em Manar, e que elles querião ser governados della, e de outro ninguem; isso pareceu bem ao Geral, perguntando ao Xavir Bandar, tambem dizia o mesmo, porque ambos desejava de cazar com a dita D. Catharina, e assim alcançar o reino, e por isso foi ella levada para Candea.

D. Catharina chegada em Candea estava tudo em quietação, e os moradores Chingalás obedecêrão todos. Com isso cuidárão os Portuguezes que tudo já era seu; começavão de molestar os Chingalás, e não podendo soffrer, foi que sobre isso derão queixas á Rainha, mas como ella ainda era moça, tomou pouco tento disso, e entretanto cresceo ainda mais os odios dambas as bandas. Estando as causas nesse estado, pedio o Xavir Bandar a Pero Lopes de Sousa de cazar com D. Catharina, por mercê dos bons serviços prestados a sua magestade, sobre o que dito geral respondeo de não poder consentir até vir novas de Portugal; e por essa reposta, que Xavir Bandar alcançou, foi que outra vez pedio para seu sobrinho, filho de sua irmã, mas o mesmo tambem foi refusado; e como o geral e capitães dos Portuguezes virão que elle era muito gastado *(agastado)*, querião-lhe contentar com boas palavras em dizendo: Senhor Rey, queira de nos tomar em boa conta a refusão, que nós fizemos, mas tudo o que vossa magestade querer de mim que faça, farei cumprir; só isso eu não posso conceder para ser D. Catharina huma Emperatriz, nascida e herdeira das terras de vossa magestade, não mais que hum Rei levantado. Disso se gastou *(agastou)* tudo mais contra os Portuguezes, escreveo logo tudo o que se passou a D. João, e fez hum concerto com o mesmo, das quaes cartas, que elle mandou a D. João, cahirão algumas nas mãos dos Portuguezes, de que elles entendêrão todo o negocio, e virão que trabalhos estavão para vir sobre elles. Disso forão em muitas differenças, alguns sustentavão de lhe conceder o casamento, outros em contrario de nenhum modo, e outros que era melhor e necessario de o matar, o que foi posto em obra por hum capitão, por ordem do qual com huma adaga. . .[1]

ElRey de Cota não sabia nada disso, e a Rainha foi muito gastada *(agastada)* quando ouvio D. João, entendendo a morte de Xavir Bandar feita pelos Portuguezes; e foi a causa que todos os moradores forão á sua banda, por todos estarem em receios, e jurárão a D. João fidelidade; e os Portuguezes, sabendo a multidão de gente que se ajuntou com D. João, e que elle vinha para Candea, sahírão, e fugírão logo dahi, e forão para Ganor, e mandárão correios para Columbo pedindo soccorro; e os Portuguezes largárão tambem o Ganor, e forão para Balané, aonde D. João lhes deu batalha sobre hum domingo pela manhã 1590, e ficou victorioso, e os Portuguezes todos destruidos, o geral Pero Lopes de Sousa e seu filho prisioneiros, e juntamente D. Catarina, que elle (D. João) casou, sendo de idade de onze a doze annos, para firmar della sua coroa; e todos Reis vierão obedecer de si mesmo, somente o Rey de Cota, por estar em Columbo demorado: depois veio o geral Dom Jeronimo de Azevedo com grande poder de Goa de cavalleiros, fidalgos, e soldados, por ordem de ElRey de Espanha.

D. João falleceo no anno de 1604, deixando com D. Catharina sua mulher hum filho, chamado Mahastana, e duas filhas, a maior Soria Mahadassin, e a menor Antanassin, e teve tambem hum irmão chamado Cenerad Adassin, que lhe succedeo.

Cenerad Adassin cazou depois do fallecimento de seu irmão com D. Catharina; e aos 25 de agosto de 1612 he fallecido o Princepe Mahastaná, e aos 20 de julho de 1612 tambem D. Catharina. Deixo fóra as duas Rainhas suas filhas procurando com D. João, mais tres filhos procurando com Cenerad Adassin, chamados Marsinghastana, Vejaplastana, e

[1] Aqui faltão palavras ou clausulas, que devião referir a morte de Xavir Bandar, mais conhecido dos nossos auctores pelo nome de Rajú. *(Rivara.)*

Mahastana. O pai de ElRey Cenerad Adassin cazou depois da morte de sua mulher Soria...[1] com as duas filhas Soria Mahadassin, e Antanadassin, para ficar a coroa mais firme, e hum só por elle (*sic*). No anno de 1617 falleceo huma dellas, Soria Mahadassin, com que elle tinha procurado huma filha chamada Lancadassin.

Nesse tempo fizerão os Portuguezes e Radjasinga pazes de ambas as bandas por certas considerações; contra isso se levantou o Princepe de Uvá Antonio Barreto. Os Portuguezes fizerão huma igreja em Candea, e andárão lá algumas pessoas, e padres, os quaes forão matados do Principe de Uvá, mas ElRey escapou, e os tres Princepes todos fugindo. O Princepe de Uvá escreve para Tanjor para socorro, e manda vir Mahadune, sendo do sangue real, e primo de Dona Catharina, para elles ambos conquistar as terras. Os Portuguezes ajudavão com o seu arrial ao Emperador Cenerad Adassin. Sendo tambem vindo o Madune, juntou-se com o Princepe de Uvá, derão batalha, mas a perdêrão, deixando o que tinhão primeiro ganhado, e depois ficárão elles quebrados de modo que o Madune foi-se para Cotiar a Trinquilimale, e Antonio Barreto ficou em Panua, e depois foi sua cabeça levada para Candea, e pendurada fora da cidade no caminho de Columbo em huma arvore, aonde muito tempo esteve, no anno de 1620. Foi Madune outra vez para a costa de Coromandel, e no mesmo tempo de 1620 fez ElRey Cenerad Adassin seu filho primogenito, chamado Comensighastana, Princepe em Uvá, e pouco depois o segundo filho Visiapala, Princepe de Matalé, mas guardou-se sempre na corte, por ser hum pouco simples, e o mais menor, chamado Mahastaná, foi guardado para succeder em lugar do pai mesmo. Nesse tempo veio o Geral Constantino de Sá com algum poder de Goa, e Jorge de Albuquerque; tinha ordem de ElRey de Espanha, e do V. Rey de Goa para fazer fortalezas em Trinquinimalé e Baticalou. No anno de 1625 tratou o Rey Cenerad Adassin com Naique de Tanjor para alcançar as

[1] Este nome não está claro na copia, de que nos servimos. *(Rivara.)*

Princezas de Jafanapatão, que lá estavão, para dar aos seus dous filhos maiores, o de Uvá e de Matalé, e por o mais menor haver de cazar com Hamiadassin para ficar legitimo herdeiro de toda a ilha por ambas as partes, e o mostrou... sempre em sua vida, que a outros por elle fazendo primeiro sua...[1]

Radjasinga foi feito Emperador de toda a ilha de Ceilão, e Rey de Candea, depois que era fallecido o seu pai, com todo o contentamento e gosto dos moradores, e foi dado o nome de Radjasinga[2], e casou por sua mulher sendo Hamiadassin, filha de seu pai e de sua meia prima, de que a mãi era filha de D. Catharina, como tambem elle mesmo foi.

De como os Reys de Portugal são legitimos herdeiros dos Reinos de Ceylão, principalmente do Reino de Candea

(Bibliotheca publica Eborense, cod. $\frac{CVI}{2\text{-}2}$ fol. 256.)

Reinando tiranicamente com grande felicidade em Ceylão o Rajú, filho de Maidunê irmão do Emperador Vanecaba o pequeno, auó de El-Rey Dom João de gloriosa memoria, chamado Pereapandar (que he o mesmo, que dizer Emperador) reinava em Candea hum Regulo Nuapitanea inda ... bastana tributario e dependente da imperial Coroa da Cota; Este Regulo tinha hũa filha Princeza, Christam, chamada Dona Margarida, muito formosa e de bons costumes, com a qual se desposou nesta cidade de Columbo o dito Emperador, Dom João Pereapandar, o anno de 1573, e ouue com — 1643 Abril 8

1 Deve haver erro na transcripção destas ultimas clausulas na copia, de que nos servimos. Nos logares das reticencias ha em cada um uma palavra que se não percebe. *(Rivara.)*

2 Vê-se que é o mesmo Mahastaná, de que atraz se falla, com o qual o V. Rey Conde de Linhares fez em 1633 as pazes... *(Rivara.)*

1613 Abril 8 ella em dote de casamento noua subjeição do Reyno de Candea: afora esta Princeza, tinha o dito Rey de Candea dous filhos, hum se chamou Jamasinga hastana, o qual foi conhecido por Dom Phelippe Rey de Candea, cujo filho uiue hoje em Portugal, e se chama Dom João, e conserva o nome de Principe de Candea, e por isso hé conhecido e tratado em Portugal; e ElRey o tratou sempre como esse, dandolhe rendas com que conserva seu estado, e agradecido o dito Dom João ao bom tratamento que em Portugal lhe fasião desistir da pertenção do Reyno de Candea, e fez nova doação d'elle a S. Magestade; tirando as duvidas, que podião haver, da parte dos que quizerem dizer, que o Reyno de Candea não pertence a ElRey de Portugal, porque este dito Principe Dom João foi jurado em Candea por legitimo successor do Reyno, antes de hir para Portugal, como se pode ver claramente das memorias, que ha das cousas do dito Reino.

O 2.º filho deste dito Dom Phelippe Rey de Candea, se chama Janisa hastana, o qual teve hũa filha, que se fez christam e se chamou Dona Catharina, Infanta de Candea, ou princeza de Candea, e Dona Margarida mulher que foi de ElRey Dom João Pereapandar desejou casar ao Rajú com a dita Dona Catharina; e porque não teve effeito sua pertenção se moueu guerra entre o Rajú, e o Regulo de Candea, mas como o Rajú era mais poderoso conquistou Candea, e foi senhor della dose annos, pelo que o dito Rey de Candea se embarcou para a fortalesa de Manar com toda sua familia real, e falecendo em Triquilimali, forão levados outra vez os dous filhos á fortalesa de Manar, passou a Goa o Principe Dom Phelippe Jamasinga hastana, Pay do Principe Dom João, que está em Portugal, donde ueo contra o Rajú, com hũa poderosa Armada, cujo capitão mór foi João de Mello de Sam Payo: nesta jornada de Candea hia o perfido apostata Dom João, que de plebeyo ueo a ser modeliar de ElRey Dom João Pereapandar, e por força de armas foy admittido em Candea por legitimo Rey o dito Dom Phelippe Jamasinga hastana, e o seu filho Principe jurado por herdeiro, e successor do dito Reyno, mas em breue tempo matou ao dito

Rey Dom Phelippe com peçonha o dito Dom João apostata, 1643
fazendose elle Rey intruso com titulo de Septupelabandar, Abril 8
porém foi Deos servido escapar desta treição o dito Principe Dom João, que hoje uiue em Portugal, e logo á falsa fee, e aleiuosamente mandou matar o dito apostata aos Portuguezes que hauia em Candea, que passavão de mais de quatro centos.

Neste mesmo tempo faleceo o Rajú na cidade de Ceita Anaca, terras de baixo, e logo Manapenemal banagua, que tinha sido do mesmo Rajú, reduzio todas as terras de baixo a obediencia do Emperador Dom João Pereapandar, e por esta obra que fez este dito Banagua, nosso geral Pero Lopes de Sousa lhe deo titulo de Janiro indiuidamente e o leuou comsigo com grande exercito a conquistar Candea contra uontade e parecer do Emperador Dom João Pereapandar, que disse a Pero Lopes de Sousa que tal homem não leuasse comsigo á jornada de Candea, e ganhando o dito Pero Lopes as terras de Candea todas ao apostata Dom João Rey intruso hum dia antes qúe o dito Pedro Lopes, se perdesse com todo o seu arrayal mandou buscar a Maspera Candia a Princeza Dona Catharina, a qual ouue depois com uiolencia por sua mulher Dom João apostata Rey intruso, de quem ouue hum filho que morreo.

E por falecimento deste preuerso apostata, succedeo em Candea outro Rey intruso irmão do dito apostata, que foi o Chargatar (que quer dizer Padre do Pagode) o qual se intitulou Anarosbandar, o qual tambem com violencia se casou com a dita Dona Catharina viuua, de quem uiuem hoje dois filhos, hum dos quaes he o Rey de Matale, que hoje está nesta cidade de Goa, que se chama Vigia Pala, e outro que está reinando em Candea, que se chama Racinga.

De maneira que assi por via do dito Principe de Candea Dom João, como por via da Princesa Dona Margarida casada com o Emperador Dom João Pereapandar, ou por outros justos respeitos, nascidos das rebeliões causadas dos Regulos de Candea contra a suprema Coroa Imperial de Ceilam, e seus successores, pertence de direito o dito Reyno de Can-

1643 Abril 8 dea á Coroa de Portugal, des de oitenta annos a esta parte, per doação, aceitação, successão, possessão, e grande dominio que sempre tiueram os serenissimos Reys de Portugal em toda a ilha de Ceilão e seus Reynos, potentados, e senhorios, como verdadeiros e legitimos Reys, herdeiros do dito Emperador Dom João Pereapandar, supremo senhor da dita ilha, como claramente testeficão as sedulas antigas, e papeis autenticos dos tempos immemoraveis, como tudo se vê nas notas dos tabaliães tiradas dos liuros da era de mil e quinhentos, setenta e tres, e da era de mil e quinhentos, e oitenta. Goa em oito de abril, de seis centos, quarenta, e trez.

Assignado de Levy Modeliar, Embaixador de El-Rey de Cochim, sobre o cartaz que pediu para Meca ao Viso Rey Conde do Redondo

(O Chronista de Tissuary, vol. 4.º, pag. 47.)

1619 Março 19 Aos 19 de março de 619 me foi declarado per Francisco de Sousa Falcão, secretario de Sua Magestade deste Estado, como embaixador d'El-Rey de Cochim, que o cartaz que em nome do dito Rey pedi ao Senhor Conde Viso Rey para poder mandar huma nao de Cochim para Meca, mo concedida com parecer e comunicação do conselho do Estado que lhe assiste, por comprazer ao dito Rey, e o ajudar, e dar com isto occasião de ter com que milhor poder fazer a guerra a seus inimigos, com declaração que na dita nao se não levaria nenhuma cousa defesa das que se prohibem e defendem nos cartazes, que o Senhor Conde e os mais V. Reys agora mandarão passar, e com declaração mais que não levaria a dita nao pimenta alguma, nem canella, por ser de novo prohibido por Sua Magestade, e visitarão a dita nao os ministros a que tocar pera ver se levão as ditas cousas defesas, ou trazem de Meca as que tambem se lhe prohibem, e com mais declaração que querendo levar ou trazer as ditas cousas defesas, será nullo o dito cartaz, e encorrerá nas penas declaradas no dito cartaz: e que eu visse se com as ditas condições acceitava o dito cartaz, que em nome d'El-Rey de Cochim pedi, porque se assi com ellas o acceitasse, estava prestes para o fazer, e o Senhor Conde lho mandar dar; e per mim foi respondido ao dito secretario que eu acceitava o dito cartaz com as ditas condições, e me obrigava e a El-Rey de Cochim como seu embaixador e procurador a comprir as ditas condições, e não levar a dita nao a dita canella e pimenta: e por me pedir disso o dito secretario lhe passasse este assinado, o fiz em presença de Pedralvres Pereira, procurador da Coroa e fazenda de Sua Magestade, que comigo se assinou n'este: em Goa a 19 de março de 1619.—*Levy Modeliar*—*Pedro Alvres Pereira.* (Livro 1.º de pazes, fol. 34.)

1619 Março 19

Assento das pazes celebradas entre o Governador Fernão de Albuquerque e os Embaixadores de El-Rey de Arracão, em 23 de abril de 1620

(Arch. da India, livro 1.º de pazes, fol. 38.)

1620 Abril 23

Aos 23 de abril de 1620 na fortaleza, onde os Viso Reis e governadores residem, e na salla dos governadores della, onde os conselhos se fazem, sendo ahi de presente o illustrissimo senhor Fernão d'Albuquerque, do conselho de sua magestade, seu capitão mór e governador da India, e bem assy o doutor Gonçalo Pinto da Fonseca, chanceller do estado, e Nuno Vaz de Castelbranco, vedor da fazenda de Goa, e o doutor Gonçalo Mendes Homem, procurador da coroa e fazenda, e eu o secretario de sua magestade Francisco de Souza Falcão, se apresentárão ante sua senhoria os embaixadores d'El-Rey de Arracão, por nome Parsama Grama, Chandá Suria, Changué, que o dito rei tinha mandado com embaixada ao Conde do Redondo, Viso Rey deste estado, offerecendo o dito Rey pela sua carta de 16 de fevereiro do anno

1620 Abril 23 passado de 619 a conservação das pazes, que com elle este estado fizesse, e jurasse com elle, e os ditos embaixadores assentassem, e por elle jurassem com sua senhoria, sendo amigo de amigos, e inimigo de inimigos, promettendo não ter nenhuma amisade com os Olandezes e Ingrezes, que se entende não lhes dar lugar em suas terras para se proverem de agoa, lenha, e mantimentos, nem ter nella feitoria, nem commercio, nem trato algum, nem consentir-lhes nellas, antes lhe ser inimigo, e como a tal os tratar, e com as mais declarações e condições dos capitulos adiante declarados, que logo per mim secretario forão lidos aos ditos embaixadores, hindo-lhes declarando tudo o que nelles se conthem por o seu lingoa, e sendo delles tudo bem entendido, disserão que em nome d'El-Rey d'Arracão, seu senhor, acceitavão a paz e amizade, que este estado lhe concede, e assenta de novo com o dito seu Rey com as condições referidas nos sete capitulos adiante lançados, e assy o juravão em nome de seu Rey, segundo seu uso e costume, como logo o fizerão, promettendo guardaria, e cumpriria o dito seu Rey as ditas pazes e condições, e obrigações dellas inteiramente, sem disso se apartar; e sua senhoria em nome de sua magestade, e por este estado lhe concedeu ao dito Rey paz e amizade de novo daqui por diante, para ser amigo de amigos, e inimigo de inimigos do dito Rey, com as declarações e condições declaradas nos sete capitulos abaixo, e jurou nos santos evangelhos, em que poz sua mão direita, de assy o cumprir, de que eu dito secretario fiz este assento, em que sua senhoria se assinou, e os ditos embaixadores, e os ministros acima referidos, para ficar em boa guarda na secretaria deste estado, e na torre do tombo, em que este assento se registará, e de que se dará a copia pelo dito secretario assignada aos ditos embaixadores, para a levarem, e tresladando-a em sua lingoa e letra, a poder ter o dito Rey em seu poder, e saber as obrigações e condições, com que fica recebido por amigo deste estado, para as cumprir e guardar inteiramente como he obrigado.

1.º Com condição que o dito Rey de Arracão mandará

logo com effeito soltar, e pôr em liberdade a todos os christãos, que em sua terra estiverem captivos, ou reteudos, assy Portuguezes como gente da terra, para que livremente se possam sahir de seu reino e terras, se quizerem, com suas molheres, filhos, criados, e escravos, sem a isso se lhe pôr impedimento algum, e os que quizerem ficar em suas terras e reino, o poderão fazer livremente com os mais christãos, que captivos e reteudos não forão, e a todos favorecerá como amigo deste estado, que d'oje por diante he. 1620 Abril 23

2.° Com condição que deixará navegar, como sempre foi costume e se fez, todos os navios dos vassallos de sua magestade em todos os portos de seu reino, e seus vassallos delles para os de sua magestade, e em particular para a cidade e fortaleza de Malaca, levando mantimentos e fazendas, e trazendo outras, sem a isso se lhe pôr impedimento algum; e succedendo dar algum navio, nao, ou embarcação de christãos á costa nos limites de seu reino, lhe mandará entregar suas fazendas livremente.

3.° Com condição que mandará abrir o porto grande de Bengala para nelle se fazer bandel, e abrir o trato e commercio, no qual haverá hum capitão, ouvidor, e mais officiaes de sua magestade, e religiosos necessarios para administração da guerra, justiça, e fazenda, e que para milhor, e mais seguramente todos poderem estar sem serem offendidos, nem perturbados dos inimigos, e milhor podermos ajudar ao dito Rey, mandará fazer huma cerca á dita povoação e bandel, para que assy fiquem todos seguros, e o capitão que for do dito porto e bandel poder milhor sogeitar, e obrigar a todos os christãos, que nelle viverem, a cumprir com suas obrigações, e serem castigados os que fizerem o que não devem, e poder tratar milhor os religiosos fazer o seu officio no ministerio da christandade, o que tudo he para milhor sogeitar e obrigar a todos, e conservação da paz e amizade, e milhor poder ajudar ao dito Rey contra seus inimigos, e sua alteza será obrigado a dar terras e rendas, com que se possão sustentar o capitão, ouvidor, e ministros, assy ecclesiasticos como da justiça e fazenda, para que assy tendo elles rendas

1620 Abril 23 e cousas certas, com que se sustentem, não possão fazer cousa mal feita.

4.º Com condição que no dito porto e bandel se asentará alfandega para nella se pagar os direitos, que por entrada e saida se pagão nesta alfandega de Goa, de que pertencerá ametade á fazenda real de sua magestade, e a outra ametade ao dito Rey, que se lhe pagará e arrecadará pelo que constar dos livros da dita alfandega pelos officiaes della, que serão Portuguezes providos por sua magestade, ou por seus Viso Reis, a que do rendimento da dita alfandega se pagarão os ordenados, que se lhe limitarem, e o mais rendimento se partirá em duas partes, huma para sua magestade, e outra para o dito Rey.

5.º Que por quanto os Olandezes são vassallos de sua magestade alevantados, ladrões, piratas, que passão a estes mares a roubar, como tambem o fazem os Ingrezes, o dito Rey os terá d'oje por diante assi a huns como a outros por inimigos seus, por o serem deste estado, e virem roubar seus vassallos, e não terá, nem consentirá que com nenhuns delles se tenha em seu reino, terras, e portos trato, nem commercio algum, nem se lhe dará agoa, lenha, nem mantimento algum, nem se resgatará com elles fazendas algumas, que elles tragão, ou queirão resgatar e comprar de suas terras, antes em tudo os terá por inimigos, e ajudará a este estado a hir contra elles, e os prender, e perseguir, porque nisto se entende ser amigos de amigos, e inimigo de inimigos.

6.º Com condição que mandando este estado alguma armada para dar algum castigo a algum rei inimigo deste estado, dará o dito Rey toda ajuda e favor que puder e se lhe pedir, como o offerece fazer polla dita sua carta, que os ditos embaixadores Parsama Grama, Chandá Suria, Changué trouxerão, de 16 de fevereiro de 619.

7.º Com condição que o dito Rey deixará livremente prégar o santo evangelho pelos ministros da igreja em sua terra, e tratar da promulgação delle, e de cultivar as almas, favorecendo os ditos ministros da igreja como amigo que he deste estado, e o fazem outros Reys, e em particular o Mogor, o Xá, El-Rey de Cochim, e outros, que em suas terras deixão fazer igrejas, e lhe dão rendas com que se sustentem os religiosos, que nelles estão, e fação a christandade que puderem sem impedimento algum. 1620 Abril 23

E por sua senhoria conceder ao dito Rey as sobreditas pazes por meio dos seus embaixadores Parsama Grama, Chandá Suria, Changué, com as condições referidas nos sete capitulos atraz, e os ditos embaixadores as aceitarem, e jurarem, como tambem sua senhoria o fez; promettendo os ditos embaixadores em nome de seu Rey as cumprirá, e as aceitará com as ditas condições nos ditos sete capitulos referidos acima; se ouve por sua senhoria, e pelos ditos embaixadores por concluidas, juradas, e feitas as ditas pazes d'oje para sempre entre este estado e El-Rey de Arracão, e logo se derão por publicas e notorias a todos, de que eu Francisco de Souza Falcão, secretario de sua magestade deste estado da India, fiz este assento, em que todos, como acima fica dito, se assinárão. E posto que nelle se diz se achou presente Nuno Vaz de Castellobranco, vedor da fazenda, se não achou presente. E assy não jurou o senhor governador no livro dos sanctos evangelhos, senão jurou livremente de cumprir tudo o referido nestes sete capitulos, e pelos ditos embaixadores foi jurado por sua lei em nome de seu Rey de elle cumprir o referido nos capitulos, excepto os dous, de se fazer alfandega e o que trata da christandade, referindo-o para seu Rey, e elle o conceder; e por firmeza de tudo se assinaram todos na forma referida.— *O Governador* — Assinado de Persam Gramo — Dito de Chandá Suria — Dito de Changué — *Gonçalo Pinto da Fonseca — Gonçalo Mendes Homem.*

Treslado das Capitulações que fizeram os Portuguezes com El-Rey de Monomotapa

(Livro 13.º das monções do Reino, fol. 438.)

1629 Maio 24 Primeiramente que se lhe entregava este Reino em nome d'ElRei de Portugal nosso Senhor, a quem elle reconhecerá como seu vassalo, pois lhe dá este Reino tomado por seus vassalos pelas traições que contra ElRei nosso Senhor commetteo quebrando a fee e palavra de irmão em armas, e juntamente matando seu embaixador, e roubando e matando os mercadores que andavam por suas terras vendendo suas fazendas debaixo de sua fee e palavra, e reconhecerá a todos os capitães que vierem á fortaleza de Moçambique, e aos que tiverem seus poderes.

Que elle dito Rei deixará fazer igrejas a todos os Religiosos de qualquer ordem que forem em seu Zimbahe, e em todas as mais terras dos seus Reinos, e fazer christãos a todos os que quizerem receber o santo bautismo, sem haver pessoa que o contradiga, tratando os Religiosos como pessoas sagradas a quem se deve muito respeito.

Que os embaixadores que vierem fallar com elle entrarão em seu Zimbahe calçados, e cobertos, com suas armas na cinta, assi como se falla com ElRei de Portugal, e lhe dará cadeira para se assentarem sem baterem palmas; e os mais Portuguezes que falarem com elle será na forma do embaixador, e lhe dará uma machira para se assentarem.

Tratarão com muito respeito ao capitão que for do Massapa, e lhe dará seu lugar aos meamocuros que fizer em seu Reino; acerqua da guerra e mais novidades que houver, tomará parecer com elle, e poderá vir ao Zimbahe todas as vezes que quizer, sem por isso ser obrigado a dar fato, e o mesmo a seus motumes; e os que o Rei mandar á praya, ou ao capitão do Massapa não lhe darão fato algum, nem elles o pedirão, e ao capitão do Massapa lhe dará as terras acostumadas, e a feira de Loaze lhe dará a terra que foi de Inhama Fururano, e a Bera do Mapundo, e Palallua do Chuabo assistirá o capitão no seu Zimbahe, e lhe dará de vestir. 1620 Maio 24

Terá muito respeito aos Portuguezes que andarem sambagando por suas terras, juntamente a seus mercadores, sem por isso lhe pedirem nada seu em quoces, e as empofias que ouver se virão julgar diante do capitão do Massapa.

Não consentirá em seu Zimbahe que nenhum mercador nosso, moquoque, nem cafre se empaduque em suas terras, nem case com filha de Mocoranga nem Batongadó, pena da dita mulher ficar cativa do dono do negro, e será obrigado a mandar entregar a qualquer negro empadivado aonde estiver.

Libertará suas terras para os Portuguezes poderem andar por ellas, e agasalharem-se em seus lugares: e fazendo-se algum roubo será obrigado a mandar entregar o ladrão ao capitão do Massapa, sem para isso se tirar fato.

Não dará nenhuma terra d'ouro a pessoa alguma, de qualquer calidade que seja, por ser muito en perjuizo da mercancia e contrato da fortaleza de Moçambique.

Deixará emgar por todo seu Reino, e abrir quantas minas quizerem, sem as mandar tapar, por d'ahi se seguir muito proveito a ElRei e aos mercadores, e ficarem as suas terras muito grossas.

Que dentro em um anno botará todos os Mouros fora de seu Reino, e os que d'ali adiante forem achados os matarão os Portuguezes, e lhes tomarão suas fazendas para ElRei de Portugal.

E porque o forte de Tete tem sugeitado algumas terras ao redor, lhe ficarão anexas para S. Magestade se sirva d'ellas; as quaes dos monganos da Chirnua até Tete, e dos monganos de Mocomoara até o mongano e de Ihamacoso para Tete e para o Zoenha mandará visite.

Mandará visitar ao governador que vier cada tres annos á fortaleza de Moçambique no principio do seu governo, e será obrigado a lhe mandar tres pastas de botonga, e o dito governador lhe mandará seu sagoate.

Será obrigado a mandar saber por todo o Reino onde ha

1629 Maio 24 prata e avisar ao capitão do Massapa para que o faça saber ao governador, e mandando Sua Magestade mineiros a poderão buscar por todas as suas terras, e cava-la libertamente. —*Manuza Emperador de Manomotapa.*

Aos vinte e quatro dias do mez de maio de mil seiscentos vinte e nove annos ajuntou Manuel Gomes Serrão capitão mor d'esta guerra aos Religiosos, capitães, casados, e soldados, perante todos e d'ElRei e seus grandes lhe leo os capitulos atraz, se eram comtentes de estar por elles, e cumpri-los assim como lhe foram lidos e lhes declararam. Respondeo o dito Rei Emperador de Manomotapa que elle era vassalo de Sua Magestade, e seria sempre elle e seus descendentes, e promettia de os guardar na forma que lhe foram lidos; em fee do qual me assignei, e justifico estar elle assignado com huma cruz que vi fazer com a sua mão, e as letras do nome fazê-las o reverendo padre vigairo da Vara de Tete e vigairo d'esta empreza Frey Luis do Spirito Santo, Religioso professo da ordem dos pregadores. E se assignou o capitão mor aqui comigo com os mais que presentes estavão. *Manoel Cabral — Manoel Gomes Serrão, capitão mor — Frei Luis do Spirito Santo, vigario da vara — Frei Gonçalo Ribeiro, vigario do Massapa — Lourenço Pereira — Antonio Camillo Brochado — Luiz Aranha Caldeira — Manoel Rodrigues Leal — Miguel de Magalhães — Luiz Ribeiro — Gonçalo Fernandes Franco — Gaspar Pereira Cabral — Domingos Froes de Brito — João Rodrigues Varella — Domingos Cardoso — Belchior de Araujo* (?) — *Marcos do Avellar — João Pereira Rebello — Pedro da Costa.*

O qual treslado de capitulações do contrato que os ditos Portuguezes fizeram com o Rei Manomotapa, eu João Coelho, escrivão do publico judicial do forte de Tete por Sua Magestade mandei aqui tresladar do proprio original bem e fielmente sem acrescentar nem diminuir cousa alguma que duvida faça, e certefi... e a este se pode dar inteira fee e credito que se costuma dar aos semelhantes em juizo e fóra d'elle: em fee do qual me assignei aqui do meu sinal raso acostumado que tal he como se segue: em Tete aos vinte e oito dias do mez de junho do anno de mil seiscentos vinte e nove. =*João Coelho.* 1629 Maio 24

Contrato de pazes que o Padre Antonio de Andrade e D. Francisco Coutinho de Ocem fizeram com El-Rey Mogor por meio do Nababo de Surrate, em Damão, a 13 de setembro de 1630

(O Chronista de Tissuary, vol. 4.º, pag. 75.)

Em ordem a dar cumprimento ao mandado de S. Ex.ª sobre assento das pazes entre o Estado e El-Rey Mogor, me parti de Bombaim aos 24 de agosto de 630 até as primeiras terras d'El-Rey Mogor, mandando primeiro recado ao capitão de Surrate para que se viesse a tratar comigo conforme ao mandado de S. Ex.ª Veo com brevidade, e depois de lhe ler, e declarar muito distinctamente huma carta de S. Ex.ª assi por mim, que da lingoa indostana tenho boa noticia, como por hum lingoa, de casta bramane, gentio, morador em Damão, que o capitão Antonio de Barros me assinou por muito entendido na lingoagem portuguez, pratiquei ao dito capitão de Surrate se declarasse ou por amigo, ou por inimigo do Estado, presuppondo sempre que as armas de S. Magestade estavão superiores, e que o Estado ganhava mais na guerra que lhe podia fazer, do que na pax, que de presente avia: respondeo o dito capitão por parte de seu Rey Xaa Jahan, que elle sempre desejara a pax dos Portuguezes, e que seu Rey a queria tambem; ao que repliquei que presupposto desejada, deitasse logo dos portos de Surrate, Baroche, e Cambaya as feitorias dos rebeldes de Europa, pois assi estava determinado nos concertos das pazes; respondeo que bota-los logo fora não estava em sua mão, por elles serem mui poderosos, mas que se obrigava a fazer muito em breve que seu Rey os botasse logo, e que para isto lhe despacharia corrêos; porém que este anno lhe não era possivel fazer que não entrassem 1630 Setembro 13

1630 Setembro 13 no porto de Surrate, assi por a vinda dos rebeldes estar mui proxima, como por estarem muitos mercadores d'El-Rey Mogor interessados em suas naos mais de 500$ cruzados, mas que com a chegada dellas recolherião todo o cabedal que nellas tinhão, e que nunca mais tratarião com elles, nem os receberião em porto algum de seus reinos; e que elle dito capitão logo logo, e sem mais esperar ordem de seu Rey (pela ter ja) não consentiria que os rebeldes levassem de suas terras para as naos polvora, pelouros, salitre, cobre, nem a linha para roupas, de que os ditos rebeldes levão grande cabedal para as roupas, que mandão fazer em outras partes, e com que interessão grandes proveitos; nem ainda lhes deixaria tomar mantimentos mais que alguns, que para seu comer tinhão ja em si ha muito tempo. Assi mais que lhe não consentirião desembarcar sua artilheria em terra contra as armadas do Estado, nem para guardarem as fazendas que ajuntão em certos lugares junto ás suas naos para a carga dellas; e que fazendo-o lha tomariam por perdida; nem lhe consentirião fazer forte junto ao poço, e surgidouro das ditas naos, sem embargo delles rebeldes darem a este respeito 200$ rupias, que fazem 100$ patacas, a El-Rey seu senhor; e que quanto ás suas naos mouriscas, que navegão dos portos de Surrate, todas virão daqui por diante fazer seus direitos a Damão; e que pedia a S. Ex.ª mandasse ordem para se lhe passarem cartazes no mesmo Damão polla difficuldade que avia de os virem buscar a Goa: e por conclusão disse que elle em nome d'El-Rey seu senhor queria e pedia pazes com o Estado, como sempre houve, e que daria plenaria execução na forma sobredita; mas que pedia muito encarecidamente a S. Ex.ª mandasse á corte d'El-Rey seu senhor embaixador a firmar e tratar estes negocios, que erão de tanto porte, e que elle capitão hiria e levaria ao dito embaixador, e faria dar tal execução ao sobredito, e sobre isto faria que seu Rey ordenasse ao de Masulapatão, pois lhe era tributario, que daquelle porto lançasse tambem aos rebeldes: e tudo o acima declarado jurou passar na verdade, e que outra cousa não avia nem queria. Assentou mais comigo o dito capitão de

Surrate que as naos que este presente anno viessem de novo sem cartaz, hirião fazer direitos a Damão, e que lhe mandaria recado ao mar para que não brigassem com nossas armadas, avendo seguro do capitão mor para ellas não fazerem mal algum a sua gente e embarcações. E ultimamente se offereceo a deixar fazer agoa em suas terras para as armadas do Estado, e lhes vender os mantimentos que nellas houvesse. 1630 Setembro 13

Tudo o acima referido tratei e assentei com o capitão de Surrate Mirmuza; pelo que envio este a v. m. na forma em que S. Ex.ª mo tem mandado. Em Damão a 13 de setembro de 630.—*Antonio de Andrade—Dom Francisco Coutinho Docem.*

(Livro 1.º de pazes, fol. 65.)

Capitulações das pazes feitas entre El-Rey das Hespanhas D. Filippe IV e El-Rey Carlos de Inglaterra, que se concluiram pelos Deputados n'ellas nomeados em Madrid, a 15 de novembro de 1630

(Arch. da India, livro 1.º de pazes, fol. 42.)

Seja notorio e manifesto a todos, e a cada hum, que depois das largas e sangrentas guerras, que antigamente os Reynos de Espanha e Inglaterra tiverão entre si: havendo finalmente pela immensa providencia daquelle Summo Deos, que he auctor da paz, sido chamado á successão da coroa de Inglaterra o serenissimo Jacobo, Rey de Escocia, entre quem e os Reys de Espanha sempre ouve união de segura e sincera paz, e tratandose com o favor da mesma suprema Deidade de assentar tambem com o Reino de Inglaterra a mesma firme paz e concordia, se concluio felizmente aos vinte e oito de agosto do anno de mil seiscentos e quatro, e pouco depois foi firmada, e mandada publicar pelos serenissimos Dom Phelippe 3.º Rey das Espanhas, e pelo dito Jacobo Rey de 1630 Novembro 15

1630 Novembro 15 Inglaterra, e observada assym mesmo sancta, igual, e proveitosamente por largo transcurso de annos, intervindo entrambos Reys reciprocos officios de amisades, e prendas de fraterno amor e benevolencia, e ainda que a mudança e alteração das cousas e tempos, e aquella dura e cruel profia, com que o inimigo do linage humano incansavelmente procura offendêlo, e outros varios successos e accidentes, a que pela maior parte os imperios e reinos mais poderosos estam sujeitos, derão occasião a algumas differenças e discordias, que depois prorompêrão em aberta guerra, e communs hostilidades de ambas partes, aquelle Deos todo poderoso, em cujas mãos estão os corações dos Princepes, de nenhuma maneira permittio que os Serenissimos Dom Phelippe 4.º, Rey catholico das Espanhas, e Carlos Rey da Gram Bretanha, esquecessem a antiga amisade, com que estas duas coroas até agora havião estado unidas como com hum firmissimo e estreito laço, nem o infatigavel cuidado com que seus reaes progenitores procurárão escusar o derramamento de sangue christão, e fazer bemaventurados seus povos com a tranquilidade da santa paz: do qual havendo precedido com ambos Reys os amigaveis officios feitos em nome de Carlos Emmanuel Duque de Saboya por Dom Alexandro Cezar Scala, Abade de Estafarda, Suza, e Mulegio, do seu conselho secreto, e seu embaixador, e por outros ministros, que concorrêrão ao mesmo fim, se seguio que a praticada paz, que pouco antes se havia movido, não só fosse recebida com boa vontade e animo, senão que tambem se enviassem embaixadores de ambas partes para que tratassem de assentála e estabelecêla, a saber, o serenissimo Rey catholico das Espanhas enviou a Inglaterra a Dom Carlos Colonna, do seu conselho d'Estado, e governador do castello e territorio de Cambray, e pelo serenissimo Rey da Gram Bretanha se enviou assi mesmo á corte de Espanha a Dom Francisco Cottington, cavalleiro Baroneto, de seu conselho d'Estado, e chançaller em Inglaterra do real patrimonio, com que manifesta e conhecida a piedosa intenção, e inclinação de ambos Reys á paz tão natural e propria de sua real generosidade e magnanimidade, se deu principio em Madrid ao dito tratado, para o qual forão deputados e nomeados especialmente por parte do serenissimo Rey catholico das Espanhas Dom Gaspar de Gusmão, Conde de Olivares, Duque de San Lucar a mayor, seu sumilher de corpo, e cavallerizo mor, gram chanceller das Indias &c. Dom Inigo Velès de Guevara, Conde de Oñate, Dom Pedro de Zuniga, Marquez de Flores d'Avila, todos do conselho d'Estado do dito serenissimo Rey, em virtude do poder e commissão do teor seguinte. 1630 Novembro 15

Dom Phelippe por graça de Deos Rey das Espanhas, das duas Sicilias, de Jerusalem, das Indias &c. Archiduque de Austria, Duque de Borgonha, de Milão, &c. Conde de Aspurg, e de Tirol &c. Havendo entendido que Carlos, Rey da Gram Bretanha, nosso irmão charissimo, pela intervenção de alguns principes se inclinava com veras a renovar e restaurar aquella paz, e antiga amizade, que entre os serenissimos principes Dom Phelippe 3.º de felice memoria, nosso bom pai, e Jacobo Rey de Inglaterra, nosso irmão charissimo, ja defunto, durou largo tempo felixmente, até que sucedêrão algumas intempestivas interrupções, nós outros tambem não refusâmos de mostrar a inclinação que temos á paz, havendo de ser agradavel a Deos, e de utilidade ao bem commum da republica christã, e assy desde que intervio o commum consentimento de entre ambos de enviar embaixadores de huma, e de outra parte, procurámos que logo se puzesse em execução pelo bem commum de nossos subditos, e assistindo ao presente por embaixador extraordinario junto de nossa pessoa com particular gosto nosso Dom Francisco Cottington, do conselho de estado do Rey Carlos, por seu mandado, e com plena authoridade para tratar, e assentar a paz, havemos resoluto nomear, e eleger tambem nossos commissarios e deputados, com quem possa fazer e concluir o trato della, e assy confiando muito da prudencia, fidelidade, industria, destreza, e zelo de Dom Gaspar de Gusmão, Conde de Olivares, Duque de San Lucar a mayor, nosso sumilher de corpo, e cavalarizo mor, gram chanceller das Indias &c., de Dom Inigo Velès de Guevara, Conde de Onhate &c. e de Dom Pe-

1630 Novembro 15 dro de Zuniga, Marquês de Flores de Avila &c. todos de nosso conselho de estado, havemos tido por bem elegellos, e nomeallos por nossos commissarios para o presente tratado de paz, como pelo teor destas letras os nomeâmos, e declarâmos por taes nossos commissarios e deputados, dandolhes plena authoridade, faculdade, e poder geral e especial para que com o dito Dom Francisco Cottington em nome de seu Rey possão fazer, tratar, concertar, e concluir todas e quaesquer cousas que parecerem convenientes e necessarias para reintegrar, restituir, e estabelecer a paz e amizade entre nós e o dito Rey da Gram Bretanha, e para que em nosso real nome fação, tratem, concertem, acabem, e conclusão todas as ditas cousas, e cada huma dellas, e assy concluidas e assentadas, possão juntamente com o dito embaixador, commissario, e deputado delRey da Gram Bretanha ordenar, firmar, e despachar as capitulações, instrumentos, e escrituras do dito tratado, e prometer assy mesmo debaixo de boa fé, e em nossa real palavra que haveremos, e teremos por agradaveis, firmes, e seguras todas as ditas cousas, e as guardaremos por nossa parte firme, e inteiramente. Dada em Madrid a 30 de abril anno do senhor de 1630.—*Phelippe—Andres de Rozas, secretario.*

E por parte do serenissimo Rey da Gram Bretanha foi deputado e nomeado o dito Dom Francisco Cottington, seu embaixador, em virtude do poder especial, e commissão despachada no Paço de Westmunster, a 20 de outubro do anno de Christo de 1629, que palavra por palavra he como se segue.

Carlos pela graça de Deos Rey da Gram Bretanha, de Francia, e Hybernia, Defensor da fé &c. A todos os que a presente virem, saude. Havendo durado felizmente firme por muitos annos a paz e amizade entre nosso bom pai, ElRey Jacob de boa memoria, e entre os serenissimos Principes El-Rey Phelippe 3.º já defunto, e nosso carissimo irmão Phelippe 4.º que ao presente he Rey das Espanhas, até que sucedêrão, e sobrevierão algumas intempestivas interrupções, so bem para quietar estas dissenções, e differenças, e resti-

tuir a antiga amizade reciprocamente alguns Principes se hão 1630
interposto entre nós outros, e affirmandonos que o dito Rey Novembro
de Espanha, nosso irmão carissimo, se inclinava com veras 15
á paz, e que nenhuma cousa faltava já para restituila, e estabelecêla com justas condições, senão que se enviassem embaixadores, e ministros de ambas partes com bastantes poderes, e authoridade para isto, nós outros pois, cujo animo nunca foi alheio da paz, antes bem havemos desejado estabelecer, e affirmar a amizade antiga com mais firme, e estreito vinculo que antes, se fosse possivel, não duvidando que este negocio podia ter o prospero e desejado fim para o bem publico, saude, e beneficio de nossos amigos, e confederados, e para commum utilidade nossa, e dos reinos de ambos, quizemos mostrarnos promptos e dispostos a promover, e adiantar huma cousa de tanta importancia. Sabey pois que tendo muita confiança da prudencia, fidelidade, e industria do nobre varão, fiel, e mui amado nosso, Francisco Cottington, cavaleiro Baroneto, do nosso conselho, e chanceler de nosso real patrimonio, lhe havemos feito, constituido, ordenado, e deputado, como pelas presentes o fazemos, constituimos, ordenâmos, e deputâmos por nosso verdadeiro, e indubitavel commissario, legado, deputado, e procurador para este negocio, e lhe damos, e concedemos plena faculdade, e authoridade, e poder especial, e general juntamente para que em nosso nome communique, trate, concerte, e conclua com o dito serenissimo Rey de Espanha, nosso carissimo irmão, por meio de seus procuradores, deputados, e nuncios, que para isso tenhão bastante poder, e authoridade, todas e quaesquer cousas que possão ser de importancia e effeito para fazer e assentar huma firme paz e amizade entre nós outros e nossas coroas, parentes, e amigos, e confederados com o dito serenissimo Rey de Espanha, nosso carissimo irmão, e para que sobre isso faça as capitulações, escrituras, e instrumentos necessarios, e os peça e receba da outra parte, e finalmente para que faça, e despache tudo aquillo, que para as cousas sobreditas, ou acerca dellas for conveniente e necessario, promettendo em boa fé, e debaixo de nossa

1630 Novembro 15 palavra real que teremos por agradavel, firme, e seguro tudo aquillo que em razão das ditas cousas, ou qualquer dellas se tratar, fizer, e concluir entre o dito nosso carissimo irmão ElRey de Espanha, e seus procuradores, nuncios, e deputados, e o dito Francisco Cottington, nosso commissario e deputado, e o cumpriremos de nossa parte, em testimunho do qual fizemos pôr o grão sello de nosso Reino de Inglaterra nas presentes firmadas de nossa real mão. Dadas no nosso Paço de Westmunster a 20 de outubro no anno de Christo de 1629, e de nosso reinado o quinto. — *Carlos Rey.*

Os quaes ditos commissarios e deputados de ambos Reys havendose ajuntado algumas vezes, e precedido diligente, e cuidadosa conferencia, e exame, como em cousa tão importante, com madura deliberação e conselho, favorecendo Deos os justos, e piedosos intentos, para maior gloria sua, beneficio da christandade, utilidade, e quietação dos subditos de ambos Reys, concertaram, e estabeleceram os seguintes artigos de paz, que hade durar perpetuamente.

CAPITULO 1

Paz perpetua

Primeiramente se ha concluido, estabelecido e accordado, se estabelece, accorda, e conclue que d'oje em diante aja boa, sincera, verdadeira, firme, e perfeita amizade, confederação e paz, que haja de durar perpetuamente, a qual se guarde inviolavel entre o serenissimo Rey de Espanha, e o serenissimo Rey da Gram Bretanha, e seus herdeiros e successores, e quaesquer seus reinos, patrias, senhorios, terras, povos, homens, achegados, e subditos assy presentes como porvir, de qualquer condição, gráo, e dignidade que seja, assy por terra como por mar, e agoas doces, de maneira que os ditos vassallos subditos se favoreção, e ajudem reciprocamente, e com honesta affeição se hajão de communicar, e tratar entre si.

CAPITULO 2

Esquecimento do passado

Que cesse no vindouro toda a hostilidade e inimizade, borrando e esquecendo todas as offensas, injurias, e danos que durante a guerra qualquer das partes em qualquer maneira ouverem recebido, de tal sorte que em nenhum tempo adiante possão pretender huns dos outros cousa alguma por occasião de quaesquer danos, offensas, presas ou despojos, senão que fiquem em perpetuo esquecimento, e se tenhão por não succedidas antes deste dia, e por extinguida toda a acção, salvo e fora das presas feitas dentro do canal por espaço de quinze dias compridos, e no districto, e contorno do dito canal e ilhas por espaço de tres mezes, e fora da linha por espaço de nove mezes assy mesmo compridos do dia da publicação da paz, ou logo que dentro dos ditos limites, ou lugares se fizer notoria sufficientemente por declarações ou patentes authenticas, que se hão de mostrar respectivamente de parte a parte, porque estas presas se averão de restituir pro rata, e se absterão no vindouro de todo o genero de roubo, prizão, e offensa, e despojo em quaesquer reinos, senhorios, lugares, e districtos de ambos onde quer que estejão situados, assy em terra como em mar, e agoas doces, nem consentirão que por seus vassallos, habitantes, ou subditos se commeta cousa alguma das sobreditas, e todo genero de preza, despojo, prisão, ou dano, que dalli em diante se fizer, o farão restituir. 1630 Novembro 15

CAPITULO 3

Não intentarão, nem consentirão hum contra o outro

Item. Que nenhum dos ditos serenissimos Reys, nem seus herdeiros, por sy, nem por quaes quer outros, farão, tratarão, favorecerão ou intentarão, em qualquer lugar, seja em terra, ou em mar, portos, ou agoas doces, por qualquer oc-

1630 Novembro 15 casião, ou causa, cousa nenhuma hum contra outro, nem contra seus reinos nem senhorios, nem consentirão, nem assentarão nenhuma guerra, conselho, attentado, ou tratado que se fizer, ou poder fazer em prejuizo de hum ou de outro.

CAPITULO 4

Não dara ajuda, nem conselho directe nem indirecte hum contra outro nem consentirá que se dê

Item. Que nenhuma das partes dara nem consentirá que por nenhum de seus vassallos moradores de seus reinos se dê ajuda, favor, ou conselho, directa nem indirectamente, tanto por mar como por terra, e agoas doces, nem subministrará, nem consentirá que se subministrem pelos ditos seus vassallos, subditos, e moradores de seus reinos, soldados, mantimentos, dinheiros, instrumentos bellicos, monições, ou qualquer outra ajuda e soccorro para fomentar a guerra aos inimigos e rebeldes de qualquer das partes de qualquer genero que sejão, assy aos que acometerem os reinos, patrias, e dominios, como aos que se apartarem da obediencia e senhorio do outro.

CAPITULO 5

Que renunciarão, e renuncião outras quaesquer ligas, capitulações, e intelligencias que repugnarem a esta paz

Renunciarão de mais disto os ditos Reys, como pelo theor da presente cada hum delles renuncia, quaesquer ligas, confederações, capitulações, e intelligencias feitas em qualquer maneira em prejuizo de hum ou de outro, que repugnarem, possão repugnar a presente paz e concordia, e todas e quaesquer das cousas, que nella se contém, e cassarão, annullarão, e declararão por de nenhum momento e effeito as ditas ligas, e cada huma dellas em quanto ao sobredito.

CAPITULO 6

Que não se permittão piraterias, e se revoguem as commissões, e cartas de marca para sahir a roubar

Item. Se tem convindo, e concertado que os mesmos serenissimos Reys procurem que seus subditos se abstenhão de toda a força e injuria, e revoguem quaesquer commissões e cartas, assy de reprezarias, ou de marca, como as que contiverem faculdade de roubar, de qualquer genero, ou condição que sejão, em prejuizo ao outro Rey, ou de seus subditos, dadas e concedidas a seus proprios subditos, ou aos habitantes extrangeiros, e as declarem por nenhumas, e de nenhum valor, e quaesquer que contravierem, sejão castigados, e de mais da pena criminal imposta, os obriguem a que restituão os danos que ouverem feito aos subditos danificados que o pedirem. 1630 Novembro 15

CAPITULO 7

Commercio livre aos subditos de huma e outra parte

Item. Se ha concertado, e estabelecido, e se concerta e estabelece que entre o dito serenissimo Rey de Espanha, e o dito serenissimo Rey de Inglaterra, os vassallos, habitantes, e subditos de quaesquer delles, assy por terra, como por mar, e agoas doces, em todos e quaesquer dos reinos e senhorios, ilhas, e outras terras, cidades, villas, e lugares, portos, e districtos dos ditos reinos e senhorios, seja, e deva ser livre o commercio nos que o foi antes da guerra entre Dom Phelippe 2.º Rey das Espanhas, e Izabel Rainha de Inglaterra, da mesma sorte que se assentou, e estabeleceo no tratado de paz do anno de 1604, artigo 9.º, conforme, e segundo o uso, e observancia das antigas confederações e tratados feitos antes do dito tempo, de maneira que sem salvo conduto, nem outra licença geral ou particular, assy por terra, como por mar, e agoas doces, os subditos e vassallos de um

1630 Novembro 15 e outro Rey, possão, e lhes seja permittido tudo o sobredito, e chegar, entrar, e navegar as cidades, lugares, portos, ribeiras, bahias, e districtos de qualquer delles, e assentar em quaesquer portos em que antes do dito tempo ouve commercio reciproco, e conforme, e segundo o uso, e observancia das ditas antigas confederações e tratados, conduzir, meter mercancias, com carros, cavallos, fardeis, navios, assy carregados como para carregar, comprar e vender nelles quanto quizerem, e tomar o mantimento, e de mais cousas necessarias para seu sustento e viagem a preços justos, attender ao adereço, reparo de seus navios e carros, proprios, aquilados, ou emprestados, e partir dos ditos portos com seus bens, mercancias, e quaesquer cousas, havendo pagado, segundo os estatutos dos lugares, somente os direitos e taxas, que ao presente estiverem impostos, e com a mesma liberdade possão partirse, e sahir para suas proprias terras, ou as alheias, se quizerem, sem impedimento algum.

CAPITULO 8

Que os navios de huma e outra parte possão entrar e sahir nos portos, com que sendo de guerra, não excederão o numero de seis ou oito, sem licença d'El-Rey

Item. Se ha concertado juntamente, e estabelecido que seja licito chegar, estar, e tornar aos portos dos ditos serenissimos Reys com a mesma liberdade não só com navios para o uso do commercio, e conducção das mercadorias, porém tambem com outros navios seus armados, e aparelhados para reprimir o impeto dos inimigos, ora seja chegando forçados de tormenta, ou de sua vontade, para reparar-se, ou comprar bastimentos, com tal que se chegarem voluntariamente, não excedão o numero de seis ou oito navios, nem se detenhão nos portos, nem junto delles mais tempo do que ouverem mister para repararse, e aprestar as demais cousas necessarias, porque de nenhuma maneira sejão de impedimento ao passo, e commercio livre das demais nações amigas. Porém quando se tratar de maior numero de naos armadas, entonces não lhes seja licito entrar, senão for havendo dado conta a El-Rey, e com licença sua, e com tal que nos ditos portos não fação nenhuma hostilidade em prejuizo dos mesmos Reys, senão que como amigos, e confederados estejão quieta e pacificamente. 1630 Novembro 15

CAPITULO 9

Que debaixo do pretexto de commercio não se dê aos inimigos de hum nem outro Principe nenhuma ajuda ou socorro

Tendo-se sempre attenção a que debaixo de côr e pretexto de commercio não se dê pelos subditos, vassallos, ou mercadores dos ditos reinos socorro algum de bastimentos, armas, ou instrumentos militares, ou qualquer outro genero de favor, ou socorro bellico em proveito e beneficio dos inimigos de hum e outro Rey, e que qualquer que isto intentar, seja castigado com penas asperissimas, como o são os sediciosos, e quebrantadores da fé e paz.

CAPITULO 10

Que os subditos que acudirem a contratar sejão tratados como os mesmos naturaes

E que os subditos de hum no territorio do outro não sejão peor tratados que os mesmos naturaes na venda, e contratação de suas mercadorias tanto por razão do preço, como em outra qualquer maneira, senão que seja igual conforme ao sobredito a condição assy dos forasteiros, como dos naturaes, não obstante quaesquer estatutos, ou costumes em contrario.

CAPITULO 11

Que os subditos de El-Rey de Inglaterra não levarão, nem passarão em seu nome navios, nem mercadorias das ilhas a Espanha, nem aos outros reinos desta coroa, nem levarão em seus baixeis nenhum mercador olandez

Item. Se ha concertado, e estabelecido, e se concerta e estabelece que o serenissimo Rey de Inglaterra probibirá e por

1630 Novembro 15 edito publico, que se hade promulgar logo depois de formados os presentes capitulos, defenderá que nenhum de seus subditos, moradores, ou vassallos leve, ou transfira em qualquer maneira, *directe*, nem *indirecte*, em seu proprio nome, ou no alheo, nenhum navio, nem outro baixel, nem dê, ou empreste a outro seu nome para transferir, ou transportar alguns navios, mercadorias, manifacturas, ou qualquer outra cousa de Olanda e Zelanda a Espanha, nem aos demais reinos e senhorios do mesmo serenissimo Rey de Espanha, nem leve nenhum mercador de Olanda nem Zelanda em seus navios ás ditas partes sob pena da indignação delRey, e outras penas estabelecidas contra os menosprezadores dos mandatos reaes, e a este effeito, para maior cautella, porque não se sigão fraudes pela semelhança das mercadorias, pelo presente capitulo se assenta e prevê que as mercadorias de Inglaterra, Escocia, e Hybernia, que se ouverem de levar, ou transferir aos reinos e senhorios do dito Rey de Espanha, vão signaladas com o registo e sello da cidade de donde se tirarem, e as registadas, e sinaladas assym sejão tidas por inglezas, escocezas, e irlandezas sem duvida nem difficuldade alguma, e se approvem respectivamente segundo seu sinal, reservando a prova da fraude, sem retardar por entonces, nem impedir o curso das mercadorias, e aquellas que não ouverem sido registadas, nem selladas, cayão em confiscação, e sejão (como se diz) de boa preza, e da mesma sorte todos os Olandezes e Zelandezes, que se acharem nos ditos navios, possão ser presos e embargados.

CAPITULO 12

Que as mercadorias dos Reinos delRey de Inglaterra se possão transferir aos de Espanha livremente sem crescentar novos dacios nem direitos

Item. Se ha convindo em que as mercancias de Inglaterra, Escocia, e Irlanda possão desde os mesmos reinos vir livremente a Espanha, e aos de mais reinos e senhorios do serenissimo Rey de Espanha, pagando somente os dacios e direitos acostumados.

CAPITULO 13

Que o que subditos delRey de Inglaterra tirarem dos reinos de Espanha não o levarão ás Ilhas, senão a partes permittidas, e se obrigarão a isso sob pena de pagar 30 por cento.

Item. Se ha concertado assy mesmo que ás mercadorias que os mercadores Inglezes, Escocezes, e Irlandezes comprarem em Espanha, ou em outros Reinos e dominios do serenissimo Rey de Espanha, e as tirarem em suas proprias naos, ou alquiladas, ou emprestadas, para seu uso, exceptuando porém, como está dito, as náos de Olandezes, e Zelandezes, não se acrescentem novos dacios e direitos, com tal que as ditas mercadorias as conduzão e levem aos reinos do dito serenissimo Rey de Inglaterra, ou aos portos das provincias obedientes dos estados de Flandes, e para que não se siga engano, nem as ditas mercadorias se levem a outros logares e reinos, nem se transfirão em especie a Olanda e Zelanda, se ha concluido que os ditos mercadores ao tempo que carregarem os navios em Espanha, ou em outros reinos e senhorios do dito serenissimo Rey de Espanha, se obrigarão ante a justiça do lugar de donde tirarem as ditas mercadorias, a que em caso que as levem a outras provincias, que não sejão as arriba ditas, pagarão ao serenissimo Rey de Espanha hum direito de trinta por cento, e assy mesmo a que dentro de doze mezes presentarão certificação tirada dos magistrados dos lugares de haver descarregado as ditas mercadorias nos ditos reinos de Inglaterra, ou nas provincias obedientes dos estados de Flandes, e representando a dita certificação, se restituirão aos que a trouxerem as obrigações que antes se ouverem feito. 1630 Novembro 15

CAPITULO 14

Que El-Rey de Inglaterra prohibirá que nenhum de seus subditos tire mercadorias de Espanha para as levar a outros reinos, senão for aos seus outros Estados obedientes de Flandes.

1630 Novembro 15 Que o serenissimo Rey de Inglaterra, logo que se haja firmado a presente concordia, prohibirá que nenhum tire mercadorias de Espanha, ou dos de mais reinos do serenissimo Rey de Espanha para as levar a outros, senão aos do serenissimo Rey de Inglaterra, ou aos ditos portos das provincias obedientes de Flandes, sob pena de confiscação de todas as ditas mercadorias applicadas ao fisco do dito serenissimo Rey de Inglaterra, dada a metade dellas, ou de seu valor ao denunciador, e tirado primeiro o direito de trinta por cento, que se hade pagar aos ministros deputados do serenissimo Rey de Espanha, dando fé ás provas legitimas recebidas em Espanha, as quaes se hão de enviar a Inglaterra em authentica forma. Declarando que a dita prohibição de levar mercadorias destes reinos a outros que os de Inglaterra, e provincias obedientes de Flandes, de nenhuma maneira comprehende aquelles reinos e dominios, que com Espanha tiverem commercio livre, porque a estes taes poderão os vassallos do serenissimo Rey de Inglaterra levar as mercadorias destes reinos de Espanha com as condições e cautellas referidas, ficando em sua força e vigor as penas impostas contra os transgressores nos capitulos precedentes.

CAPITULO 15

Que os magistrados não admittão nem consintão fraude nenhum nos registos que derem

Item. Que nenhum magistrado das villas ou cidades dos ditos reinos do serenissimo Rey de Inglaterra, que derem certificações da descarga dos navios e fé do registo das mercadorias, admitta, nem consinta nenhum fraude, sob pena da indignação delRey, privação do officio, e outras a seu arbitrio. 1630 Novembro 15

CAPITULO 16

Commercio livre entre os subditos das Provincias obedientes de Flandes, e delRey de Inglaterra em seus portos

Item. Que o que se tem dito do livre commercio concedido aos subditos dos ditos serenissimos Reys se ha de entender tambem o mesmo, e da mesma maneira entre os subditos das Provincias obedientes de Flandes, e do serenissimo Rey de Inglaterra, Escocia, e Hybernia, para que em qualquer parte sejão obrigados a receberemse huns a outros amigavelmente, favoreceremse, e fazerem-se todos os bons officios, e possam sem salvo conducto, nem outra alguma licença, geral nem especial, em terra e mar, e agoas doces, chegar, entrar, e navegar aos ditos reinos, senhorios, terras, villas, lugares, cidades, ribeiras, portos, e quaesquer bahyas, livre e seguramente, e levar e trazer mercadorias, compralas, e vendêlas, assistir nelles o tempo que quizerem, tratar, e conversar, tomar os mantimentos, e demais cousas necessarias para seu sustento e viagem a justos preços, attender ao reparo de seus navios, e outros vasos proprios, alquilados, ou emprestados, e de ally com as mercadorias, bens, e outras quaesquer cousas partir com a mesma liberdade, havendo pagado, segundo o estatuto dos lugares, as taxas, e direitos, tratar seus negocios livremente, e de aly tornarse a suas proprias terras, ou ás alhêas, quando quer que quizerem, sem nenhum impedimento, com tal que os subditos do serenissimo Rey de Inglaterra não usem dos navios dos Olandezes, nem dos unidos com elles, nem levem ás ditas Provincias obedientes nenhumas maniobras, em qualquer lugar que as hajão tomado, ou comprado, nem nenhuma cousa, pela qual se hajão pagado em Olanda, ou nas partes unidas direitos, nem das ditas Provincias, e estados obedientes as levem aos rebeldes, senão for havendose feita a pacificação, nem recebão em seus navios nenhuma cousa

1630 Novembro 15 que seja dos Olandezes, ou dos unidos com elles, nem entreguem as suas a navios de Olanda, nem emprestem fraudulentamente seus nomes aos Olandezes, ou unidos, e se em alguma cousa se achar aver contravindo, tudo aquilo se tenha por justa e licita presa.

CAPITULO 17

Que os navios de mercancia, ou de guerra das Provincias obedientes a Flandes, e delRey de Inglaterra possão frequentar os portos de hum e outro, como os de guerra não passem de seis, ou oito, sem licença delRey.

Que tudo o sobredito se hade entender não só nos navios carregados, ou para carregar por razão do comercio, senão tambem daquelles que os ditos serenissimos Reys tem, e tiverem armados para reprimir os intentos dos inimigos, para que lhes seja tambem licito a estes da mesma maneira até no numero arriba referido usar da mesma liberdade em chegar, estar, e tornar, ora sejão forçados de tormenta, ou para comprar mantimentos, e outras cousas, ou para reparar as naos, com tal que nos ditos portos não fação nenhuma hostilidade, senão que procedão honesta e quietamente, como devem os amigos e confederados, e com que não assistão, nem estêm nos ditos portos, nem junto delles, mais tempo do que para repararse, e aparelhar as demais cousas necessarias (*sic*) ouverem mister, porque de nenhm modo sejão impedidos ao livre concurso e comercio das outras nações amigas; porém quando se tratar de maior numero de navios armados, não poderão entrar, senão for havendo dado conta a El-Rey e com licença sua.

CAPITULO 18

Que não se possa dar favor, nem assistencia a nenhum dos inimigos das partes

E assim como os ditos Reys prometem firmemente de não dar nenhum soccorro militar aos inimigos de algum delles em nenhum tempo, assim tambem se prohibe que nenhum de seus subditos e habitantes em seus reinos, de qualquer nação e calidade que sejão, com pretexto do trato, ou comercio, ou outra qualquer côr, possa por nenhuma razão ajudar aos inimigos dos ditos Reys, ou de algum delles, nem darlhes dinheiro, mantimentos, armas, maquinas, artilheria, nem outros instrumentos bellicos, nem subministrarlhes outros nenhuns aparatos militares, e os que contravierem, saibão que serão castigados com gravissimas penas, como se costumão executar nos sediciosos, e quebrantadores da fé.

1630 Novembro 15

CAPITULO 19

Que os ditos Reys procurarão que não se cerre o passo para tratar em seus portos reciprocamente

E para que se sigão desta concordia mais copiosos fructos aos subditos do serenissimo Rey de Espanha em suas provincias, e estados obedientes, e aos do serenissimo Rey de Inglaterra, se ha concertado e concluido que os ditos serenissimos Reys juntos, e cada hum de per si, procurarão que aos subditos não se lhes cerre o passo para todos os portos de seus reinos e senhorios, para que tanto mais livremente, e sem impedimento possão chegar a elles com seus navios, mercancias, e carros, pagadas as portagens e direitos ordinarios, e sahir com a mesma liberdade, quando lhes parecer, com outras mercancias.

CAPITULO 20

Que se guardem os antigos tratados e concertos de comercio entre os Duques de Borgonha e Reino de Inglaterra

Quanto ao que toca aos antigos concertos e tratados de commercio, que são varios os que ha entre os Duques de Borgonha e Principes de Belgia, e os Reinos de Inglaterra, Escocia, e Irlanda, os quaes se hão interrompido, e ainda sido defraudados diversamente durante estes movimentos, se ha concertado, e concerta por via de provisão entre os

1630 Novembro 15 ditos serenissimos Reys, que tenhão sua antiga e primeira força, e authoridade, e que seja para entrambas partes o uso delles o mesmo que foi antes da guerra entre Dom Phelippo segundo Rey das Espanhas, e Izabel Rainha de Inglaterra, conforme se assentou no tratado da paz do anno de 1604, artigo 22; e que se algum de entrambas partes de qualquer dellas allegar excesso, ou se queixarem os subditos de que se não guarda o tratado, e que se lhe impõem mais graves cargas do que sohia, se nomeem por entrambas partes deputados que o concertem, e chamando para isso, se for necessario, mercadores experimentados, e praticos naquellas materias, as tratem amigavelmente, com boa fé reparem, e restituão as cousas, que pela injuria dos tempos, ou por abuso, acharem excedidas ou mudadas.

CAPITULO 21

Que os subditos delRey de Inglaterra não serão molestados nos reinos de Espanha por cousas da consciencia, em quanto não derem escandalo

E porque as leis do comercio, que se consiguem da paz, não devem ficar infructuosas, como sucederia, se os subditos do serenissimo Rey de Inglaterra, quando vão, e tornem aos reinos e senhorios do serenissimo Rey de Espanha, e se detenhão nelles por causa do comercio, ou de seus negocios, fossem molestados por razão da consciencia; por tanto para que o comercio seja seguro, e sem perigo, assy na terra como no mar, o dito serenissimo Rey de Espanha proverá que pela dita causa da consciencia não sejão molestados, nem inquietados contra as leis do comercio, em quanto não derem escandalo aos demais.

CAPITULO 22

Que o que tirar mercadorias prohibidas dos reinos de Espanha e Provincias obedientes, perca somente as taes mercadorias

Item, que quando succeda tirar, ou levarem-se alguns bens, e mercancias prohibidas dos reinos e senhorios dos ditos serenissimos Reys pelos subditos de um ou de outro, que em tal caso encorra nas penas só a pessoa que delinquir, e sejão do fisco os bens prohibidos somente. 1630 Novembro 15

CAPITULO 23

Que os bens dos subditos, que morrerem nos reinos do outro, se restituão aos herdeiros

Item, que os bens dos subditos de hum Rey, que morrerem nos reinos e provincias do outro, se guardem para seus herdeiros, e successores, salvo o direito de terceiro.

CAPITULO 24

Que se guardem os privilegios dados aos mercadores

Item, que das concessões e privilegios dados pelos Reys de Espanha e Inglaterra aos mercadores de ambos os reinos que vinhão aos seus, e que por causa da guerra hão cessado, se tornem a renovar inteiramente, e surtão seu mesmo effeito.

CAPITULO 25

Que em caso de rompimento da paz se dêm seis mezes de tempo aos mercadores para transportar suas mercadorias

Item. Se depois destas cousas, o que Deos não permitta, suceder nacer algum desgosto entre os serenissimos Reys de Espanha e Inglaterra, pelo qual possa haver perigo de interromperse o curso do comercio, em tal caso desde o dia que os subditos de huma e outra parte forem advertidos disso, tenhão seis mezes de tempo para levar suas mercadorias, sem que neste interim se lhes faça nenhum embargo, interrupção, ou dano nelles, ou em suas pessoas.

CAPITULO 26

Que não se detenhão os navios nos portos em prejuizo dos donos

1630 Novembro 15 Item, que nenhum dos sobreditos Reys detenha os navios dos subditos do outro, que estiverem em seus portos, ou aguas, nem os fação deter perà aparato de guerra, nem outro serviço em prejuizo dos donos, senão for avisando ao Rey daquelles, cujos forem os navios, e consentindo-o elle mesmo.

CAPITULO 27

Que se castigarão as forças e delictos que se cometerem durante a paz, sem prejuizo della

Item, se ha convindo, e concertado que se durante a paz, e amizade, se ouver intentado, tratado, ou feito alguma cousa contra a força e effeitos dellas, por terra, mar, ou aguas doces, por alguns vassallos, subditos, ou colligados dos ditos Reys, e de seus herdeiros e successores, ou pelos herdeiros e successores, subditos, e vassallos dos ditos colligados comprehendidos nestas amizades, não obstante isto, permanecerá a paz e amizade em sua força e effeito, e pelo intentado serão castigados somente os delinquentes, e danadores, e não outros.

CAPITULO 28

Liberdade de prisioneiros de huma parte e de outra

Item, que os prisioneiros havidos na guerra por entrambas partes, ainda que estejão condenados a galés, sejão postos em liberdade, e os deixem hir livremente de huma parte, e de outra, pagando os que não estão nas galés o que se ouver gastado em seu sustento, e pagando assim mesmo seu resgate os que primeiro se ouverem concertado.

CAPITULO 29

Que se continuem as causas pendentes do tempo da guerra entre os subditos de ambos os Reys

Item. Se ha concluido que todas as acções e causas civeis, que havia, e se tratavão ao tempo que se rompeo a paz, se possão proseguir, não obstante o que ha corrido durante a guerra, de sorte que todo o tempo que esta durou se hade julgar não lhes haver feito nenhum prejuizo, excepto nas cousas que ouverem entrado ja no fisco. 1630 Novembro 15

CAPITULO 30

Conhecimento das presas, e outras cousas

Item. Que se se mover alguma controversia nos reinos ou senhorios de hum e de outro por qualquer outro não subdito, por causa das presas e despojos, se remetta a seu juiz no territorio delRey contra cujo vassallo, ou vassallos se proceder.

CAPITULO 31

Que o serenissimo Rey de Espanha ouvirá aos Olandezes se propozerem justas condições

Item, que se os Olandezes, e os demais estados confederados quizerem propôr condições de paz ao serenissimo Rey de Espanha por meio do serenissimo Rey de Inglaterra, o serenissimo Rey de Espanha, e seus successores ouvirão sempre de boa vontade o que se propuzer, e folgarão que por meio do serenissimo Rey de Inglaterra proponhão justas condições, e conhecerão quanto se defere á auctoridade do dito serenissimo Rey de Inglaterra, seu irmão charissimo.

Item, se concluio e estabeleceo que no presente tratado de paz se comprehendão os amigos, alliados, e confederados

1630 Novembro 15 dos ditos Reys, a saber, de parte do serenissimo Rey de Espanha:

CAPITULO 32

Amigos e confederados delRey Nosso Senhor na paz

Ferdinando Emperador dos Romanos, e seus irmãos, e os demais Principes Archiduques d'Austria, Princepes Electores, os Estados e cidades obedientes ao Imperio, ElRey de França, ElRey de Polonia, e Suecia, ElRey de Dinamarca, el Dux e Republica de Veneza, o Duque de Saboya, o de Babiera, o de Cleves, o de Holstein, o de Lorena, e Placencia, o Bispo e provincia de Lieja, o Duque de Florença, o de Modena e Reggio, o de Urbino, as Ligas e Cantones Esguizaros e Grizões, as cidades Anseaticas, os Condes da Frizia oriental, sem prejuizo do direito, que o serenissimo Rey das Espanhas, e Archiduques pretendem ter a seus estados, o Dux e Republica de Genova, a Republica de Luca, o cabeça da casa Colona, os Princepes Doria, o cabeça da casa d'Ursino, o Duque de Sermoneta, o Senhor de Monaco, o Conde de Mirandula, o Princepe de Massa, o Conde de Sala, o Conde de Cotorno.

CAPITULO 33

Os amigos e confederados delRey de Inglaterra

E por parte do serenissimo Rey de Inglaterra, Fernando Emperador dos Romanos, com os Archiduques d'Austria, Electores do Imperio, e juntamente os Estados, e cidades delle, o Duque de Lorena, o Duque de Saboya, os Duques de Brunsvich, Lucemburg, Mechelemburg, Wirtembergh, Lantzgrave de Hesia, Marquez de Wadem, o Duque de Pomerania e Princepe de Anhalt, o Conde de Frisia oriental, os cantones de Esguizaros e Grisones, as cidades maritimas Anseaticas, ElRey Christianissimo, o de Polonia, Suecia, o de Dinamarca, o Dux e Republica de Veneza, o Duque de Holstein, e o Duque de Toscana.

CAPITULO 34

Observancia da paz

Item, se ha concertado e concluido que o serenissimo Phelippe Rey das Espanhas, e Carlos Rey da Gram-Bretanha guardarão com sincera e boa fé todos e cada hum dos capitulos concertados, e estabelecidos neste presente tratado, e farão que sejão observados e cumpridos por seus subditos, e por os moradores de seus reinos, e não contravirão a elles directa nem indirectamente, e que ratificarão, e confirmarão todas e cada huma das cousas arriba acordadas por letras patentes, firmadas de suas mãos, e selladas com seus sellos grandes, ordenadas e feitas em sufficiente forma, e com a primeira occasião entregarão, e farão entregar em boa fé realmente e com effeito, instrumento de promessa, com que se obriguem reciprocamente debaixo de palavra real, e de juramento, que farão sobre os sacrosantos evangelhos, a que comprirão inteiramente todas e cada huma das cousas arriba referidas sempre que pela outra parte forem requeridos para isso, e darão ordem que a presente paz se publique nos lugares e forma acostumados, quanto antes commodamente se puder fazer. 1630 Novembro 15

Todas as quaes cousas arriba referidas forão acordadas, estabelecidas, e concluidas por nós outros os sobreditos deputados, legados, e commissarios de ambos Reys em virtude das ditas commissões e em nome de nossos Reys; em fé de tudo o qual, e de cada cousa o firmamos de nossas proprias mãos em Madrid a quinze de novembro anno do senhor de mil seiscentos e trinta. — *Francisco Cottington* — *O Conde de Oñate* — *D. Gaspar de Gusmão* — *O Marquez de Flores* [1].

[1] O original latino, e a versão castelhana deste tratado estão no *Supplemento á Collecção dos Tratados*, por Julio Firmino Judice Biker. Tom. IX da *Collecção*, pag. 12 e 13. *(Rivara.)*

Carta de Filippe III ao Vice-Rey Conde de Linhares

(Arch. da India, Livro das monções, n.º 19, fol. 170.)

1634 Março 25

Conde sobrinho, V. Rey da India, amigo. Eu ElRey vos envio muito saudar, como aquelle que muito amo. Vendo o que me escrevestes no pataxo Nossa Senhora dos Remedios, que o anno de 632 veo desse Estado, acerca da proposta que se vos fez por parte do presidente dos Ingreses que residem em Surrate em razão de se entenderem e praticarem nesse estado as pazes que fiz com ElRey da Gram Bretanha, de que o anno passado de 633 se vos enviárão copias, e o que no mesmo anno escrevestes pela naveta e galeão S. Francisco de Borja sobre o que se praticava entre os Inglezes de que no conselho de Portugal, que reside junto a mim, não consentira que as pazes se entendessem na India, e sobre as naos francezas que forão vistas no mar roxo, e assi o que em ambas estas cartas apontaes, me pareceo dizervos que conforme ao capitulado e assentado nas primeiras pazes feitas no anno de 604 entre ElRey meu senhor e pay, que haja gloria, e ElRey Jacobo, como se vê do articulo noveno, de que se vos envia copia, e a estas segundas do anno de 630, que se vos remettêrão, como se mostra dos articulos 3.º, 4.º, 5.º, 6.º, 7.º e 8.º, não podem os Ingreses passar á India e conquistas desta coroa, nem comercear em portos alguns dellas, ou sejão meus, ou dos Reis naturaes da terra, pois he certo que o não fazião antes das antigas confederações, de que falla o articulo 9.º das pazes do anno de 604; e fazendo-o, vão direitamente contra o capitulado em humas e outras pazes, e as quebrantão, com o qual supposto e declaração tenho mandado fazer instancia com ElRey da Gram Bretanha para que logo effectivamente mande recolher da India e mais conquistas minhas todas as naos de vassallos seus que nellas andão, e não consinta que outras algumas passem mais lá, fazendo guardar em todo o rigor o capitulado e disposto por tantas razões, e por tão expressos e particulares termos, e que das ordens que der se entreguem duplicados ao meu residente da embaixada que tenho em Londres, para pôr esta via se vos encaminharem a esse estado, e vós as mandardes aos Ingreses sem que elles possão occultar a ordem, e allegar ignorancia della. 1634 Março 25

E juntamente vos quiz advertir que se os Ingreses em quanto lhes chega a ordem do seu Rey de como hão de proceder, quizerem que de parte a parte haja suspensão das armas, o acceiteis e façaes executar, e ainda o procureis com destreza, porque achando-se esse estado tão apertado, todo o meio que se offereça de contender com menos inimigos he conveniente, e se deve abraçar e usar delle, e de tal modo vos havereis que se não possa entender que tendes ordem minha, e somente nasce de se mover esta pratica, como já se fez: e havendo duvidas de como se entendem as pazes, podereis aceitar o partido de que haja suspensão de armas até me dardes conta, como fica dito, com condição de que durará até eu mandar responder, e que não darão os Ingreses nem meus vassallos ajuda huns contra os outros, porquanto procedendo vós com a destresa necessaria nesta materia, como espero de vossa prudencia, fica o negocio com maior reputação, e conforme ao estado das cousas se achão neste meio conveniencias de consideração, assi por não haver nesse Estado por agora armadas, com que lhes fazer opposição, como porque se aos Reys dessas partes faltar esta ajuda, poderão tratar de outros intentos, se os tiverem, e tambem com a suspensão de armas se poderá intentar a recuperação de Ormuz, o que se não podia fazer em quanto os Ingreses ajudavão aos Persas, sem huma armada de força. Escrita em Lisboa a 25 de Março de 1634. — *Dom Diogo de Castro.*

Resposta do V. Rey

Senhor. — Como se eu ouvera recebido esta carta de V. Magestade, tratei e assentei esta materia, de que em outra carta desta via farei mais larga relação, com as capitulações desta tregoa, que espero por oras venham a jurar e a lançar 1634 Dezembro 2

1634 Dezembro 2 em escrito os Inglezes a esta cidade, posto que em sustancia não he mais que guardarmos nós por tregoa e suspensão de armas o mesmo que V. Magestade tem feito por pazes com ElRey de Inglaterra, e esta tal tregoa durará até que V. Magestade e ElRey de Inglaterra declarem que a não querem. As considerações com que me movi a tratar de negocio tão importante, mandará V. Magestade se vejão do assento do conselho que me assiste, em que cada hum dos ministros disse seu parecer, e eu o meu, tudo se verá do mesmo conselho. Por este modo se escusão parte de inimigos, mas os principaes, e de mais força, e de que mais dano recebemos, são os Olandezes, porque cada dia crecem em forças, respeito aos grandes socorros que lhe vem de suas terras, e naturalmente são industriosos e ladrões, e nós ha muitos annos que himos peorando de esperança em esperança; e convem, senhor, que V. Magestade dè pressa á resolução, ou hade pôr neste estado pelo menos vinte galeões grandes, formados e sustentados como convem, ou a fazer outra tregoa, porque se se dilatar qualquer das cousas, hade haver tempo com que não havemos de ter cabellos de que pegar: fallo a V. Magestade tão clara e confiadamente porque as experiencias que V. Magestade tem de mim me fazer confiado. Deus guarde a catholica e real pessoa de V. Magestade como a christandade e seus vassallos havemos mister. De Goa, 2 de dezembro de 1634. — *O Conde de Linhares.*

Outra carta do Vice-Rey, Conde de Linhares, a Filippe III

(Arch. da India, Livro das monções, n.º 19, fol. 588 v.)

1635 Fevereiro 9 Senhor. — Em 15 de janeiro chegou a esta barra com quatro embarcações de alto bordo o presidente dos Ingrezes, que reside em Surrate, em conformidade do que aviamos assentado e praticado, de que dei conta a V. Magestade, e em que V. Magestade tomou a resolução que foi servido avisarme, a que dei pontual cumprimento, como se verá do assento de tregoas, que com o dito Ingrez capitulei, de que com esta será copia: fiz gasalhado e mimos a esta gente, porque verdadeiramente entendi que me mostravão o coração no grande odio que tem aos Olandezes, e ainda aos Persas, contra quem nos virão ajudar com facilidade em lhe vindo recado do seu Rey da aceitação que fiz das tregoas: daqui despachárão huma nao para Inglaterra; por ella escrevi a V. Magestade, e remeti a carta ao embaixador assistente, que V. Magestade tem naquella corte, e com esta vai outra do dito presidente para o seu embaixador residente nessa corte. Seguroume o general, e o presidente que infallivelmente mandaria o seu Rey doze galeões, porque o havia já praticado, assistir nestas partes contra os Olandezes; dissepraticado, assistir nestas partes contra os Olandezes; disselhe que podia dizer ao seu Rey que V. Magestade poria outros doze, e capitulámos e assentámos de palavra que vindo estes galeões, e embarcandose o V. Rey da India nos de V. Magestade que os Ingrezes, sua bandeira, e ordens (*sic*); porém não se embarcando o V. Rey, que se farião duas esquadras, em huma com seis naos ingrezas, e outras seis portuguezas, andaria o nosso general, e lhe obedecerião as naos ingrezas, e em outra com outras seis naos ingrezas, e outras seis portuguezas, andaria o seu general, e os nossos á sua obediencia; porém offerecendose alguma cousa em que os mesmos generaes com as suas esquadras se ouvessem de ajuntar, que hum governaria hum dia, e o outro outro; mas este governo averá de ser em conformidade do regimento que lhes der o V. Rey da India, sem delle se poderem apartar hum ponto: julguei por este modo o negocio por authorisado.

1635 Fevereiro 9

Para se recuperar a fortaleza de Ormuz me apontárão modos e traças, e se for certo virem estas doze naos ingrezas, e nós pudermos juntar outras doze portuguezas na maneira acima relatada, entendo que com ellas, e com as armadas de remo será V. Magestade senhor de Ormuz, e de Paleacate em menos de seis mezes, e no mesmo anno depois de ganhadas estas praças, porque para tudo ha tempo, se poderá

1635 Fevereiro 9 tentar a de Jacatará, que com a assistencia, que o Mataráo nos promette, conforme ao discurso, e experiencia dos Ingrezes, e ao que virão por seus olhos ha poucos dias, julgão se conseguirá com pouco custo de sangue. Não quiz fallar com esta gente em se a fortaleza de Jacatará hade ficar para nós ou para elles, porque considero que tem isto grande peso, já pelo grande custo que fará a V. Magestade tantos presidios, e tambem porque estes homens hão de levar na imaginação algum interesse proprio: e se V. Magestade capitula com elles pazes, as quaes se ajão de entender na India, respeito a nossas poucas forças precisamente nos he necessario outras de que nos ajudemos: alem de que ganhado Jacatará hemos de tratar de ganhar Banda, Amboino, a Ilha Formosa, e estas todas haverão de ficar para nós, e Ternate averá de passar á coroa de Castella em respeito á outra fortaleza que ali tem; e he certo que se Deus permitte que deitemos os Olandezes fora, que elles hão de tornar, e com grande poder, ao que de necessidade o avemos de oppôr ainda com mais poderosa armada, se for possivel: e já com este pensamento vou prevenindo algumas cousas; aos dous galeões, que tenho entre mãos, vou dando grão pressa; outro e do mesmo porte estou contratando com o Capitão de Baçaim.

Na China, como escrevi a V. Magestade em muitas cartas, tem V. Magestade quatro mil quintaes de cobre, os quaes estão impossiveis de navegar respeito á assistencia que fazem no estreito de Sincapura os Olandezes. Tambem V. Magestade ahi hade ter algumas cincoenta peças de ferro de doze de balla, e outras ainda maiores; pareceu-me acerto, e aos conselhos que me assistem, pedir a este Presidente Ingrez que me fretasse huma nao para hir á China buscar este cobre e artelharia, porque como não tem perigo de Olandezes, a podem trazer com toda facilidade, e não me vem á imaginação que os ditos Ingrezes se me possam levantar com esta carga, em razão de que alem de serem homens de palavra, fica por segurança todas as naos suas, que nesse Reino estão nos portos de V. Magestade. Para podermos cuidar que lhe damos conhecimento da China, e do porto e surgidouro de Machao, elles o sabem tambem como nós, pelas muitas vezes que juntos com os Olandezes tem hido áquella paragem. Fica por nova duvida o de não convir que extrangeiros tomem comercio e pratica dos Chinas; esta se lança (?) com eu haver capitulado com este Presidente que nenhum Ingrez desembarcaria em terra em Machao, e que se poriam lá dentro na nao, em quanto ella se carrega, para fazer esta vigia, hum capitão com cincoenta soldados, dez por coberta; a este meu pensamento que os Chinas são traidores, e que lhes poderiam querer saltear a dita nao, ajustou-se nisto com toda facilidade; e em quanto ao frete me fez grandes comprimentos, e em effeito ficou assentado que eu nomearia o preço como viesse aqui a dita nao, a qual com o favor de Deos estará aqui para partir para a China de quinze até vinte d'abril. 1635 Fevereiro 9

Não me descuido eu em ir fabricando artelharia, porque de oito mezes a esta parte tenho fundido perto de dous mil quintaes de cobre, que por muitas industrias e diligencias ouve de Balagate e Cambaya, e em preço tão acomodado que não passa de 47 xerafins o quintal. Esto Presidente Ingrez se me encarregou de me comprar cobre em Surrate a troco que eu lhe daria aqui pimenta, depois de haver recolhido toda a que for necessaria para a carga das naos; vim nisto, e os conselheiros que me assistem, e o da fazenda, a quem pratiquei a materia, com toda facilidade, porque se seguem disto duas rezões mui convenientes, huma d'estado, e outra de fazenda; a de estado he que como no Canará, Cochim, e Coulão ha mais pimenta que aquella que nós lhe comprâmos, a encaminhão aquelles Reys por terra a Massulapatão, e tambem a Surrate, onde os Olandezes lha comprão: por este modo divertimos ir esta pimenta a nossos inimigos, tornando a fazer a pimenta corrente a nós, e pode ser que venha a abaratar a este respeito; não será no primeiro, nem no segundo anno, mas mais adiante he infallivel: e na parte que toca á fazenda, já V. Magestade sabe que estamos contratados com Virabadrá Naique para lhe tomar trezentos e cin-

1635 Fevereiro 9 coenta candis de pimenta para cada nao a preço de vinte e dous pagodes, e ainda eu baixei do preço em que estava em tempo do Conde da Vidigueira seis pagodes, porque então era a vintoito. Estes vinte e dous pagodes, e mais os custos fazem perto de oitenta xerafins do mesmo Canará; e da Sunda, donde he ainda melhor a pimenta, a comprâmos a sessenta xerafins pouco mais e menos, e posta em Goa; se dermos a pimenta cara aos Ingrezes, e nós ficarmos com a barata, bem se vê o proveito que se nos segue. Isto se lhe declarou muito bem, para que se veja que nunca em nós ha dolo nem engano; e alem disto com comprarmos toda a pimenta destas costas, se evita o comercio que nellas hião assentando os Olandezes respeito á compra da pimenta. E como nos capitulos das pazes está concedido que a todos os portos possão ir Ingrezes, não nos convem que nelles achem a comprar nem hum só grão de pimenta; e assi não tem para que ter pratica com os naturaes.

Tenho dito, senhor, a V. Magestade as utilidades e conveniencias que se seguem a seu real serviço destas novas tregoas, não sendo a menor a crecença dos direitos das alfandegas, porque se declarou aos Ingrezes que de todas as fazendas que trouxerem e levarem hão de pagar direitos: assim se lhe praticou aqui, em que confessárão tanta facilidade, que respondêrão que não era a materia de duvida: o povo em geral, e em particular as estimou e abraçou, senhor, de maneira que como a perdões *(á porfia?)* hião a buscar Ingrezes, para os recolherem, e ospedarem em suas casas em quanto aqui estiverão.

Para o negocio da expulsão dos Olandezes da India tenho relatado a V. Magestade como pela parte que me toca, que he a fabrica dos galeões e artelheria, tenho dispostas as cousas em modo que quando chegar o termo de vinte mezes, que he o em que os Ingrezes me dizem poderão estar aqui com seus doze galeões, estarão os nossos aparelhados, dos quaes quatro, que são os tres novos, e São Sebastião, que fiz agora como de novo, poderão ser de novecentas para mil toneladas; os seis com que de presentes e navega, de que em outra carta dou conta a V. Magestade, será hum delles de setecentas, outro de seiscentas, e os quatro de quinhentas acima. Declarome que entrão nestes a naveta, e o galeão São Francisco de Borja, que este anno vierão desse Reino, outro galeão, que se fabricou em Damão estive tambem aparelhando, ainda não navegou; dos outros posto que velhos, sempre concertarei hum, que he o que falta para o numero dos doze; os quatro grandes averão de jogar cada hum a sessenta peças de artelharia, os dous de trinta e oito até quarenta, e os seis de vinte e quatro até trinta. Gente do mar, e bombardeiros, e ainda soldados não tenho, e serão necessarios para esta armada pelo menos tres mil homens de mar e guerra. As cousas, senhor, estão dispostas para V. Magestade recuperar a India de huma vez, e sem o grande custo que fazem socorros miudos, que não lustrão, nem com elles medrâmos. V. Magestade mandará o que for servido, que o que me toca a mim he dispôr, e trabalhar com o amor que mostrão os effeitos. Deos guarde &c. De Goa a 9 de fevereiro 1635.— *O Conde de Linhares.* 1635 Fevereiro 9

Outra carta do Vice-Rey, Conde de Linhares, a Filippe III

(Arch. da India, Livro das monções, n.º 19, fol. 1329.)

Senhor.—Com os Ingrezes celebrei ontem tregoas em con- 1635
formidade.. Janeiro 21
feito com V. Magestade no modo que se verá do papel incluso..
Ingrezes despachão deste porto pera o de Londres huma embarcação, me pareceo obrigação devida dar conta a V. Magestade do que assim tenho capitulado, sem embargo que largamente o faço nas naos de V. Magestade, que se farão á vela athe dez de Fevereiro com o favor divino: guarde a V. Magestade como a christandade e seus vassallos avemos mister. Goa 21 de Janeiro de 635.—*O Conde de Linhares.*

Carta do Vice-Rey, Conde de Linhares, para o Embaixador de Inglaterra

(Arch. da India, Livro das monções, n.° 19, fol. 1329.)

1635 Janeiro 21 Com a nação ingleza fiz aqui tregoas e cessão de armas em conformidade das pazes, que S. Magestade mandou celebrar com elles em Espanha; e porque deste porto, onde vierão jurar as ditas tregoas, parte huma nao sua em direitura a Londres, me pareceu obrigação dar conta a V. S.ª do que assim tenho feito, e remeter juntamente com esta carta outra a S. Magestade pela coroa de Portugal, que V. S.ª se sirva de remeter pelo primeiro correo.

Mui bem inteirada vai esta gente das conveniencias que a elles e a nós se nos seguem de nos unirmos contra os Olandezes; por ordem de S. Magestade entenderá V. S.ª mais larga e miudamente o quanto convem que assim se effeitue. Para servir a V. S.ª estarei sempre prompto para tudo o que me quizer mandar em seu serviço. Guarde nosso Senhor a V. S.ª Goa 21 de Janeiro de 635. — *O Conde de Linhares.*

Contrato de pazes celebradas entre o Vice-Rey, Conde de Linhares, e os Embaixadores de El-Rey Virapá Naique, do Canará, em 7 de março de 1631

(Arch. da India, Livro 1.° de pazes, fol. 69.)

1631 Março 7 Em nome de Deos, amen. Saibão quantos este estormento de contrato, paz, e amizade virem que no anno do nascimento de nosso senhor Jesus Christo de mil seiscentos trinta e hum aos sete dias do mez de março do dito anno, nesta barra de Barcelor, na galé real, em presença do excellentissimo senhor conde de Linhares, do conselho d'estado de sua magestade, seu gentil homem da camara, Viso

Rey e capitão geral da India, e bem assy o bispo de Ethiopia, 1631 Março 7
Dom João da Rocha, do conselho de sua magestade, e Dom Francisco de Moura, mestre de campo, do conselho de sua magestade, almirante desta armada, e Domingos da Camara de Noronha, Diogo de Souza de Menezes, ambos do conselho, e Ruy Dias da Cunha, capitão da galé real, e dos capitães mores das armadas, Manoel da Camara de Noronha, Dom Manoel de Menezes, Lopo Gomes de Abreu, Gaspar d'Aguiar de Magalhães, Domingos Ferreira Beliago, Luis Mergulhão Borges, ouvidor geral do crime, e o vedor da fazenda da armada Ambrozio de Freitas da Camara, e secretario do estado, e os mais fidalgos e capitães que assistem a sua excellencia; estando tambem presentes Vitulá Sinay, e Trimaliá, embaixadores d'El-Rey Virapá Naique, se declarou que havendo Vitulá Sinay com a embaixada do dito Rey Virapá Naique assistido em Goa muitos dias sobre o contracto das ditas pazes, se movêrão differentes duvidas, que o dito Vitulá foi communicar com o seu Rey ao Equery, e por acordo do dito Rey vinha celebrar com as condições seguintes, por quanto conhecia a obrigação, em que estava a sua excellencia pelo haver animado, e amparado logo que tomou posse de seus reinos, sendo sua excellencia quem primeiro lhe deu parabens delles, conhecendo sua justiça e razão; e assy em virtude dos poderes, que os ditos Vitulá e Trimaliá apresentárão, que hirão copiados no fim desta escritura, os capitulos, e condições seguintes.

1. Primeiramente que elle dito Rey por sy, e por seus successores será sempre leal, e fiel amigo do estado da India, amigo de amigos, e inimigo de inimigos; e que dará toda ajuda e favor ao estado da India para as guerras que tiver, quando lho pedir. E o mesmo favor e ajuda será obrigado dar o estado da India a elle Rey Virapá Naique.

2. Que elle dito Rey larga e dôa de oje para todo sempre todo o direito, acção, e senhorio a sua magestade da ilha do Cambolim, a qual se entende de ponta a ponta athe o pagodinho de Marsamy, para a ter, haver, gozar, e possuir com seus foros, assy e da maneira que a casa de Queldy, e os

1631 Março 7 Reys da dita ilha a possuião, e milhor, se com direito puder ser, não se entendendo aquí as rendas do pagode Gufaçar, nem o dito pagode sito na dita ilha, por quanto as ditas rendas hão de ser sempre dos ditos pagodes, e que á gente que vive na ilha se deixará viver em sua ley e costumes; e que o sr. Viso Rey, e seus successores poderão mandar fazer na dita ilha, como em cousa propria, as fortalezas que lhe parecer.

3. Que El-Rei Virapá Naique, e seus successores deixarão cortar, e tirar todos os annos de suas terras (onde melhor for, e se achar) toda a madeira, que o Viso Rey da India quizer para a ribeira de sua magestade, sem por isso pagar nenhum direito nem interesse, e elle dito Rey com os seus Regedores darão as guardas necessarias para guarda e vigia da dita madeira, e gente que andar no serviço della, aos quaes o dito Viso Rey mandará pagar seu trabalho.

4. Que não consentirá El-Rey Virapá Naique, nem seus successores em seus portos os dous Babeás nem nenhuma outra embarcação de Malavares, que não tenha cartaz do estado, nem consentirá que os ditos Malavares tirem marinheiros, nem mantimentos de seus portos e terras.

5. Que o taurim de Onor será livre, como sempre foi.

6. Que os quinhentos fardos de arroz das pareas se pagarão com toda pontualidade, assy os futuros, como os que se estão devendo; e aos Chetins de Barcelor de cima se guardará o contrato antigo.

7. Que os junções postos de oito annos a esta parte nas cousas, que por compra e venda tocarem aos Portuguezes, se tirarão e os não averá mais, nem tambem o junção lançado aos navios de Mascate.

8. E havendo-se pedido instantemente por parte d'El-Rey Virapá Naique por meio dos ditos dous embaixadores, que lhe largassem as terras e palmares, que junto á fortaleza de Barcelor e seus limites possuião os casados, e moradores do dito Barcelor, e que em troco delles se lhe darião com grande vantagem outras tantas terras e fazendas na ilha do Cambolim; e havendo elle dito senhor condè Viso Rey conferida a dita proposta com Martim Teixeira d'Azevedo, capitão da

fortaleza de Barcelor, e com alguns casados; assentárão todos que sendo com vantagem conhecida a dita troca, consentião nella; e em conformidade de huma e outra cousa veio o senhor conde Viso Rey em conceder esta condição, com declaração que por parte dos moradores de Barcelor, e de El-Rey Virapá Naique haverá juizes louvados para composição das ditas terras das quatro aldêas, que tem promettido, e não sendo bastante, satisfará de fora. 1631 Março 7

9. Que toda a pimenta do reino de Garçopá, e mais reinos, que possue elle dito Rey Virapá Naique, e seus successores, se venderá livremente sem impedimento algum, que se ponha a compradores, nem a vendedores, e que o Viso Rey da India não será obrigado a comprar pimenta ao dito Rey Virapá Naique, nem a seus successores, e que nem o dito Rey Virapá Naique, e seus successores terão obrigação de lha vender; mas sendo caso que o estado da India a queira comprar, se elle dito Rey, ou seus successores a quizerem vender, será pelo preço em que ambos livremente se concertarem; porém não se concertando no preço, nem por isso elle dito Rey Virapá Naique, ou seus successores farão alteração alguma nos preços das outras fazendas, ou mantimentos, deixando-os vender e comprar livremente, e assy mesmo a pimenta aos particulares.

10. Que elle Rey Virapá Naique, por si e por seus successores, he contente de pôr em mãos do senhor Viso Rey, para que seja juiz, e possa julgar, e determinar todas as duvidas e differenças, que El-Rey Virapá Naique, como Rey de Queldy, tem com os Reys alliados ao estado da India; e que a sentença do senhor Viso Rey se cumprirá pontualmente, porque fia de sua christandade, e generoso sangue que attentará com justiça por sua honra, e credito, e fazenda conforme aos costumes, e obrigações que achar que os ditos Reys tem á casa de Queldy: e para isso he certo que sua excellencia tomará primeiro as informações certas e verdadeiras, e elles ditos embaixadores se obrigão a que seu Rey jurará esta condição, e as mais contheudas neste contrato de pazes e amisade.

1631 Março 7 E o dito senhor conde de Linhares, Viso Rey, por parte de sua magestade, e do estado da India, e dos mais Viso Reys e governadores, que lhe succederem, ouve por bem de fazer e jurar as ditas pazes, que se obrigou a cumprir com as condições seguintes.

1. Primeiramente que elle dito senhor Viso Rey, e os Viso Reys e governadores, que lhe succederem, serão amigos do dito Rey Virapá Naique, e dos Reys seus successores, e de seus vassallos, e amigos de amigos, e inimigos de inimigos: e que sendo caso que os Reys alliados não estejão obedientes á sentença que o dito senhor Viso Rey der nas duvidas que ha entre elles e o dito Rey Virapá Naique, se declarará o senhor Viso Rey por inimigo do desobediente á sentença, e por amigo do que estiver obediente a ella.

2. Que elle dito senhor Viso Rey por fazer honra, favor, e amizade ao dito Rey Virapá Naique, e a seus successores, concede em nome de sua magestade que todos os annos, em quanto estas pazes estiverem em pé, possão tirar da cidade de Goa forros, e sem direitos dez cavallos ginetes, para o que não será necessario mais que a licença do senhor Viso Rey para sahirem por qualquer passo que os quizer tirar.

3. Que elle senhor Viso Rey dá em nome de sua magestade, para que logo as possa mandar levar, duas náos, assy como estão, que forão d'El-Rey Vencatopá Naique, que estão varadas junto á fortaleza de São Miguel da ilha do Cambolim, e que são já de sua magestade, por serem ganhadas na guerra que Virabandrá Naique fez ao estado.

4. Declarárão mais o senhor Viso Rey e os ditos embaixadores que o cumprimento destas pazes, alem do juramento e palavra, que de parte a parte se dá, pagará de pena qualquer das partes, que não cumprir estes capitulos em todo, ou em parte, dez mil pagodes, que fazem da moeda de Goa trinta e cinco mil xerafins; e em caso que se quebrem as ditas pazes por qualquer das partes, assy por parte do estado da India, como por parte d'El-Rey Virapá Naique e seus successores, não se poderão renovar outra vez sem o culpado pagar primeiro com effeito os ditos dez mil pagodes.

E com isto o senhor conde Viso Rey por parte de sua magestade, e os ditos embaixadores por parte d'El-Rey Virapá Naique e seus successores ouverão por celebrado, e solemnisado este contrato de paz e amizade para sempre. E deste theor se derão duas copias, huma para ficar ao senhor Viso Rey e outra para os embaixadores levarem ao seu Rey Virapá Naique. 1631 Março 7

Treslado da carta de El-Rey Virapá Naique, escrita a Sua Excellencia

No mui alto estado de Goa ao senhor Viso Rey Dom Miguel de Noronha, conde de Linhares. Eu Virapá Naique de Queldy, a quem escrevo com muito amor e vontade, e beijo as mãos. Vossa excellencia me diz na sua que vindo Vitulá a essa cidade sobre negocios, e tratando com elle, no cabo disse que não podia deferir nas cousas que não tinha poderes, e a este respeito se partira vossa excellencia a estas partes, e o mais que vossa excellencia tratou de fora com elle, me informou de tudo. Depois que succedi neste estado, na propria hora, antes que eu mandasse visitar a vossa excellencia, me escreveo vossa excellencia com muito gosto, em que me offerecia todo o favor e ajuda, e que o avisasse; eu despedi a Vitulá, e vejo que vossa excellencia mostrando-me amor e vontade, e pondo os olhos em meus negocios, e em acrecentar o meu estado, em pessoa veo vossa excellencia a esta costa, e estou confiado de se acabarem estes negocios, e não posso declarar a vossa excellencia o meu contentamento. Vossa excellencia he avisado, e põe os olhos muy longe, tem tomado meus negocios como proprios seus, fico confiado de como vossa excellencia tinha tratado com Vitulá sobre meus negocios, e tem tomado á sua conta minhas cousas, não perdendo a reputação e jurdição de ambos os estados; quero que vossa excellencia aja de ordenar isto, e assy não tenho que encarecer, e para que mais particularmente dêm conta de minhas cousas a vossa excellencia, mando meu embaixador Vitulá e Trimaliá; o que elles disserem, diz minha propria pessoa, e com isto se acabará o negocio. Guarde nosso 1631

1631 senhor à vossa excellencia. E não diz mais a dita carta. E eu o secretario de estado Ambrosio de Freitas da Camara o fiz escrever.—*O conde de Linhares*—Assignado de Vitulá Sinay—Assignado de Trimaliá—*D. J. Bispo de Ethiopia*—*Dom Francisco de Moura*—*Diogo de Sousa de Menezes*—*Domingos da Camara*—*Ruy Dias da Cunha*—*Luiz Mergulhão Borges*—*Gaspar d'Aguiar de Magalhães*—*Manoel da Camara de Noronha*—*Lopo Gomes Davreu*—*Ambrosio de Freitas da Camara*—*Balthazar Marinho.*

(Segue-se o tratado em letra e lingua canará).

Copia da carta de El-Rey Virapá Naique, que escreve aos vassallos seus do Cambolym

1631 Abril 18 Anno quinto aos 18 de abril. Eu El-Rey Virapá Naique, da casa de Queldy, mando a vós vassallos do Camboly que por quanto tenho dado as terras da dita ilha do Camboly ao Viso Rey da India, vós outros todos obedeçaes a sua excellencia, e pagareis os fóros della como antigamente se pagava, e se os Portuguezes vos fizerem algum aggravo, me avisai para eu pedir aos ditos Portuguezes que não fação tal.

E tinha a chapa d'El-Rey Virapá Naique.

A qual carta eu Sancará Naique, lingoa desta fortaleza de Barcelor, e do embaxador Baltezar Marinho fiz acima tresladar de lingoa e letra canará, em que está, bem e fielmente, sem acrescentar nem diminuir cousa que duvida faça, da propria que está em poder do embaxador Vitulá Sinay, que em minha presença leo aos cabeças da ilha do Camboly. Certifico-o assy em Barcelor oje 10 de mayo de 631 annos.—*Sancará Naique.* Conforme.—*Duarte de Figueiredo de Mello.*

O original deste papel mandou o senhor V. Rey a Antonio Borges da Costa com carta sua de 2 de abril, e ordenou que este treslado ficasse em seu lugar, donde se tirou o proprio. Goa 2 de abril de 647.

Auto de posse real e autual que Vitulá Sinay, Embaixador de El-Rey Virapá Naique, deo da ilha do Cambolim ao Embaixador do Senhor Conde de Linhares, V. Rey da India, Baltazar Marinho

Anno do nascimento de nosso senhor Jesus Christo de 1631, aos 12 dias do mez de maio do dito anno, nesta ilha do Cambolim, por outro nome Gangossim, junto á fortaleza São Miguel do dito Cambolim, em presença de mim escrivão do judicial e tabellião publico das notas da fortaleza de Barcelor por sua magestade abaxo nomeado, estando outrosy presentes Martim Teixeira d'Azevedo, capitão da dita fortaleza de Barcelor, e Agostinho Moreira de Lima, capitão da dita fortaleza São Miguel, e Vitulá Sinay, embaxador d'El-Rey Virapá Naique, e o provedor Baltazar Marinho, outrosy embaxador do senhor conde de Linhares, V. Rey da India, e o juiz ordinario da dita fortaleza de Barcelor Antonio Fernandes, e o feitor Pascoal de Moraes, e o escrivão da feitoria Pero da Silva, e Roque Gomes, e Antonio Borges da Costa, e Domingos Carreiro da Fonseca, casados, e moradores em Barcelor, e o meirinho da dita fortaleza Jorge Franco, e outrosy os cabeças da dita ilha abaxo assinados, e o lingoa de Barcelor Sancará Naique, apresentou o dito embaxador Baltazar Marinho o contrato das pazes, que o dito senhor conde Viso Rey fez na barra com El-Rey Virapá Naique por seus embaxadores, o dito Vitulá Sinay e Trimallayá, que o dito Rey Virapá Naique confirmou e aprovou em sua corte do Equery em presença do dito Baltazar Marinho, e outrosy apresentou as ordens do dito senhor conde, per que lhe ordenava tome posse real e autual da dita ilha do Cambolim em nome de sua magestade, assy e da maneira que o dito Rey Virapá Naique a dotou e deu ao estado da India pelo dito contrato das pazes, em virtude do qual, e das ditas ordens requereo o dito embaxador Baltazar Marinho ao dito embaxador Vitulá Sinay que em conformidade do dito contrato, e condições delle lhe désse posse real e autual com entrega da dita ilha do Cambolim com seus foros, e rendas, 1631 Maio 12

1631 Maio 12 e aldèas, para as possuir sua magestade deste dia para sempre, assy e da maneira que o dito Virapá Naique, e seus antecessores a possuirão, e tinhão dado a sua magestade, e se melhor, se com direito pudesse ser, e pelo dito Vitulá Sinay foi dito a mim dito taballião Simão Lourenço de Goes dêsse a dita posse ao dito provedor com todas as solemnidades que em direito se requere conforme ao dito contrato das pazes, e ás condições delle, e em virtude de huma carta, que El-Rey Virapá Naique, seu senhor, mandara escrever aos cabeças da dita ilha, em que lhes mandava obedeção a sua magestade como seus vassallos, por quanto pelo dito contrato das pazes lhe tinha dado a dita ilha com seus foros e rendas, assy e da maneira que a possuia, por quanto o dito seu Rey Virapá Naique tinha confirmado e approvado, jurado, e assinado o dito contrato, assy e da maneira que estava feito, por bem do que eu dito taballião metti de posse ao dito provedor embaxador da dita ilha do Cambolim, e de seus foros, e rendas, direitos reaes, junções, e passagens, e de tudo o mais que a ella pertence, e pagava a El-Rey Virapá Naique, e aos mais Reys da dita ilha, seus antecessores, tomando eu dito taballião terra das vargeas, ramos das arvores, e ervas da terra nas minhas mãos, metendo tudo nas mãos do dito provedor e embaxador, a qual posse lhe dei real e autual, mansa e pacifica, civel e natural, livre e desembargada, fora de todo letigio e embargo, e pelo dito embaxador Vitulá Sinay me foi dito a mim taballião que elle como embaxador do dito Rey Virapá Naique na conformidade do dito contrato das pazes, que cedia de toda a posse e direito, e aução que podia ter na dita ilha d'oje em diante para todo o tempo, punha, e trespassava no dito provedor e embaxador Baltazar Marinho em nome de sua magestade, que o dito provedor acceitou, e ficou investido na dita posse, em nome do dito senhor, e do senhor conde V. Rey, e os ditos cabeças por sy, e por todo o mais povo da dita ilha prometêrão de guardar obediencia, e lealdade e vassalagem a sua magestade, e ao senhor conde V. Rey, e seus successores d'oje para sempre, assy e da maneira que a davão a El-Rey Virapá Naique, e aos Reys da dita ilha, seus antecessores, e de pagarem os foros como está em costume, e sempre pagárão, e de contribuirem com todas as mais obrigações que estiverem obrigados, e o dito provedor prometeu em nome de sua magestade, e do senhor conde Viso Rey, de se lhes guardar, e manter inteira justiça como a vassallos do dito senhor, e de como o dito Vitulá Sinay mandou dar a dita posse da dita ilha do Cambolim pela sobredita maneira, e o dito provedor aceitou, se assinárão aqui com os ditos capitães, e mais officiaes e pessoas; e eu sobredito taballião que este auto de posse notei, e o escrevi, adonde me assinei de meu pubrico sinal, que na chancellaria está, que tal he como se segue. 1631 Maio 12

E declaro que se achou no tomar da dita posse o capitão mor do Canará Baltazar da Camara de Noronha, que tambem se assinou; e declarou mais o dito embaxador Vitulá Sinay que não dava posse das terras dos pagodes conteudo no dito contrato das pazes, que fica livre para o dito pagode. (Sinal publico do taballião).—*Baltazar da Camara de Noronha*—*Vitulá Sinay*—*Baltazar Marinho*—*Martim Teixeira d'Azevedo*—*Roque Gomes*—*Pero da Silva*—*Pascoal de Moraes*—*Antonio Fernandes*—*Antonio Borges da Costa*—*Domingos Carneiro da Fonseca.*

Conforme.—*Duarte de Figueiredo de Mello.*

O original deste papel mandou o senhor Viso Rey a Antonio Borges da Costa com carta sua de 2 de abril, e ordenou ficasse este treslado em seu lugar. Goa, 2 de abril de 647.

Pazes celebradas entre o Viso-Rey Conde de Linhares, por seus commissarios, com o Ada Rajáo, de Cananor, em 14 de março de 1631

(Arch. da India, livro 1.º de pazes, fol. 79.)

Anno do nascimento de Nosso Senhor Jesus Christo de 1631 annos, aos 14 dias do mez de março da dita era, de 1631 Março 14

1631 Março 11 ordem e mandado do ex.^mo sr. D. Miguel de Noronha, conde de Linhares, do conselho de estado de sua magestade, seu gentil homem da camara, Viso Rey e capitão geral da India, nos ajuntámos nesta praia de Cananor Dom Francisco de Moura, do conselho de sua magestade, almirante da armada do dito senhor, e mestre de campo do terço, Ruy Dias da Cunha, capitão da galé real, e eu Ambrosio de Freitas da Camara, secretario do estado, e vedor da fazenda da dita armada, com o Guazil do reino de Cananor, e Ada-Rajáo do bazar delle, para se concertar a terra pela alteração que ouve com occasião do castigo que sua excellencia deu ao dito bazar, e Ada-Rajáo, pela desobediencia de o não vir ver ao mar, e faltar com a palavra ao mesmo Guazil que hiria á dita galé, estando presente o dito Ruy Dias da Cunha, a quem tambem faltou com ella, e a outras muitas pessoas, desobedecendo e faltando a tudo; mas usando o senhor Viso Rey de sua clemencia e grandeza, e para conservação da amisade, que o estado da India tem com o Rey de Cananor, levou mão do castigo, e tambem por lho hir pedir á galé o Guazil do dito reino, e depois de se altercarem entre todos as causas, que movêrão ao dito senhor Viso Rey a lhe dar o dito castigo, se assentárão por todos as cousas seguintes:

1. Primeiramente que o Ada-Rajáo, que ora he, e ao diante for, será obrigado a vir fallar á fortaleza aos Viso Reys do estado, e sendo para isso necessario segurança e refens para satisfação do povo, se lhe dará.

2. E que toda a artelharia que o dito Ada-Rajáo tiver, assy de bronze, como de ferro, venderá ao estado por preço accommodado e justo, e que para esse effeito será vista a dita artelharia por duas pessoas, que o senhor Viso Rey nomear, e que o que julgarem que val, se lhe dará, nomeando elle Ada-Rajáo outras duas pessoas por sua parte, que concorrerão na dita avaliação.

3. Que correrá elle Ada-Rajáo, e os mais seus successores com os capitães da fortaleza na mesma forma, que sempre corrêrão, e não consentirão vender-se no seu bazar as fazendas e cousas que os parós do Malavar tomão aos Por-

tuguezes no mar, nem consentirão fazer-se agravos aos Portuguezes quando vierem ao bazar, e lhe venderão por seu dinheiro todas as cousas que quizerem, como aos mesmos Mouros e naires do reino. 1631 Março 14

4. Que o dito Ada-Rajáo, e seus successores não terão trato, nem commercio algum com os armadores das ladroeiras, nem lhe darão ajuda alguma ou favor, porque dando-lho, e constando ao estado, o poderá castigar o senhor Viso Rey da India como lhe parecer.

5. Que o dito Ada-Rajáo mandará logo arrazar, e pôr no primeiro estado o bazar, desfazendo-se as tranqueiras, que tinha feito nelle.

E com isto os ditos Dom Francisco de Moura, Ruy Dias da Cunha, e Ambrosio de Freitas, e o capitão da fortaleza Diogo Barradas de Attaide, que a petição do dito Ada-Rajáo assistio a este concerto, por parte do Senhor Viso-Rey, ouverão por celebrado e solenisado este concerto para sempre, ficando na mesma amisade que d'antes, o que todos jurárão ao seu uso e costume, e se assinárão aqui. E o dito Ada-Rajáo pedio de mercê se lhe tomassem mil candis de pimenta.—*Dom Francisco de Moura*—*Ruy Dias da Cunha*—*Ambrosio de Freitas da Camara*—Signal do Guazil do Reino—Signal do Ada-Rajáo—Signal de Carnor, seu irmão—*Diogo Barradas de Atayde.*

Pazes que fez o Capitão mór da fortaleza de Cranganor, Antonio Moniz Barreto, com o Çamorim, Rey de Calecut, em 28 de novembro de 1631

(Arch. da India, livro 1.º de pazes, fol. 83.)

Anno do nascimento de nosso Senhor Jesus Christo de mil seicentos e trinta e hum aos vinte e oito dias do mez de novembro do dito anno, neste Panane, nos paços do Samorim, Rey de Calecut, faço saber aos que este contrato de pa- 1631 Novembro 28

1631 Novembro 28 zes feito por mim escrivão abaixo nomeado virem em como o senhor conde de Linhares, Viso Rey, Dom Miguel de Noronha, sendo pedido do dito Samorim, Rey de Calecut, pazes por muitas vezes, lhe mandou offerecer, e estando asentado no conselho, que lhe assiste, ordenou mandar por capitão da fortaleza de Cranganor onde as ditas pazes se avião de tratar, Antonio Moniz Barreto, fidalgo da casa de sua magestade, assy por nelle concorrerem todas as boas partes, e calidades necessarias, como pela muita experiencia que tem da dita fortaleza, e conhecimento dos reys visinhos della, por aver servido a mesma capitania ha muitos annos com particular satisfação, e ter a prudencia que se requere para tratar das ditas pazes, e com effeito foi mandado por capitão da dita fortaleza de Cranganor, e por capitão mor dos presidios della, como tudo me constou da patente do seu provimento, pera aver de conseguir este estado quietação com o dito Rey, que ha mais de vinte annos que anda em guerras com elle; e estando ja nella por capitão o dito Antonio Moniz Barreto lhe forão propostas, e ao reverendo arcebispo de Cranganor Dom Estevão de Brito, do conselho de sua magestade, pelos embaixadores do dito Rey, Mangate Achem, e Trivim Chiledo, que o dito Samorim, Rey de Calecut, avia mais de dous annos que tinha mandado pedir pazes ao estado, tomando por terceiro ao dito reverendo arcebispo de Cranganor para effeito dellas se concluirem, o qual tratando por parte de Samorim, Rey de Calecut, este negocio com alguns capitães, por elles se mostrarem frios nellas, e elle dito arcebispo Dom Estevão de Brito pedio ao senhor V. Rey por cartas mandasse ao dito Antonio Moniz Barreto por capitão da fortaleza de Cranganor, porque entendia que só elle effectuaria estas pazes, como de feito se effeituárão, porque em chegando á dita fortaleza fez com muita diligencia, dispendendo muito de sua fazenda, e assy de tudo que passou na conclusão deste negocio se fez assento por Francisquo Pereira de Teves, escrivão do dito capitão mor Antonio Moniz Barreto, cujo teor de verbo ad verbum he o seguinte. Manoel Rebello, escrivão da feitoria de Cochim, que o escrevi.

Assento feito, e capitulações de pazes que o Samorim, Rey de Calecut, offerece por mandado do capitão mor dos presidios de Cranganor, Antonio Moniz Barreto, e do reverendo arcebispo de Cranganor Dom Estevão de Brito, propostas pelos embaixadores de Samorim, Mangate Achem e Trivim Chaledo, regedores mores, e do conselho de Samorim, Rey de Calecut, e Unirigate, regedor mor de Calecut, em presença de mim escrivão Francisquo Pereira de Teves, se assentou o seguinte: aos vinte e cinco de janeiro de 631, e por elles foi dito ao dito capitão mor Antonio Moniz Barreto que elles vinhão por mandado do Samorim, Rey de Calecut, a tratar e compor estas pazes polas ter o Samorim pedido por muitas vezes ao senhor V. Rey, e a elle dito capitão mor, e ao arcebispo, e que disso tinha o Samorim grande gosto, e desejava toda a quietação, e por o dito Samorim, Rey de Calecut, saber mandara o conde V. Rey a seu requerimento a elle dito capitão mor Antonio Moniz Barreto, de Goa a tratar estas pazes com elle dito Samorim, Rey de Calecut, pelo qual respeito vierão elles ditos embaixadores do seu reino a este Ramacherte para com effeito se assentarem as capitulações das pazes, cuja copia he a seguinte. 1631 Novembro 28

1. Dá o Samorim, Rey de Calecut, licença para em todos os seus reinos e senhorios, e de seus vassallos se prégar o santo Evangelho, e se poderem fazer cristãos de toda a sorte de gente e casta, e aos que se fizerem, assi dos mouros como dos gentios, não perderão os officios, dignidades, onras, preeminencias, que antes tiverão, nem cousa alguma de suas fazendas, as quaes poderão deixar a seus herdeiros livremente, ou a quem lhes parecer, assi como se costuma entre os cristãos, sem nisso se poder entrometter El-Rey, ou regedor algum, nem entrar El-Rey alguma hora em parte desta herança.

2. Obriga-se a dar chão nelles para edificação de todas as igrejas em todos os seus reinos e senhorios, e de seus vassallos, nas partes que lhe pedirem os ministros da cristandade, as quaes igrejas serão coutos, e valerão a todos os omisios, e aos que se a ellas acolherem, como se costuma entre

1631 Novembro 28 os cristãos, e os padres, que nellas estiverem terão poder sobre os cristãos pera fazer justiça conforme as leis da cristandade, sem nisso lhe hirem á mão, nem lhe pôrem empedimento algum El-Rey, ou seus regedores, ou pessoa alguma.

3. Promete mais que estes mesmos privilegios terão as igrejas dos cristãos de Sam Thomé, que estiveram em suas terras, e nas de seus vassallos, e nas que de novo se edificarem, pera o que dá livremente licença, e os casanares, e vigairos que nellas estiverem terão a mesma jurisdição sobre seus cristãos que os padres portuguezes nas outras igrejas, e nas mais cousas, em que os cristãos de Sam Thomé a costumão ter nas terras dos outros reis malavares.

4. Obriga-se mais a não consentir em tempo algum ser recebido entre os cristãos de Sam Thomé, que morarem em suas terras, e nas de seus vassallos bispo ou prelado algum senão o que vier por ordem do papa e d'El-Rey de Portugal, e deste estado, e do arcebispo de Goa, e entrando outro algum nellas, o prender, e entregar ao feitor de Calecut, ou em qualquer das nossas fortalezas, para se mandar ao arcebispo de Goa.

5. Promete que todos os Portuguezes e cristãos, que ás suas terras vierem ter cativos, por qualquer caso que seja, de os entregar ao capitão ou feitor de sua magestade, que com elle estiver.

6. Promete o Samorim, Rey de Calecut, de entregar as peças, que forão da fortaleza de Chalé, tanto que houver fortaleza nossa em seu reino, e em nenhum tempo o Samorim, nem seus descendentes as poderão tirar, nem servir-se dellas pera outro effeito.

7. Promete de nunqua em tempo algum alevantar a fortaleza do Cunhale, que os Portuguezes derrubaram, nem em o lugar em que estava, nem em todo o sitio, nem ter outra alguma fortaleza em suas terras fora a de sua magestade, e tendo os Mouros alevantados alguns baluartes, ou torres, ou muros, promette o Samorim de lhes mandar derrubar, ou o poderão fazer os Portuguezes, sem por isso se quebrarem as pazes querendo os Portuguezes desfazer o que tiverem

feito, e os Mouros, que no dito sitio morarem, usarão de cartazes como os mais vassallos do Rey de Calecut, e fazendo os ditos Mouros o contrario, obriga-se o Samorim a os botar dalli fora, ou os Portuguezes o poderão fazer, sem por isso se quebrarem as pazes, por quanto d'hoje em diante lhe concede o dito Samorim, Rey de Calecut, licença para os poderem matar, cativar, e ajudará o dito Samorim em tudo que os Portuguezes lhe pedirem ajuda para isso. 1631 Novembro 28

8. Promete de dar lugar em um dos seus portos a nossa escolha, e aonde parecer mais accommodado, pera se fazer huma fortaleza, e as achegas, e mais cousas necessarias pera ella será elle Samorim, Rey de Calecut, obrigado a dar por preços accommodados.

9. Promete que recolhendo-se em seus portos alguns parós, ou armadas de inimigos do estado, posto que sejão seus amigos delle, de entregar os cascos e recheios, e artelheria que tiverem, á pessoa que requerer por parte do estado, e não consentir virem a seus portos ladrões alguns, ou inimigos do estado, a que não faça o que dito tem.

10. Promete que de nenhum de seus portos se navegará sem cartaz nosso, nem sahirão delles embarcações de remos, ou esporão, e somente usarão de pagueis, sob pena, fazendo o contrario, sendo elle Samorim, Rey de Calecut, avisado, e não pondo a isso remedio, nenhum cartaz valer, que se tenha passado a seus pagueis e naos.

11. Promete que estando alguma das fortalezas do estado, de Cranganor athe Cananor, de guerra, ajudar e defender as ditas fortalezas, sendo-lhe pedido pelos Portuguezes, e mandar todos os mantimentos necessarios de suas terras pera as ditas fortalezas pelos preços ordinarios, e assy em tudo que nelle for ajudar as fortificações dellas.

12. Promete de dar em seus reinos a mais pimenta que puder por preços acommodados e ordinarios na terra, a qual se receberá pela ordem que se tem no peso de Cochim; havendo differenças entre os mercadores do estado, e dos do Samorim, se não executará cousa alguma com os do Samorim athe lhe não fazerem a saber, e será obrigado a satisfa-

1631 Novembro 28 zer o agravo, e castigallos, e não no fazendo, se poderão os ditos mercadores satisfazer com a ordem que lhe der o V. Rey do estado.

13. Promete o Samorim, Rey de Calecut, de não fazer guerra a El-Rey de Cochim, de Paliporto até Codorma, todo extremadura do reino de Cranganor de riba, assy na terra como nos rios, e sendo causo que o Rey de Cochim não esteje por isso, e lha fizer, lha fará tambem o Samorim, Rey de Calecut, por donde El-Rey de Cochim lha fizer, não sendo porém junto dos nossos muros, nem baluartes da fortaleza de Cranganor.

14. Promete o Samorim, Rey de Calecut, de não ter no reino de Cranganor de riba mais que hum Arare com a gente que ouver mister para o seu acompanhamento.

15. Promete o Samorim de não sair parós a furtar da barra de Paliporto até a barra de Pudapatão, que he extremadura do reino do Samorim, Rey de Calecut, com os Arioles, e que se os Arioles não quizerem vir nas mesmas pazes com os Portuguezes, se obriga o Samorim, Rey de Calecut, a botar dalli fora os Mouros, que saem com parós, dando o dito Samorim por terra, e os Portuguezes por mar.

16. Promete o Samorim, Rey de Calecut, de entregar os cativos, que estiverem no Cunhalle, tanto que se jurarem as pazes.

17. Promete o Samorim, Rey de Calecut, de fazer vender os parós, que estiverem feitos, ou armar nelles champanas, ou cutias cozidas com cairo.

18. Promete o Samorim, Rey de Calecut, de deixar fazer marinheiros no seu reino para as armadas de sua magestade, por preço de oito fanões cada mez, a rezão de pataqua a sete fanões e meio, ou pelo preço que os parós lhe davão.

19. Promete o Samorim, Rey de Calecut, de mandar entregar todos os moços fugidos, que vierem a suas terras, pagando de achados vinte fanões por cada hum a quem os entregar.

20. Promete o Samorim, Rey de Calecut, que quebrando qualquer destas condições, dá todas as naos e pagueis que

sairem de seus reinos, por refens, e as poderão tomar os Portuguezes livremente, ainda que tenhão cartazes, sem por isso se agravar o Samorim, Rey de Calecut, dando-lhe primeiro conta disso, e não dando satisfação, o poderão fazer. 1631 Novembro 28

Capitulações do Estado

1. Obriga-se o estado aver sempre igreja e padres em Calecut, e assy pôr alli feitor, officiaes, e feitoria, e favorecer a todos os Portuguezes, e cristãos, que alli quizerem morar, e fazer povoação, pera a qual dará o dito Samorim, Rey de Calecut, logar particular junto da feitoria.

2. Obriga-se mais de dar cada anno seis cartazes pera seis naos de Mequa, nas quaes seis naos levarão repartidos tres mil candis, e por cada hum destes cartazes pagará trezentos fanões, e pera Barcelor, e Mangalor, e mais partes onde costumão navegar, se lhe darão os cartazes acostumados. Todos os cartazes que se ouverem de passar aos vassallos do Samorim, Rey de Calecut, e aos mercadores de suas terras, que contém de Paliporto té Pudapatão, se lhe entregarão a elle, ou a seus regedores na mão, pera elles os repartir, e separados os do reino de Tanor, e estes cartazes serão passados pelo capitão ou feitor que estiver em Calecut, na forma e ordem, em que o estado a costuma passar, e conforme o regimento que os Viso Reis lhe der, sem se nisso entremeter os capitães de Cananor e Cochim, e por cada hum destes cartazes pagará o Samorim, Rey de Calecut, treze fanões, que he o preço da terra, e acostumado; os cartazes que se ouverem de dar para Arioles os dará o feitor de Calecut, ou quem o Viso Rey ordenar por seu regimento conforme ao concerto que entre si tiverem feito em quanto elles estiverem concertados com elle dito Samorim, Rey de Calecut.

3. A pimenta que se comprar pera as naos do reino, se pagará pelos preços ordinarios da terra, e se receberá pela ordem de Cochim, sem nisso se alterar cousa alguma. Da fazenda, que comprarem e venderem os Portuguezes e cri-

1631 Novembro 2. stãos nas terras do Samorim, Rey de Calecut, lhe pagarão direitos alguns, salvo os costumados nas terras d'El-Rey de Cochim. Avendo alguma briga entre os Portuguezes e naires, cada hum castigará os seus; nem o Samorim e seus regedores se entremeterão em cousa alguma toquante á justiça dos Portuguezes, ou dos cristãos, ou dos seus familiares, mas isto pertencerá ao feitor, que estiver em Calecut, ou a quem o V. Rey ordenar.

4. Obriga-se o estado que fazendo algum dos inimigos do Samorim guerra pera lhe entrar por suas terras e jurdição, ou dos seus vassalos, não dar favor nem ajuda alguma, nem tão pouco favorecer ao dito Samorim, Rey de Calecut, querendo entrar pelas terras de outros Reys amigos do estado.

5. Tendo o Samorim, Rey de Calecut, guerra com os Arioles, e estando elles em amizade com o estado, não favorecerá, nem ajudará a nenhuma das partes, mas a todos tratará como amigos, trabalhando polos compôr, sem se agravar das ditas guerras.

6. Obriga-se o estado a não tirar de Calecut as peças de artelharia, que forão tomadas na fortaleza de Challé, mais sempre estarão na fortaleza, que se fizer nas terras do Samorim, Rey de Calecut, a qual deseja o estado que faça avendo commodidade para isso, e podendo ser. mais não se obriga a fazer senão onde mais acommodado for, e no tempo que lhe parecer mais conveniente.

7. Obriga-se o estado de El-Rey de Cochim não fazer guerra no reino de Cranganor de cima, por evitar occasião de se não quebrarem as pazes como d'outra vez, e quando o Rey de Cochim não esteja por isso, e lha fizer, lha faça tambem o Samorim, Rey de Calecut, por donde lha fizer, não sendo porém junto dos nossos muros, nem baluartes da fortaleza de Cranganor.

8. Concede o estado ao Samorim, Rey de Calecut, licença pera poder mandar huma nao cada anno a Bengala ou Achem.

9. Concede o estado ao principe terceiro, por nome Mana Bichi Rava, dous cartazes, hum pera Bengala, outro pera o

Achem, por aceitar ser procurador do estado, e acudir a tudo o que ouver no reino de Samorim, Rey de Calecut, e fazer inteiramente como fazia Unia Rare Chirare, e os percalços dos ditos cartazes lhe ficarão em satisfação do que dava o estado ao dito Unia Rare Charare. 1631 Novembro 28

As quaes capitulações sendo levadas ao senhor V. Rey estando na cidade de Cochim, mandou passar alvará de confiança e licença, em que commetia seus poderes ao dito capitão mor Antonio Moniz Barreto, cujo teor he o que se segue. Manoel Rebello, escrivão da feitoria de Cochim, que o escrevi.

Dom Miguel de Noronha, conde de Linhares, do conselho de estado de sua magestade, e seu gentil homem da camara, V. Rey, e capitão geral da India, &c. Faço saber aos que este virem que por quanto Antonio Moniz Barreto, fidalgo da casa do dito senhor, e capitão da fortaleza de Cranganor, e capitão mor dos presidios della, de ordem e mandado meu está tratando pazes com El-Rey Samorim de hum anno a esta parte, por elle as pedir com instancia, e se assentar no conselho, que me assiste, se fizesse sendo conveniente ao Estado, e por as ter chegado á ultima conclusão com quatorze capitulações que os regedores do dito Samorim que... approvado, por este lhe dou todo o poder, em presença do reverendo arcebispo da Serra Dom Estevão de Brito, para que o dito capitão em meu nome as jure na forma acostumada, sendo as mesmas que estão tratadas, e me forão amostradas, e as mandará ver jurar pelo dito Rey pela pessoa que parecer ao dito capitão, não podendo ser presente, e os mesmos poderes lhe dou pera as assinar por mim, sobre que se farão os termos e papeis necessarios, e este se ajuntará ás ditas capitulações das pazes. Na fortaleza de Cranganor a 25 de março de 631. E eu o secretario Ambrosio de Freitas da Camara o fiz escrever. O treslado das ditas capitulações, que approvo para se jurarem, se entregou ao secretario do estado.— *O Conde de Linhares.*

E sendo assy tresladados aqui os ditos assentos e capitulações de pazes, e alvará de confiança bem e fielmente por

1631 Novembro 28 mim sobredito escrivão, sem acrecentar nem diminuir cousa alguma, o dito capitão mor Antonio Moniz Barreto em presença do reverendo arcebispo de Cranganor Dom Estevão de Brito, e acompanhado dos padres Paulo de Azeredo, da companhia de Jesus, e o padre Antonio Collaço, Manuel Corte Real de Sampayo, fidalgo da casa de sua magestade, e capitão do presidio de Paliporto, Manoel Carvalho d'Abreu, cidadão de Cochim, Francisco Cotrim de Magalhães, cavalleiro fidalgo, Antonio Rebello de Negreiros, cidadão de Cochim, Francisco Pereira de Miranda, fidalgo da casa de sua magestade e capitão de hum baluarte da fortaleza de Cranganor, João Pereira de Sousa, capitão de hum baluarte da dita fortaleza, Domingos Rebello, capitão d'outro baluarte da dita fortaleza, Manoel Rodrigues Cardoso, capitão d'outro baluarte da dita fortaleza, Lourenço d'Alte da Silva, fidalgo da casa de sua magestade e capitão d'outro baluarte da dita fortaleza, Gaspar Carneiro d'Alcaçova, fidalgo da casa de sua magestade, Dom Pedro Galhos, fidalgo da casa de sua magestade, Luiz da Cunha, fidalgo da casa de sua magestade, Antonio Pereira de Lacerda, fidalgo da casa de sua magestade, Salvador Ferreira de Sousa, Antonio João Gaspar Pacheco, João de Mattos de Sousa, Domingos Lopes, Antonio Leitão, Antonio Jorge Mourão, Pero Carneiro, João da Silva, Diogo Danduja Alma, Antonio Gaspar, N. Rodrigues, Francisco Cabral, Christovão Vaz Bello, e Amador Alvares, que assistirão testemunhas, e as mandou à mim sobredito escrivão lesse tudo, o que satisfiz em alta, e intellegivel voz em presença do dito Rey Samorim, e do principe terceiro, e grandes de seu reino, servindo neste auto de lingoa Salvador Vaz, que interpretou as ditas capitulações de pazes, e alvará de confiança, e o mais aqui escrito. Manoel Rebello, escrivão da feitoria de Cochim, que o escrevi.

E lido todo o acima e atraz, e interpretado, como dito he, os regedores mores Mangate Achem e Trivim Chiledo, em primeiro lugar, por ordem e mandado do Rey de Calecut, e em sua presença, tomando as mãos do capitão mor, e do reverendo arcebispo de Cranganor Dom Estevão de Brito, elles ditos regedores jurárão em presença do Samorim, Rey de Calecut, em hum candieiro de azeite acceso, conforme a seu uso e costume, e em presença das mais pessoas sobreditas, de cumprir e guardar as ditas capitulações inteiramente, e de ser amigo deste estado, e ter perpetua paz com elle, e outrosy prometeo o dito Samorim, Rey de Calecut, e se obrigou pessoalmente pelo juramento que tinhão jurado os ditos seus regedores mores Mangate Achem, e Trivim Chiledo, de cumprir e guardar per sy, e por seus successores, e sustentar e manter este contrato de pazes assy e da maneira que eu escrivão tinha lido, e era declarado pelo sobredito interprete Salvador Vaz, que servio de lingoa, o qual juramento e contrato de pazes acceitou e jurou o dito capitão mor Antonio Moniz Barreto em nome do senhor V. Rey conde de Linhares, Dom Miguel de Noronha, por virtude do dito alvará de confiança aqui encorporado no mais amplo modo que em si continha, e por firmeza do dito contrato de pazes, em presença do dito Samorim, Rey de Calecut, e das mais pessoas abaixo assignados, em hum livro missal, que pelo padre Paulo de Azeredo, da companhia de Jesus, lhe foi dado, e prometeu o dito capitão mor Antonio Moniz Barreto em nome do senhor V. Rey conde de Linhares, e por virtude do dito alvará de confiança, de cumprir e guardar o dito senhor V. Rey mui inteiramente o dito contrato e capitulações de pazes, e de não ir contra elle em tempo algum per sy nem pelos V. Reys e governadores, que pelo tempo adiante forem, antes se obrigou em nome do dito senhor V. Rey conde de Linhares, a ter e manter o dito contrato de pazes na maneira que em si contém, e mandou a mim sobredito escrivão este assento fizesse, em que o dito Samorim, Rey de Calecut, assinou em hum pedacinho d'ola, que junto a este está apegado com lacre, por não ser uso escrever em papel, aonde tambem assinou o dito capitão mor Antonio Moniz Barreto, e o reverendo arcebispo de Cranganor Dom Estevão de Brito, e mais pessoas, que no dito auto se achárão presentes, e mandárão que deste teor se fizessem dous, hum em lingua malavar pera ficar ao dito Rey, e outro pera se enviar ao se-

1631 Novembro 28

1631 Novembro 28 nhor V. Rey conde de Linhares Dom Miguel de Noronha. Manoel Rebello, escrivão da feitoria de Cochim, que o escrevi. — O signal d'El-Rey Samorim em hum pedaço d'ola, escrito em malavar, e está apegado com lacre ao pé do termo. — *Antonio Moniz Barreto — Dom Estevão de Brito, Arcebispo de Cranganor — Manoel Rebello — Francisco Pereira de Miranda — O Padre Antonio Collaço — O Padre Paulo d'Azeredo — Manoel Rodrigues Cardoso — João Pereira de Sousa — Luiz da Cunha de Ataide — Gaspar Carneiro d'Alcaçova — Domingos Lopes — Pero Carneiro — João da Silva — Lourenço d'Alte da Silva — João Rodrigues d'Arez — Gaspar Pacheco de Sampayo — Antonio Leitão — Antonio João — Antonio Jorge Mourão — Francisco Cabral — Diogo d'Anduja Alma — Domingos Rebello — Manoel Corte Real de Sampayo — Antonio Pereira de Lacerda — Salvador Ferreira de Sousa — Christovão Vaz Bello — Manoel Carvalho de Abreu — Antonio Rebello de Negreiros — Francisco Cotrim de Magalhães.*

O qual treslado de pazes, e mais capitulações e termos eu Manoel Rebello, escrivão desta feitoria, aqui tresladei na verdade, sem acrescentar nem diminuir cousa alguma do proprio, que tornei ao dito capitão e capitão mor Antonio Moniz Barreto, a que me reporto, por cujo mandado tresladei este, e pera firmeza de tudo se concertou com outro official aqui abaixo assinado neste concerto. Cochim oje a 20 de dezembro de 631 annos. Manoel Rebello escrivão desta feitoria, que o escrevi. — *Manoel Rebello — Fernão Rodrigues.*

Diogo Botelho Corrêa, ouvidor com alçada por sua magestade nesta cidade de Santa Cruz de Cochim, provedor da comarca, e juiz das justificações em ella com jurdição de Cranganor e Coulão pelo dito senhor, &c. Aos que a presente certidão de justificação virem faço saber que o escrivão, que esta fez, me deu sua fé ser a letra acima e atraz deste treslado do escrivão da feitoria Manoel Rebello, e o assinado ao pé deste treslado acima que diz *Manoel Rebello*. Ser tambem o dito signal junto a elle, que diz *Fernão Rodrigues*, ser do escrivão da ouvidoria Fernão Rodrigues, pelos ver escrever e assinar de semelhante letra e sinal, pelo que ey tudo, letra e signaes, por justificados por dos sobreditos, de que mandei passar a presente por mim assinada, e sellada com seu sello das armas reaes da coroa de Portugal, que neste juizo ante mim serve. Cochim oje 29 dias do mez de dezembro de 631 annos. Pag. desta vinte réis, e d'assinar e sello quatorze reis. Domingos Corrêa de Mello o escrevi. — *Diogo Botelho Corrêa*. — Sem sello *ex causa*. — *Botelho*. 1631 Novembro 28

Assento do juramento e ratificação das pazes feitas com o Sultão Mamede Idalxá, por seu Embaixador Mamede Zaman, em 3 de abril de 1633

(Arch. da India, Livro grande de pazes, fol. 13.)

Em nome de Deus todo poderozo, Saibão quantos este assento de ratificação de pazes virem que no anno do nascimento de nosso Senhor Jesus Christo de 1633 aos tres dias do mez de Abril, estando o ex.^{mo} senhor Dom Miguel de Noronha, conde de Linhares, muito amado sobrinho de sua magestade e do seu conselho de estado, gentil homem de sua camara, V. Rey, e capitão geral da India, na sala real da fortaleza desta cidade de Goa, em que os senhores Viso Reis deste estado da India fazem seu assento e morada, e bem assy Mamede Zaman, embaxador do senhor Rey Sultão Mamede Idalxá, e Ambrosio de Freitas de Camara, secretario deste estado, Diogo Nunes Evangelho, lingoa deste estado, e Vitola Sinay, lingoa do dito embaxador, e os do conselho que assistem a s. ex.ª, a saber, Dom João da Rocha, bispo de Hierapolis, do conselho de sua magestade, Dom Francisco de Moura, capitão desta cidade, o doutor Gonçalo Pinto da Fonseca, chanceler deste estado, Dom Lourenço da Cunha, Lourenço de Mello d'Eça, Domingos da Camara de Noronha, 1633 Abril 3

1633 Abril 3 Dom Phelippe de Sousa, Antonio de Faria Machado, inquisidor mais antigo, Joseph Pinto Pereira, vedor da fazenda geral, e os desembargadores da relação Antonio Barreto da Silva provedor mor dos defuntos, Bento de Baena Sanches, ouvidor geral do civel, Pero de Amaral Pimenta, juiz dos feitos, Luiz Mergulhão Borges, procurador da corôa e fazenda, e Pero Nogueira Coelho, ouvidor geral do crime; e a cidade incorporada, em que assistião os vereadores Lourenço Carvalho, e Romão de Lemos, juizes ordinarios Manoel Pinto Brochado, e Francisco d'Oliveira Mostacho, Baltazar Garcez, procurador da cidade, com o escrivão delle Luiz Soares de Goes, e os quatro mesteres, Bertolameu Machado, Antonio Carvalho, Pero Dias, e Marcos de Matos, foi dito pelo dito senhor conde V. Rey ao dito embaxador Mamede Zaman que por convir ao serviço de Deos e de sua magestade, e do senhor Rey Sultão Mamede Idalxá ratificarem-se as pazes, que entre sua magestade e o senhor Rey Ibramo Idalxá, seu pay, estavão feitas e juradas pelo governador, que foi deste estado, Antonio Moniz Barreto, e pelo seu embaxador Zaerbeque o anno de 76, e apregoadas nesta cidade, e assy o assento, approvação, e ratificação dellas feito pelo V. Rey Dom Francisco Mascarenhas, e pelos embaxadores do dito senhor Rey Idalxá, Abdul Melique, e Coje Fartadim, e se remediarem as desordens, que os capitães, tanadares, ministros, vassallos de sua magestade e do senhor Rey Sultão Mamede Idalxá, commettem por falta de noticia do que ellas obrigão a sua magestade e ao dito senhor Rey Idalxá, e a todos os ditos capitães, tanadares, ministros, e vassallos, por lhe não ser presente o que tem jurado, e estão obrigados a cumprir, com perda dos ditos vassallos, do commercio, e trato dos mercadores, e sobretudo causar duvidas de parte a parte, e para cessarem todos estes males, e inconvenientes, e haver a amizade e boa correspondencia, que por meio e obrigação do dito contrato de pazes deve haver sempre entre sua magestade, e em seu nome e lugar os senhores V. Reys e governadores, que forem deste estado, com o senhor Rey Sultão Mamede Idalxá, e seus successores, tinha proposto ao dito senhor Rey Sultão Mamede Idalxá por seu embaxador Baltazar d'Azeredo convinha se ratificassem, jurassem de novo, e apregoassem as ditas pazes, e disso se fizesse assento e escritura de como se celebrava, e o dia, mez, e anno, em que se fazia, e que nelle se assinassem s. ex.ª e o embaxador del Rey Idalxá, por quem mandasse fazer o sobredito, e com testemunhas dignas de fé se lançasse em portuguez e parsio a copia e treslado da dita escritura, e assento no livro dos contratos de pazes, que este estado tem feito com os Reys visinhos, e amigos, em que tambem se assinassem s. ex.ª e o dito seu embaxador, e seus lingoas, certificando estar conforme tudo o escrito em letra portugueza e parsia, para ao diante não haver duvida, e cessar toda a occasião dellas, e que hum treslado em portuguez, e outro em parsio, tambem assinado por todos, se entregue ao dito Mamede Zaman, embaxador do dito senhor Rey Idalxá, para que s. ex.ª mande por sua parte dar a copia dos capitulos das ditas pazes na cidade de Goa ao capitão della, e a todos os mais capitães, e feitores das fortalezas deste estado, visinhos das terras do senhor Rey Sultão Mamede Idalxá, para saberem a obrigação que tem de cumprir de sua parte tudo o capitulado, e assentado nellas, sob pena de se lhes dar em culpa, e serem castigados, não o fazendo, como a culpa o merecer, e o dito senhor Rey Idalxá per sy, e pelo dito seu embaxador, mandar que na secretaria de sua corte, e archivo estê vivo sempre hum treslado para haver viva noticia do assentado, capitulado, e jurado nas ditas pazes, e que a todos os capitães, e tanadares visinhos ás fortalezas, e terras deste estado se lhe dêm tambem treslados, como s. ex.ª os manda dar aos capitães, e feitores acima referidos, e cumprirem assy mesmo o que nelles está assentado, declarado, e jurado, que não no cumprindo, serem tambem castigados pelo dito senhor Rey Sultão Mamede Idalxá, como o caso, e culpa o merecer, e assy ficar huma amizade limpa, fixa, e verdadeira, para sempre entre sua magestade e o dito senhor Rey, como de irmãos em armas se permitte, e he justo e razão que seja, e tal que os mais Reys a invejem; o que tudo foi pelos ditos lin-

1633 Abril 3

1633 Abril 3 goas ouvido, dito, e declarado ao dito embaxador sem faltar cousa alguma, e sendo pelo dito embaxador Mamede Zaman bem entendido, e inteirado de tudo o referido, disse que o dito senhor Rey Sultão Mamede Idalxá, seu senhor, pelos mesmos respeitos apontados, e por em tudo querer que de sua parte se não faltasse em cousa alguma, que encontrasse a amizade que elle quer, deseja, e desejou sempre despois que reina, e que El-Rey, seu pay, teve, jurou, e assentou com este estado, queria que as ditas pazes tornassem á memoria de todos, e para isso de novo as queria ratificar, jurar, e cumprir, e que assy lho dera por ordem o dito seu senhor e Rey Sultão Mamede Idalxá, e que em nome do dito Rey, seu senhor, estava prestes para ratificar, jurar, e apregoar as ditas pazes acima referidas, que o senhor Rey Ibramo Idalxá, seu pay, assentou, jurou, e celebrou com o dito governador Antonio Moniz Barreto por seu embaxador Zaerbeque, e o Viso Rey D. Francisco Mascarenhas com os embaxadores do dito senhor Rey Idalxá, Abdul Melique, e Coje Fartadim, o que conformava com o que dito senhor Rey Sultão Mamede Idalxá diz a sua excellencia na carta da embaxada, e crença, que pelo dito embaxador Mamede Zaman lhe enviou, cujo teor he o seguinte:

Grande no governo e mando sobre todos, e senhor nas mercês e grandezas, conhecedor de grandes, e acrecentador dos bons, licerce em que se sustentão todos os homens, e se engrandecem; he v. ex.ª de casa e geração, em que ha todas estas cousas, que são mui proprias em v. ex.ª, he balea do mar, grande tigre do mar, Dom Miguel de Noronha, conde de Linhares, V. Rey da Ilha de Goa, que sempre esteja nesse estado; faço a saber a v. ex.ª em como meus governadores, e capitães de contino em como já não se guardão os pleitos das pazes, se usa costumes novos da parte dos de s. ex.ª fizerão, e de presente o estão fazendo muitas queixas disso, como para na verdade me rectificar de tudo, mando lá homem da muita confiança e segurança em toda a verdade comigo, que é Mamede Zaman, a este respeito a essa corte; em caso que da parte dos meus governadores e avaldares haja erros, me avisem, para que com muito rigor sejão castigados, com recado e carta minha, e se por parte dos de v. ex.ª ouver erros alem do contrato, haja emenda de todo, sem deixar nada, e dar-se inteiro resguardo ás pazes das leis juradas com fé e verdade, e quando em todas estas cousas ouver fé e verdade sem rancor do máo animo, então mandarei ordem fique por embaxador nessa cidade, em caso que quando não possa concertar a dar vasão a estas corrupções, assy por parte dos de v. ex.ª como dos meus, se venha, para informar-me de tudo, para então com castigo dispor na emenda disso, e v. ex.ª deve nisto lançar o sentido ao longe, e compôr com fé da justa razão em tudo, e de tudo o mais tratará de my, e por parte minha, como cousa de my ordenada este homem: não sou nisto mais. 1633 Abril 3

Ao que s. ex.ª respondeo ao dito embaxador per palavras, per que agradeceo o que o dito senhor Rey Idalxá, seu senhor, nisto fazia, por ser tão necessario, como se deixa entender do que fica referido, para a amizade de ambos os estados estar em pé e firme, evitando as duvidas e inconvenientes que cada hora se offerecem, e cada dia podem offerecer, e assy que logo mandaria fazer assento, e estromento de ratificação das ditas pazes, como logo se fez, que em presença de todos os acima referidos o dito senhor conde V. Rey jurou em hum missal, em que poz ambas as mãos diante do rm.º Bispo de Hierapolis, de cumprir e guardar por sy, e por seus successores em nome da magestade de El-Rey Dom Phelippe, nosso senhor, tudo o capitulado, e assentado no contrato das pazes, que o governador Antonio Moniz Barreto celebrou, jurou, e assentou em 22 de outubro do anno de 1576 com Zaerbeque, embaxador do senhor Rey Ibramo Idalxá, e o V. Rey Dom Francisco Mascarenhas com os embaxadores do dito senhor Rey Idalxá, Abdul Melique, e Coje Fartadim, em 22 de Janeiro de 582, e de em nada hir contra elles, e o dito embaxador Mamede Zaman jurou assy mesmo em hum moçafo, livro da sua ley, que pelo lingoa deste estado Diogo Moniz Evangelho lhe foi dado, em nome do dito senhor Rey Sultão Mamede Idalxá seu senhor, de cumprir

1633 Abril 3 tudo o conteudo nas ditas pazes feitas, capituladas e assentadas pelo dito governador Antonio Moniz Barreto, e embaxador do senhor Rey Ibramo Idalxá, Zaerbeque, e o dito V. Rey Dom Francisco de Mascarenhas com os ditos embaxadores Abdul Melique, e Coje Fartadim, e de todos os Reys seus successores, que em tudo e por tudo cumprirão tudo o conteudo no dito contrato, que em nome do dito senhor Rey Sultão Mamede Idalxá, seu senhor, de novo jura, ratifica, para se apregoarem e fazerem presentes a todos os vassallos de sua magestade, e do dito senhor Rey Sultão Mamede Idalxá, seus capitães, feitores, tanadares, e mais ministros, para todos cumprirem o que nelles se declara e manda, para o que se darão a todos os treslados e copias, como s. ex.ª acima o diz, o que assi disse fazia, e assentava pela ordem e poder que o dito senhor Rey Sultão Mamede Idalxá, seu senhor, lhe dera, em cuja conformidade acceitava, jurava, e ratificava tudo o referido, e se assinava neste estromento, e o faria nos mais treslados, em que s. ex.ª se assinasse, e que assy como s. ex.ª aqui manda apregoar pelos lugares publicos desta cidade este estromento, o senhor Rey Sultão Mamede Idalxá, seu senhor, o mandaria apregoar com a solemnidade, que em sua corte se costuma, de que faria termo, e assento para a todo tempo constar disso; e para firmeza de todo o sobredito se fez este assento, em que o dito senhor conde V. Rey, e o dito embaxador Mamede Zaman se assinárão com os mais fidalgos, conselheiros, desembargadores, e vereadores, e mais officiaes nelle nomeados. Gaspar da Costa o fez no dito dia, mez e anno. E eu, Pedro Barreto de Rezende, secretario do senhor conde Viso Rey o sobescrevy por empedimento do secretario d'estado Ambrosio de Freitas da Camara, por estar doente, e assiney. — *O Conde de Linhares* — Assignatura em letra parsia do embaxador Mamede Zaman — *J. Bispo de Hieropolis* — *D. Lourenço da Cunha* — *Lourenço de Mello d'Eça* — *Joseph Pinto Pereira* — *Dom Felippe de Sousa* — *Pedro Barreto de Resende* — *Romão de Lemos* — *Francisco de Carvalho* — *Domingos de Camara* — *Manoel Pinto Brochado* — *Francisco de Oliveira Mostacho* — *Bal-*

thasar Garcez—Luis Soares de Goes—Bertolameu Macha- 1633
do—Marcos de Matos—Pero Dias—Antonio Carvalho. Abril 3

Contrato de pazes com El-Rey Virabadar Naique, do Canará, em 5 de abril de 1633

(Arch. da India, Livro grande de pazes, fol. 17.)

Em nome de Deos todo poderoso. Saibão quantos este contrato de pazes, e perpetua amizade virem que no anno do nascimento de nosso Senhor Jesus Christo de 1633, aos 5 dias do mez de Abril do dito anno, nesta cidade de Goa, na sala real da fortaleza della, em que os senhores V. Reis fazem seu assento, estando o ex.^{mo} senhor Dom Miguel de Noronha, conde de Linhares, do conselho de estado de s. magestade, e seu gentil homem da camara, V. Rey e capitão geral da India, e bem assi Vitolá Sinay, embaxador de Queledi Virabadar Naique, Rey de Equeri, e Ambrosio de Freitas da Camara, secretario do estado, e Apagi Sinay, lingoa do dito embaxador, e assy mais o reverendissimo bispo de Hierapolis Dom João da Rocha, do conselho de sua magestade, Dom Francisco de Moura, tambem do conselho de s. magestade e capitão desta cidade, e Joseph Pinto Pereira, vedor da fazenda geral, e Lourenço de Mello d'Eça, e sendo todos juntos, foi vista a carta de crença, que o dito embaxador Vitolá Sinay trouxe de seu Rey para s. ex.^{a} para effeito de assentar e jurar as pazes, que entre este estado e o dito Rey Virabadar Naique se tratavão, a qual carta vai adiante copiada no fim deste assento; e sendo lida a dita carta, e havendo-se largamente praticado sobre as condições das ditas pazes, que por muitas vezes, e differentes dias se tinhão determinado, se assentou este contrato e capitulações na maneira seguinte: 1633 Abril 5

1. Que no que toca á Ilha de Cambolim, e fortaleza de Barcelor se não alterará nem bulirá cousa alguma, e ficará

1633 Abril 5 tudo no estado em que estava quando El-Rey Virabadar Naique escreveo a s. ex.ª pelo dito embaxador Vitolá Sinay sobre se capitularem estas pazes, thé vir ordem e resolução de sua magestade, por El-Rey Virabadar Naique ser disso contente, e da mesma maneira o senhor conde V. Rey.

2. Que haverá huma amizade perpetua entre ambos os estados, sendo amigos de amigos, e inimigos de inimigos, daquelles que não forem amigos do estado, e para esses dará toda ajuda e favor possivel, e que El-Rey Virabadar Naique não consentirá em nenhuns portos seus, que estiverem debaxo de sua jurisdição, cossairo, nem malavar.

3. Que El-Rey Virabadar Naique, e seus successores serão obrigados a libertar todo o arroz, e todos os mais mantimentos das suas terras e portos para esta cidade e mais fortalezas do estado, como sempre foi costume, e mandarão o seu tanadar de Barcelor de cima, que restitua os fardos de arroz, que aly se tomárão aos vassallos de sua magestade por razão de direitos, ou em penhor delles.

4. Que o dito Rey Virabadar Naique será obrigado a mandar pagar ao estado quinhentos fardos d'arroz de pareas cada anno, como sempre pagárão os chatins de Barcelor de cima.

5. Que o estado será obrigado a tomar a El-Rey Virabadar Naique todos os annos, vindo naos, para cada huma das que ouverem de partir aquelle anno para o reino, trezentos e cincoenta candis de pimenta, a rezão de vinte e dous pagodes cada candil, e para se fazer este pagamento tomará o dito Rey cento e dous sãotomés velhos por cem pagodes do dito Equery, e querendo o estado tomar mais pimenta, será o preço della o que se assentar com o dito Rey Virabadar Naique, como de mercador a mercador.

6. Que o estado será obrigado a lhe libertar para sempre em cada hum anno doze cavallos, deixando-os passar livremente por qualquer dos passos que quizer desta Ilha, sem pagar nenhuns direitos, e o dito Rey obrigado a dar postos nos rios de Garçopá ou Sangari á borda d'agoa vinte e quatro mastros para os navios da ribeira de sua magestade.

7. Que os Viso Reis e governadores deste estado darão tres cartazes a El-Rey Virabadar Naique, e seus successores, para tres embarcações suas irem ao estreito de Meca, a Mascate, e Cache Nagarẽ, conforme o costume antigo. 1633 Abril 5

8. Que o dito Rey Virabadar Naique deixará cortar nas suas terras a madeira, que for necessaria para a ribeira de sua magestade, sem por ella pedir pagamento algum, para o que dará favor e ajuda.

9. Que o dito Rey Virabadar Naique será obrigado a ordenar aos seus juncaneiros das terras de baixo que não arrecadem mais juncões que conforme a costume antigo em vida de seu avô, quando começou a reinar, se arrecadava.

10. Que o senhor V. Rey mandará fazer entrega ao dito Rey Virabadar Naique das naos, que estão na ilha do Cambolim, no estado em que estiverem.

O qual contrato e capitulações, e cousas nelle conteudas, e esta amizade, que ora novamente se faz, prometeo o dito embaxador Vitolá Sinay em nome do dito Rey Virabadar Naique, seu senhor e dos mais Reys, que lhe succederem, de cumprir e guardar, ter e manter em todo, assy como nelle se contém, sob pena de que não o fazendo assy, pagarão ao estado todas as perdas, e danos que ouver, por não cumprirem as ditas pazes, e o dito senhor conde V. Rey o acceitou em nome d'El-Rey nosso senhor, e prometeo outrosy de cumprir e guardar, e manter esta amizade, e todo o contheudo neste contrato por sy, e pelos V. Reys e governadores, que ao diante forem deste estado, sob a mesma pena de pagar ao dito Rey Virabadar Naique todas as perdas, despesas, e danos, que causarem por se não cumprir; o que tudo o dito embaixador Vitolá Sinay acceitou em nome d'ElRey Virabadar Naique, seu senhor, e para firmeza de tudo jurou o dito senhor conde V. Rey em hum missal, em que poz sua mão, e assy jurou tambem o dito Vitolá Sinay conforme ao costume dos bramanes gentios, que o dito Virabadar Naique, e seus successores cumprirão este contrato como se nelle contém; com o que se ouve por celebrada e solemnisada esta paz e

1633 Abril 5 amizade para sempre entre este estado, e o dito Rey Virabadar Naique.

E deste theor se deo copia ao dito embaixador Vitolá Sinay, assinada pelo dito senhor V. Rey, embaixador, e mais pessoas acima nomeadas, para o dito Rey a mandar apregoar na sua corte, como o senhor V. Rey o mandará tambem fazer nesta cidade, e mais fortalezas onde cumprir; de que se fez este assento, em que todos assinárão. Gaspar da Costa o fez no dito dia, mez, e anno. E eu o secretario Ambrosio de Freitas de Camara o fiz escrever, e assinei como testemunha que fui presente a tudo. — *O Conde de Linhares* — *Vitolá Sinay* (em letra portugueza) — *Lourenço de Mello d'Eça* — *Apagi Sinay* (em letra portugueza) — *Ambrosio de Freitas de Camara.*

Carta de crença de El-Rey Virabadar Naique para o Viso Rey Conde de Linhares de que trata o assento de paz

Ao venturoso Dom Miguel de Noronha, conde de Linhares, V. Rey da India, eu Queladу Virabadar Naique escrevo com muita vontade. Ouvi a carta que v. ex.ª me escreveo, em que diz que tratando deste negocio Vitaná tinha assentado tudo com elle, e que respondera que não podia acabar sem primeiro me fazer a saber, e que por isso v. ex.ª o tinha mandado; e dizia mais que do que elle me désse conta, lhe désse a elle ordem para dar de tudo escrito, e ficar fixo para sempre. Veio Vitaná, e me deu conta no particular das pazes, e da veniaga da pimenta, com que folguei muito. Meu senhor avô e El-Rey de Portugal ambos corrião irmãmente, e qualquer negocio que ouvesse entre elles, por grande que fosse, não ficava sendo dificultoso; agora v. ex.ª tem verdade, e verdadeiro, e legitimo, e por tal veio por V. Rey da India, e assy confio que fará acrecentar a amizade destes dous estados cada dia mais do que foi primeiro. No negocio da pimenta o que v. ex.ª assentou não posso eu dizer outra cousa, logo ordenei que se désse aviamento a ella, e para o diante mande v. ex.ª escrever o contrato como tem assentado agora, assy mantimento como todas as mais cousas de estima, que ouver em minhas terras, que forem necessarias para esse estado, pode v. ex.ª mandar buscar, e querendo mandar a v. ex.ª alguma cousa de sagoate, como estou neste arrayal, não achei cousa de estima para poder mostrar meu amor; por este respeito mando trezentos fardos d'arroz fino, fruita que dá minha terra, os quaes v. ex.ª receberá conforme o amor que me tem. Eu sobre as guerras que faço nestas partes tratei com Vitaná, elle dará de tudo conta a v. ex.ª Agora hey mister hum bombardeiro de artelharia, hum mestre de cavallos, hum fizico de gente, e hum perfeito cozinheiro de cousas de estima, que v. ex.ª me mandará; e tudo isto e o mais dirá Vitaná a v. ex.ª particularmente, e para tudo o que este meu estado ouver mister de v. ex.ª e v. ex.ª e esse estado ouverem mister de mim, para tudo tenho dado ordem ao meu embaxador Vitaná, para que assente com v. ex.ª tudo, e conforme a isto darei cumprimento a tudo o que elle assentar. 1633

Conforma com o original, que está nesta secretaria. — *Ambrosio de Freitas de Camara.*

Termo de juramento das pazes

Em Goa, aos 5 dias do mez de abril de 1633, nos aposentos do ex.^mo^ senhor conde de Linhares, Viso Rey e capitão geral da India, estando elle ahi presente, e assy Vitolá Sinay, embaxador del Rey Virabadar Naique, o secretario do estado Ambrosio de Freitas de Camara, e os mais fidalgos nomeados no assento da paz atraz escrito, mandou o dito senhor conde Viso Rey vir hum missal, e pondo sobre elle a sua mão direita, jurou em presença do dito embaxador de guardar e cumprir tudo o capitulado no dito contrato, assy e da maneira que se nelle contém, e prometeo que o mesmo farião os V. Rey e governadores que lhe succedessem; e logo o dito Vitolá Sinay jurou tambem sobre o pagode do dito Rey Virabadar Naique, seu senhor, e sobre o avô do mesmo Rey, dizendo que em seu nome, e de seus successores jurava de 1633 Abril 5

1633 Abril 5 cumprir o dito contrato de paz e amizade com tudo o capitulado nelle sem duvida alguma, de que se fez este termo, em que o dito senhor conde Viso Rey se assinou com o dito embaxador, e com todos os fidalgos e ministros que estavão presentes, que são, o rvdm.º bispo de Hierapolis Dom João da Rocha, Dom Francisco de Moura, Joseph Pinto Pereira, vedor da fazenda geral, e Lourenço de Mello d'Eça. Francisco Gonçalves o fez. E eu o secretario Ambrosio de Freitas de Camara o fiz escrever. — *O Conde de Linhares* — *Vitulá Sinay* (em letra portugueza).

Carta que escreveu El-Rey Virabadar Naique ao Vice-Rey Conde de Linhares sobre o cumprimento das pazes ajustadas

Ao venturoso Dom Miguel de Noronha, conde de Linhares, V. Rey da India.

Eu Quelady Virabadar Naique escrevo com muito amor.

A carta, e as capitulações das pazes, que v. ex.ª mandou por meu embaixador Vitaná entendi por ellas tudo o que tinha assentado, e tambem o dito Vitaná me deo relação larga. As pazes que v. ex.ª assentou por meu embaixador Vitaná para acrescentamento de ambos estados, aonde v. ex.ª jurou para se dar o cumprimento a tudo, e tambem de minha parte, nunca haverá falta sem duvida nenhuma para se cumprir e guardar sobre isso como Vitaná, meu embaixador, tem jurado com v. ex.ª Faça v. ex.ª conta como eu mesmo o fiz, não tenho que declarar mais nisso. Ordenei aos meus regedores de baixo que corresse conforme as capitulações das pazes, e pregoassem aos meus vassallos, tambem v. ex.ª ordene o mesmo aos seus capitães.

Na segunda carta, que v. ex.ª me escreveu sobre a madeira pera apresto dos navios da armada, que invernarão em Honor, a que dei ordem que deixasse levar toda a madeira necessaria, assy os mastros, e as vergas, e tambem me disse Vitaná que v. ex.ª encomendava que désse licença sobre mais madeira aos capitães, concedi na mesma conformidade. Tambem v. ex.ª tratava na primeira carta sobre

ferro, e salitre, ordenei que se buscasse, e o pouco ferro 1633
que tinha em Baticalá ordenei a Vitaná que désse a v. ex.ª pelo justo preço. O cavallo e a sella com seus aparelhos, e adarga, e lança, que v. ex.ª me mandou, entre nossas amizades não esperava estas cousas de v. ex.ª, senão a amizade pura, mas como v. ex.ª me mandou com amor, aceitei com boa vontade.

Trazendo Deos a salvamento as naos do reino, toda a mais pimenta, que v. ex.ª ha mister pera o aviamento dellas alem do contrato, avisando-me, ordenarei que vendesse a v. ex.ª como mercador a mercador, e os mais particulares escreve meu Vitaná, do que ficará v. ex.ª informado. Guarde Deos a v. ex.ª e acrecente o estado, &c.

FIM DO TOMO I

INDICE

DOS

DOCUMENTOS CONTIDOS N'ESTE TOMO